FORUM LEBENDIGE JAGDKULTUR E.V.

Mit grüner Feder

FORUM LEBENDIGE JAGDKULTUR E.V.

Mit grüner Feder

Jäger von heute erzählen

EDITION HUBERTUS
Österreichischer Agrarverlag

Die Edition Hubertus im Österreichischen Agrarverlag möchte die Veröffentlichung dieses Buches zum Anlaß nehmen, dem FORUM zu danken, daß die Edition Hubertus mit der Herausgabe beauftragt wurde. Die Edition Hubertus versteht sich dabei als Multiplikator eines breiten Spektrums an jagdlicher Selbstdarstellung und Darstellung.
Die Edition Hubertus hat mit dem FORUM vereinbart, daß die Auswahl und das Lektorat aller Beiträge durch das FORUM erfolgen und dieses damit auch die inhaltliche Verantwortung übernimmt.
Die Edition Hubertus dankt dem Herausgeber und dem redaktionellen Bearbeiter sehr herzlich.

Edition Hubertus im Österreichischen Agrarverlag

Im Auftrag des FORUMS LEBENDIGE JAGDKULTUR E.V.
Herausgegeben von Erich Hobusch, Berlin

Redaktionelle Bearbeitung: Gert G. von Harling, Lüneburg

Umschlaggestaltung: Werbeagentur Dominici

Titelbild: Juniors Bildarchiv

CIP-Kurztitelaufnahme der Deutschen Bibliothek
Forum lebendige Jagdkultur/Erich Hobusch
Mit grüner Feder – Jäger von heute erzählen/
Erich Hobusch – Klosterneuburg, Österreichischer Agrarverlag, 1998

ISBN 3-7040-1471-0

© Österreichischer Agrarverlag, Klosterneuburg 1998

Druck: Theiss, 9400 Wolfsberg
Printed in Austria

Inhaltsverzeichnis

Das FORUM LEBENDIGE JAGDKULTUR e.V.
ist seit dem 15.07.1997 Mitglied im

beim Dachverband der Jagdverbände der Europäischen Gemeinschaft
im Europäischen Haus der Jagd und Natur in Brüssel,
dem Sitz der Hauptgeschäftsstelle von FACE
(Fédération des Associations de Chasseurs de la CE).

* * * * * * *

Es wird nicht nur versucht, die Jagd durch die Gesetzgebung in den Mitgliedstaaten, Bundesländern, Regionen oder Departements zu beeinflussen und einzuschränken. Immer häufiger werden in Brüssel und Straßburg Entscheidungen vorbereitet und getroffen, die die einzelnen Jäger direkt betreffen. Denken Sie nur an die Vogelrichtlinie und die Rabenvögel!

Die Gegner der Jagd werden auch immer aktiver. Sie organisieren sich besonders auf der Europa-Ebene. Von hier aus wollen sie entscheidende Schläge gegen die Jagd in ihrer Gesamtheit führen.

Demgegenüber werden die 7 Millionen Jäger Europas in Brüssel und Straßburg von FACE repräsentiert! Durch Ihren Beitritt zum FACE Club 2000 unterstützen Sie Ihre Interessenvertreter!

Pieter Verstappen
Coming home for the day

WARUM JAGEN WIR?

3. Begrüßung.

„Begrüßung" – *offizielles Jagdsignal bei Beginn einer Gesellschaftsjagd*
Aus: Riesenthal, o. V., 1882

Walther PREIK
Keiler

110 cm, Bronze, 1986
Standort: Am Hafen in Waren (Müritz)

Einleitung

•

Prof. Dr. Dr. h.c. Dieter Voth
Zur Entwicklung des

„FORUM LEBENDIGE JAGDKULTUR"

Als sich im April 1993 erstmals deutschsprachige Jagdschriftsteller auf der Stromburg bei Bingen trafen, war dies ein Versuch, Personen sehr unterschiedlicher Art und Profession zusammenzuführen, denen nur ein Anliegen gemeinsam war: das Bemühen um die Jagdliteratur und damit um die deutsche Jagdkultur.

Mich hatte zu dieser „Sammlung" die Erkenntnis bewogen, daß die Zahl derer, die jagdliche Texte verfaßten, gar nicht einmal klein war - auch wenn man von den Verfassern der reinen Sach- und Fachbücher einmal absah -, daß aber nur wenige der Autoren einander kannten. Auch war zu erwarten, daß die persönliche Begegnung neue Aktivitäten freisetzen könnte, die sonst oder anders nicht entstanden wären. Es sei auch nicht verschwiegen, daß die Zahl derer, die ein solches Treffen für überflüssig oder uneffektiv erklärten, vor allem unter den Verlegern nicht klein war.

Der Verlauf dieses ersten Treffens lehrte aber bald, daß die Skepsis oder ein Resignieren unbegründet waren: sowohl Referate, Vorträge und Lesungen eigener Texte als auch die vielfältigen Begegnungen recht verschiedener Charaktere ließen dieses Treffen als lohnend, stimulierend und wiederholenswert erscheinen.

So fand es erneut mit wachsendem Teilnehmerkreis im April 1994 auf der Burg Reichenstein und im gleichen Monat des Jahres 1995 auf der Burg Rheinfels bei St. Goar statt - bereits vorhandene Verbindungen wurden intensiviert und neue geknüpft.

Das nunmehr vierte Treffen im Jahre 1996 verlegten wir an einen ferneren, jagdhistorisch bedeutsamen Ort, nämlich in die Schorfheide. Tagungsort war das Jagdschloß Hubertusstock, dessen Historie alle Phasen der deutschen Geschichte des 19. und 20. Jahrhunderts spiegelt, einmal abgesehen von älteren Zeiten - hier jagten Wilhelm II., Hindenburg, Göring und Honecker und mit ihnen viele Gäste, deren Namen in der Geschichte befleckt sind oder auch Glanz bewahren.

Und diese Zusammenkunft wurde zugleich zum ersten Jahrestreffen des FORUM LEBENDIGE JAGDKULTUR e.V.. Was war vorausgegangen? Bei allen Treffen wurde den Teilnehmern schnell deutlich, daß die Literatur ein sicher wesentlicher Teil der noch lebenden Jagdkultur war, aber keineswegs ihr einziger Aspekt. So war es konsequent, daß wir die Anwesenheit und Teilnahme von Malern, Bildhauern, Musikern, Philosophen, Verhaltensforschern, Vertretern der Jagdanthropologie als notwendig empfanden und forderten, um gleichsam eine Sammlungsbewegung der zeitgenössischen Jagdkultur und ihrer Vertreter einzuleiten.

Mit dieser inhaltlichen Ausweitung unseres Anliegens beschlossen wir bereits 1995 mehrheitlich, unsere recht lockere Gruppierung in die verpflichtendere Form eines festeren Zusammenschlusses als „Verein" zu überführen. Nach den notwendigen rechtlichen Schritten gelang es uns, das Treffen in Hubertusstock zugleich als erste Jahresversammlung des FORUM zu inszenieren.

Im April 1997 fanden wir dann in Hofbieber in der Rhön zu dem 5. Schriftstellertreffen und zugleich der 2. Jahresversammlung des FORUM zusammen. Das 6. Treffen 1998 fand in Bad Driburg am Eggegebirge statt.

Seither sind wir mit dem FORUM auf dem erwünschten Wege: die Zahl der Mitglieder steigt, ihre Neigung und Profession decken ein zunehmend weiteres Feld ab, das Gespräch mit den Verlegern und Vertretern des Buchhandels wird intensiver, wenngleich dies sicher nur ein Aspekt von vielen ist. Und es entstand so eine Sammlungsbewegung derer, die es sich als Aufgabe erwählt haben, die heutige Jagdkultur in Deutschland zu beleben, zu pflegen und am Leben zu erhalten. Und uns allen war die Erkenntnis eine zwingende Motivation, daß wir ohne Jagdkultur die Jagd, wie wir sie lieben, für die Zukunft kaum würden bewahren können. Der Verlust einer lebendigen Jagdkultur würde zugleich den Verlust der gesellschaftlichen Legitimation des Jagens bedeuten. Und dies wäre das Ende der Jagd!

Nun ist es nicht allein unser Ziel, die Kulturschaffenden zusammenzuführen; dies ist nur eine Facette unseres Tuns. Nicht minder bedeutsam ist es, das Wissen um unsere Jagdkultur, das Verstehen von Literatur und bildender Kunst, von Musik und allen anderen Inhalten dessen, was wir unter der Jagdkultur verstehen, unter den Jägern einerseits und den Kultur- und Naturbeflissenen andererseits zu stimulieren und zu fördern.

Die Mitgliedschaft in der europäischen Jägervereinigung, der FACE, soll zudem Zeugnis davon ablegen, daß wir Jagdkultur auch im europäischen Rahmen sehen müssen und die Weichen für eine gemeinsame Zukunft zeitig stellen sollten. Eine Darstellung der Aktivitäten eines so heterogenen Kreises, wie das FORUM es ist, mit einer Anthologie, ist sicher auch ein heikles Unterfangen: welch differente Temperamente und Begabungen finden da zusammen? Andererseits aber läßt sich die Breite des Spektrums aus den verschiedenen Beiträgen ablesen und erschließen - dies dürfte sicher ein gewichtiges Argument für unseren Plan abgeben!

Zugleich ist eine derartige Sammlung von Beiträgen zahlreicher Autoren und Maler sicher eine der möglichen Darstellungsformen unserer Gruppe, die wir als FORUM LEBENDIGE JAGDKULTUR e.V. auch vereinsrechtlich definieren mußten, die uns aber letztlich eine ganz andere Aufgabe stellt, als sie einem Verein gemeinhin zukommt: das FORUM soll eben nicht kanalisieren, bündeln, Einheit erzwingen, es soll vielmehr die Vielfalt und die Differenzierung fördern, die freie Entfaltung aller möglichen Bestrebungen und Aktivitäten, die Freiheit und die kulturelle Kompetenz derer, die dem Kreis angehören.

Wenn wir somit dieses Buch den Lesern vorlegen, so gilt es zu bedenken, daß Neigung und Interessen auch bei ihnen so vielfältig sind, daß es sicher gut sein dürfte, das inhaltliche Spektrum der Texte auch auf alle die abzustimmen, die an der Lektüre nicht nur aus literarischen Gründen interessiert sein könnten - Jäger und nichtjagende Menschen, die sich für Natur und Umwelt, Flora und Fauna engagieren, die das Jagen und seine Begleitphänomene als Teil der menschlichen Entwicklung begreifen.

Und angesichts dieser Überlegung wird es sinnvoll, daß das Gebotene nicht allein literarisch Relevantes verspricht, sondern den weiten Bereich umschließt, in dem unsere Mitmenschen denken, fühlen und leben.

WIR
UND DIE JAGD

SINFONIA DI CACCIA

(JAGDSINFONIE)

„Jagdsinfonie" von Leopold Mozart
Beginn des 1. Satzes

fangtag

der westen hat den tag geentert
reißt und riegelt horizonte
lenkt und löscht die wolkenlasten
wirbelt hinterm pult
der sonnenstrahlenorgel

die felder menschen- und maschinenleer
der lärm des hansakranichs er
betört mich nicht der hunde nasen
weisen weg und tag und wär's
auch nur für einen hahn

Erich Henn

Reinhard
MEISTER

Breckerfeld,
Nordrhein-Westfalen

Jahrgang 1949, geboren in
Hagen/Westfalen; 1968 Abitur;
1968 - 69 Wehrdienst
1969 - 72 Kunstpädagogisches
Studium; 1977 - 79 Sonderpäda-
gogisches Studium; 1981 - 83
Arbeit am Roman *„Frühling dunkler
Zeit"* (unveröffentlicht);
1984 Einrichtung einer eigenen
Keramik - Werkstatt; seit 1984
Autodidaktisches Studium der
Gefäßkeramik; seit 1986 zahlreiche
Ausstellungen: Gefäße und Gefäß-
objekte; 1972 – 1995 als Pädagoge
in zahlreichen Schulformen tätig
sowie als Leiter zahlreicher
Fortbildungskurse.

1975 Jägerprüfung
Seit 1979 Mitpächter eines Reviers
im Märkischen Sauerland

Zahlreiche Jagdreisen nach Kanada,
Schottland, Finnland, Österreich,
Norwegen, Südafrika und Namibia.
Seit 1995 Jagderzählungen und
Intensivierung fotografischer
Studien. 1996 „Farm Okomitundu-
Namibia" (Videofilm SVHS
30 Min.)

Auswahl-Bibliographie

„Zum Glück waren da noch die Hasen"
Hörspiel 1980, (unveröffentlicht)
Unvergeßliche Pirsch im Hochgebirge
(JÄGER Nr. 9, September 1995)
Ob Reh, ob Hirsch, ob Muffel
(JÄGER Nr. 1, Januar 1996)
Vom Pferd auf den Bock gekommen
(JÄGER Nr. 5, Mai 1996)
Der Heimliche von der Langen Wiese
(WILD und HUND Nr. 11, Mai 1996)
Zur Drückjagd nach Thüringen
(WILD und HUND Nr. 2, Januar 1997)
Jäger und Gejagte auf Okomitundu
(Sonderdruck der Farm Okomitundu zur
Jagdmesse in Dortmund, Januar 1997)

Jagdmotiv

Jagdmotiv - ein Begriff, der vieles impliziert. Betrachtet man den Begriff unter seinem teleologischen Aspekt, ließe sich die einfache Frage stellen: Warum jagen wir? So gestellt, setzt die Frage voraus, daß es etwas Gemeinsames gäbe bezüglich der Motive derjenigen, die die Jagd ausüben. Verfolgen wir den eingeschlagenen Weg, stoßen wir auf die Frage, was das Ziel einer jeden Jagd sei. Leicht zu beantworten, so scheint es: Beute machen mit dem Ergebnis, daß der erfolgreiche Jäger das erlegte Wild in Besitz nimmt, um anschließend frei über seine Verwendung zu verfügen. Das war so zu Urväters Zeiten und ist heute nicht anders. Daran wird auch nichts ändern das Gerede ängstlicher Jagdverbandsfunktionäre, wirklichkeitsfremder Tierliebhaber und geifernder Medienredakteure, die realitätsentrückten entnaturalisierten Zeitgenossen nach eben jenen Mündern schreiben, deren gespaltenene Zunge spätestens zu Weihnachten nach einem toten Stück des gestreckten Wildes lechzt, das sich nun Braten nennt. Da läßt sich nichts beschönigen: Am Ende jeder erfolgreichen Jagd im weidmännischen Sinne steht der Tod eines Lebewesens. Dies ist unabänderlicher Fakt, wenn auch dessen Folge im Weitesten Nebeneffekte, wie das was man Hege nennt, zeitigen mag und somit das Jagdgeschehen in vermeintlich unblutig erscheinende Zusammenhänge gerückt wird.

Der ökologisch wichtige Nebeneffekt als Hauptmotiv - Jagd als Hege : dies ist gewissermaßen das, was man als Mitglied der offiziellen Jagdverbände und - vereine aufgerufen ist nach außen zu vertreten, ohne damit der Sache zu dienen noch dem Verständnis der Jagd aufzuhelfen. Jagd bedürfte weder theoretischer Hintergrundforschung noch irgendwelcher Verbrämung im Sinne entschuldigender Erklärungsversuche gegenüber einer denaturalisierten Gesellschaft, begriffe man sie schlichtweg als das was sie ist: Das natürlichste „Spiel des Lebens" (Attenborough), an dem auch der Mensch teilnimmt. Ein Spiel, insofern als es Gewinner und Verlierer gibt, ein Wettkampf, ein ungleicher zugegebenermaßen, solange die Jagd vom Hochsitz aus stattfindet, ein Spiel für den Jäger, ein lustvolles vielleicht, ein Spiel, ein grausames, für das gejagte Wild, für das zu unterliegen nichts weniger als den Verlust des eigenen Lebens bedeutet.

Für den erfolgreichen Jäger eine Form des Fleischerwerbs, die sicher als die bei weitem biologischste anzusehen ist, die Trophäe zudem Erinnerung - verbleibendes sichtbares Zeichen jagdlichen Erlebens. Jagen als Fleischerwerb - wie es etwa in Skandinavien betrieben wird - impliziert im Gegensatz zur Schlachtung eines Hausschweins etwa die Möglichkeit von Mißerfolg in der Beschaffung des Nahrungsmittels Fleisch.

Unseren frühen Ahnen blieb in Ermangelung der Haltung von Haustieren keine andere Wahl als sich auf jene Möglichkeit der Fleischbeschaffung einzulassen, die wir Jagd nennen, wollten sie die Sehnsüchte ihres Gaumens stillen.

Was aber treibt erfolgsorientierte Menschen einer Gesellschaft, in der Mißerfolg geradezu als Makel gilt, dazu sich jenem Risiko auszusetzen, am Ende als derjenige dazustehen, der in einem Wettbewerb der Sinne und Fertigkeiten als Unterlegener zurückbleibt? Ist es vielleicht die vermeintliche Gewißheit, für diesen Fall sich weitgehend unbeobachtet fühlen zu können? Die ungezählten Episoden aus dem Munde neuzeitlicher Jäger, die die sicher geglaubte Beute am Ende doch nicht machten, weil plötzlich im ballistischen Flug ersterbende Kugeln das Ziel gar nicht erst erreichten, der Stecher versagte oder aber die Büchse aus den mannigfaltigsten Gründen ganz einfach nicht schoß wie sie sollte, lassen dies vermuten, ohne daß wir der Antwort wirklich ein Stück näher gekommen wären.

Welche Übersetzung auch immer solch Jägerlatein erfahren mag, vereint sind wohl auch die Autoren solcher Mären in ihrer Sehnsucht, Teil des Naturgeschehens sein zu wollen. Wenn auch manch jagdliche Berichterstattungen, die sich verlieren in Datensammlungen bezüglich Kaliberwahl, Preisen, Streckenmeldungen und Trophäengewichten, den Unkundigen in die Irre führen mögen bezüglich jagdlicher Motivation, so muß doch festgestellt werden, daß diese Variablen nichts weiter als am Rande liegende statistische Größen des Geschehens sind, das wir Jagd nennen.

Schauten wir näher hin, würden wir feststellen, daß das Besondere an der heutigen Jagd ist, daß sie an einem Ort sich ereignet, der auch in unseren Breiten noch Natur heißt, wenn auch das Natürliche, die Wildnis - das, was hinter den Städten liegt, das Hinterland , welches die Australier outback nennen - längst mehr und mehr verdrängt worden ist von der Unkultur forstlicher Rechentiraden und ihrer Folgen, den fehlgeschlagenen Rationalitätsberechnungen landwirtschaftlicher Fabriken und dem Verbotsdschungel gesetzlicher Vorschriften. So verengt sich unser Naturraum mehr und mehr, und am Ende wollen ideologisch verbrämte Neider auch diesen Restraum noch versiegeln. Es wird nichts ändern. Ich werde mich weiter begeben an eben jene Orte außerhalb unserer übersiedelten Ortschaften, dorthin, wo mir meine Sinne berichten von dem, was ich bin außer einer ersetzbaren Größe innerhalb des gigantischen, gestörten Getriebes eines mehr schlecht als recht funktionierenden Gemenges menschlicher Kreaturen, die - längst organisiert in immer mehr miteinander konkurrierenden Interessengruppen - argwöhnisch sich beobachten, die mehr und mehr sich von sich selbst entfernen, von Natur nur sprechen, wenn sie reden von Fröschen und Lurchen, Vögeln und Insekten, Blumen und Bäumen , längst verlernt haben sich selbst zu sehen als Teil der Natur. Betrachter auf einer Bühne, die von sich selbst lange Abschied genommen haben, ohne es zu merken. Theoretisieren über vermeintlich vom Aussterben bedrohte Füchse, ohne je deren Bio- und Vermehrungsrhythmus in freier Natur erlebt zu haben, dozieren über afrikanische Biosphären, ohne je einen Fuß auf den schwarzen Kontinent gesetzt zu haben. Dies ist nicht des Jägers und nicht meine Sache.

Wer die Weiten Kanadas atmete, sein Spiegelbild und purpurne Lachse sah im kristallklaren See, in norwegischen Wäldern sich verloren fühlte, Springböcke die Weiten der Karoo pfeilschnell durchmessen sah, im frühsten Alpenlicht - in weichender Nacht noch - einfallendes Birkwild auf dunklen Schneefeldern zu erahnen glaubte, wer von der Silhouette kapitaler Kudubullen, von der Metamorphose der Farben am namibischen Abendhorizont sich in kosmischen Bann gezogen fühlte, auf schottischen Inseln unter Regenbögen den gestreckten Hirsch mit dem Pony ans Ufer des Fjords brachte, an finnischen Seeufern den Elch lautlos sich trollen sah, wer die Lerche noch hört über der abgeernteten Wintergerste, den Kleiber noch kennt, Fährten noch zu lesen, frische Rehleber zu erbeuten und in der Küche zu bereiten weiß, bleibt verwurzelt in seinen Ursprüngen, bewahrt sich ein Wesentliches seiner selbst: Ein (genießerisches) Stück Natur, seiner eigenen Sterblichkeit bewußt.

20

Nehmen wir uns also wahr im Revier, wo unter den ersten Sonnenstrahlen der Tau sich spinnt zu zartestem Nebelschleier, sich zu verlieren dann im Gesang der Vögel des erwachenden Tages, der Marder sich zu bewegen scheint im Rhythmus des über die Steine des Bachlaufs tanzenden Wassers, der Schwarzstorch mit irisierendem Farbspiel stolz seinen roten Schnabel trägt, Dachs- und Fuchswelpen sich spielend überkugeln vor ihren Bauten, das Stakkato des Spechts durch den dampfenden Wald hallt, in dem Blaumeise und Rotkelchen neugierig uns beäugen, der listige Fuchs mit schräggestellten Gehören das hohe Rispengras revidiert, der Wind die Wolle der Häsin zaust, das Kitz um die Ricke springt, die Sauen wohlig grunzend ihre von Suhlenschlamm triefende Schwarte an Malbäumen wetzen.

Gehen wir also weiter auf die Pirsch, gehen wir auf die Jagd, bewahren wir uns, lebendiger Teil zu sein des natürlichen Wechselspiels zwischen Instinkt und Strategie, Emotion und Kalkül, Zweifel und Angst, Freude dann wieder im Wechselspiel zwischen Mensch und jagdbarem Wild: Bewegung unter dem Wind, plötzliches Verharren, gegenseitiges Beäugen, Bewegung dann wieder, Verharren, Verharren. Zu spät - verloren und doch gewonnen: Welcher ernstzunehmende Jäger kennt nicht das Gefühl des Naturverständigen, die Freude über den grisgesichtigen scheinäsenden reifen Bock, der ihm soeben das Nachsehen gegeben hat und ihn zudem noch auslacht mit kurzem tiefem Schrecken aus sicherer Dickung nun. Davongekommen. - Wie oft schon mag es mir ergangen sein wie diesem Bock, wie dem Seehund auch, dem letzten des Tages, vor Patagonien, von gesättigten Killerwalen mit scharfen Zähnen behutsam geleitet an den rettenden Strand, wie ein Spielball in den Fluten des Ozeans, der Leben heißt.

Und am Ende meiner Tage wird's mir wohl nicht viel anders ergehen als dem Hasen, über den ich vor Jahren ein Gedicht schrieb.

Jagdmotiv

Den Hasen
vorbereiten. Keulen und Läufe
vom Rücken lösen,
Speckscheiben um Läufe und
Keulen wickeln, fünfzehn Minuten
im Ofen braten, Blut
und Beize zugeben,
herausnehmen und warmstellen.
Das Ganze serviert
auf Brokatdeckchen, stilgerecht,
Rotwein im Kristallglas mit
Jagdmotiv, links und rechts
vom Sammlerteller mit
Jagdmotiv Messer und Gabel.
Kerzen.
Der Hase, der dies las,
fühlte sich kaltgestellt
und ließ
die Löffel hängen.

Reinhard Meister

Petra
LORLEBERG

Freudenstadt, Schwarzwald
Baden-Württemberg

Jahrgang 1962, geboren in Bühl.
Nach dem Abitur Studium
der Theologie in Freiburg,
Diplom 1990. Bis 1992 angestellt
am Lehrstuhl für
Neutestamentliche Exegese
der Theolgischen Fakultät der
Universität Freiburg,
seitdem Erziehungsurlaub.

Verheiratet zwei Kinder.

Während des Jungjägerkurses und
inzwischen als Jungjägerin bin ich
zur Gewißheit gekommen, daß die
Kombination zwischen Naturerleben, Naturschutz und Reflexion,
die in der Jagd möglich ist, exakt
meine Interessen trifft.

Bisherige Vorträge und Veröffentlichungen im theologischen
Bereich.

Wenn der Bussard die Maus schlägt

Zur gegenwärtigen Abwertung des Jägers vor dem Hintergrund
einer Romantisierung der Natur

Unser heutiges Lebensgefühl wertet die Natur als uneingeschränkt
positiv. Naturnahe Ernährung, Materialien und Medizin sind in
Mode, pflanzlichen Medikamenten traut man keine gefährlichen Neben-
wirkungen zu, das Wort „unnatürlich" gleicht einem Bannspruch. In der
Freizeit suchen wir Harmonie und Entspannung in der Natur. Einen
Spaziergang in sonnendurchfluteten Wäldern und Wiesen erleben wir - zu
Recht - als wohltuend, als heilsam für Leib und Seele. Sieht man dabei, wie
ein Bussard eine Maus schlägt, beschleicht den heutigen Menschen ein
ungutes Gefühl, als sei die Natur hier aus dem Lot geraten, hätte einen
Fehler gemacht, denn die Harmonie aller Dinge scheint gestört.

Doch vergißt unsere Generation nicht zu bereitwillig die Kehrseite der
Natur? Die Menschen vergangener Epochen hätten wenig Verständnis für
unsere einseitige Naturidylle aufgebracht. Sie waren von Kälte, Sturm,
Trockenheit, Gewitter und Überflutungen existentiell bedroht, sie standen
mit mangelhaften Waffen gefährlichen Tieren wie z.B. dem Bären gegenüber, sie waren auf Gedeih und Verderb auf die Erträge von Feld und Wald
angewiesen und mußten damit fertig werden, daß ständig junge kräftige
Menschen um sie herum starben und ihnen ihre eigene massive Bedrohung
vor Augen führten. Die Tötung eines größeren gesunden Tieres war ein
Grund zur Freude, für die nächsten Tage war damit die Ernährung gesi-
chert. Im mittelalterlichen, stark symbolhaltigen Kirchenbau waren nicht
zufällig das personifizierte Böse, das Dunkel und die Natur der Nordseite
der Kirche zugeordnet, der „schlechten" Seite. Der lebensspendende Aspekt
der Natur wurde zwar gesehen (z.B. in den Feiern für den erwachenden
Frühling oder in der Verehrung der Natur als Mutter), die lebensbedrohen-
de Seite wurde aber nicht unterschätzt.

Die gegenwärtige Sehnsucht nach einem harmonischen Naturzustand ist
nicht neu. Schon im 8. Jh. v. Chr. beschreibt der jüdische Prophet Jesaja
(Jes 11,6-8) die erhoffte Zeit der Erlösung folgendermaßen: „Dann wohnt

der Wolf beim Lamm, der Panther liegt beim Böcklein. ... Kuh und Bärin freunden sich an, ihre Jungen liegen beieinander. Der Löwe frißt Stroh wie das Rind. Der Säugling spielt vor dem Schlupfloch der Natter, das Kind streckt seine Hand in die Höhle der Schlange", ohne daß ihnen etwas passiert, bleibt sinngemäß hinzuzufügen.

Neu ist, daß dieser Zustand der Harmonie nicht für die Zukunft dringend erhofft wird, sondern für die Gegenwart als einigermaßen gegeben und erreichbar vorausgesetzt wird. Da sich der Existenzkampf nun nicht mehr mitten in der Natur abspielt, sondern in vom Menschen geschaffenen Kunstwelten unter dem Diktat von Marktwirtschaft und Leistung, können die Menschen unseres Kulturkreises erstmals ein Stück Erlösung in der Natur suchen.

Bedroht wird dieses Beinahe-Paradies auf Erden gemäß solchem Denkschema allein vom Mensch selbst. Biotopzerstörung, Gewässerverschmutzung, Ausrottung vieler Tier- und Pflanzenarten etc. erscheinen als die Sünden des Menschen, die das vollständige Erreichen der säkularen Erlösung verhindern. In frappierender Vereinfachung wird der Jäger als tiermordender Sünder auf eine Stufe mit einem aus Profitgründen die Umwelt vergiftenden Chemiekonzern gestellt. Diese ins säkulare gewandten religiösen Denkmuster von Gut und Böse, Gerechtigkeit und Sünde erklären manche Vehemenz und Radikalität einiger Jagdgegner. Die hohe Dringlichkeit des Naturschutzes wollen wir gerade als Jäger nicht aus den Augen verlieren. Aber es bleibt doch die Frage offen, inwieweit ein verdeckt pseudoreligiöses Verständnismuster den Umgang mit einem so schwerwiegenden Problem wie der den Menschen selbst bedrohenden Naturzerstörung erschwert.

Wie konnte es zu dem einseitigen Naturerleben unserer Tage kommen? Nicht zuletzt durch die von Technik und Wissenschaft ermöglichten tiefgreifenden Veränderungen an der Natur. Verbesserte Waffentechnik ermöglichte die Ausrottung unserer Großraubtiere Wolf, Bär und Luchs. Deichbau rettet vor Sturmfluten zum Preis schwerer Schäden am Wattenmeer. Gifte in der Landwirtschaft schützen uns vor Hungersnöten - die Liste ließe sich beliebig verlängern. Wir haben die Natur schon längst domestiziert. Fast alles Gefährliche haben wir ihr genommen, aus dem Tiger haben wir eine

Hauskatze gemacht und in dieser verehren wir Ursprünglichkeit. Daß wir die Natur domestiziert haben ist durchaus legitim, wenn wir nur nicht die Hauskatze zum Maß für alle Tiger erheben würden.

Als Jägerin begegne ich der Natur nicht in Form des schnurrenden, sanften Kätzchens hinter dem Ofen. In Wald und Feld wenigstens einmal für ein paar Stunden auf mich allein gestellt das Leben der Wildtiere belauschend, in der Dunkelheit auf den verlängerten Tag und manch anderen Komfort der Zivilisation verzichtend, erlebe ich die Natur anders. Sie gibt Leben und sie nimmt Leben. Als Jägerin habe ich nicht nur beobachtend, sondern auch handelnd teil an diesem Prozeß, nehme ich wenigstens teilweise wieder den Platz ein, der mir von der Natur zugewiesen worden ist, mit dem Ziel der Nahrungsmittelgewinnung. Wer das Label „natürlich" dazu benutzt, um damit bestimmte Lebensformen positiv zu kennzeichnen, der muß sich sagen lassen: Jagd ist natürlich!

Es stellt sich die Frage, ob die Natur unbedingt so sein muß. Aber: Versuche, die Natur grundsätzlich zu ändern, müssen fehlschlagen. Man kann vielleicht dem Jäger das Jagen verbieten, aber kaum dem Bussard das Mäuseschlagen. Eine Ausrottung der Beutegreifer, wie aus anderen Motiven früher teilweise versucht, würde zu neuen ethischen und ökologischen Problemen führen und ist indiskutabel. Utopia ist nicht erreichbar. Die Natur basiert auf einem unseren Erleben nach durch und durch grausamen Prinzip: survival of the fittest. Dazu produziert sie bei vielen Tierarten eine Überfülle von Individuen (erinnern wir ruhig nochmals an die Maus), um sicherzustellen, daß wenigstens ein paar davon zur Fortpflanzung gelangen. Während der Jäger versucht, dem Wild seinen Tod so sehr wie irgendmöglich zu erleichtern und dabei auch stets das Wohl der gesamten Art im Auge hat, ist die Natur noch nie mit Einzeltieren oder Arten rücksichtsvoll umgegangen, was die bekannten Konsequenzen sowohl für die bitter kämpfenden Einzelwesen wie auch für die vielen ohne menschliches Zutun ausgestorbenen Arten zeitigt.

Schaue ich von dem bisher Gesagten wieder auf uns heute Lebende, dann stelle ich fest, daß Technik und Medizin die Natur auch für uns Menschen nur scheinbar vollständig gezähmt haben. Zwar muß der Normalbürger nicht mehr gegen Bären kämpfen, auch verhungern wir in Deutschland nicht wegen einer Mißernte. Aber neue Seuchen bedrohen uns, gegen Pilze und Viren hat die Medizin ungenügende Antworten, Krebs und Herzschlag sind - reine Natur! Das mit Abstand stärkste Gift, das wir bisher kennen, ist nicht von irgendwelchen „teuflischen" Wissenschaftlern entwickelt worden, sondern von den Botulismusbakterien, also - ganz natürlich! Selbst der Krieg basiert auf „natürlichem" Territorial- und Agressionsverhalten, hier würde man sich dringend „unnatürlichere", von ethischem Denken geprägte Verhaltensmuster wünschen! Auch in der Natur ist nicht alles Gold, was glänzt.

Aber ein konsequenter Naturalismus wäre auch nicht das non plus ultra, obwohl hier in Abgrenzung zum Neo-Romantizismus deutlicher herausgearbeitet. Haben wir die übertriebene Veridyllisierung der Natur erst einmal hinterfragt, können wir wieder offen sein für jene Seiten der Natur, die sich einem reinen Naturalismus entziehen. Auch wir Jäger sehen in der Natur mehr als ein bloßes Stirb und Werde: selbst die Mäuse kennen ein kleines Glück. Auf den Phänomenologen Buytendijk geht das Wort zurück: „Die Vögel singen viel mehr, als ihnen nach Darwin erlaubt ist". Der Romantisierung dürfen wir Jäger nicht die Brutalisierung entgegenstellen, sonst stimmt die Vermutung des Naturschwärmers, daß wir auf der „falschen" Seite stehen. Wir sollten in unserem Naturerleben weder das Naturidyll noch den Kampf zum Absoluten erklären. Die Antwort ist vielmehr der schwere Weg der goldenen Mitte: wir sehen die Polarität zwischen Kampf und Idyll und halten ihr bewußt stand. Ein Weg dorthin mag der reflektiertere Umgang mit den Worten „Natur" und „natürlich" sein. Die Natur ist eine wertvolle Münze mit zwei sehr unterschiedlichen Seiten!

Vielleicht erlebt der Jäger heute deshalb soviel Ablehnung, weil seine Existenz die Menschen daran erinnert, daß die Natur sich nicht auf ein Postkartenbild reduzieren läßt. Vielleicht verdichtet sich an uns das Ahnen unserer Zeitgenossen, daß das harmonisierend zurechtgeschneiderte Weltbild eines sonnendurchleuchteten Waldes mit Singvogelkonzert und sorglos-sanften Rehen nur ein Teil der Wirklichkeit ist. Dann trägt der Jäger aber auch seinen Mitmenschen gegenüber Verantwortung. Was der Jäger aus den schweigsamen Stunden in der Natur mit nach Hause bringt, darf auch den Nichtjäger in seinem Naturverständnis weiterführen.

Rudolf *MICHALSKI*
Auf vertrautem Wechsel

1992, Ölgemälde

Fritz
SIEREN

Winterberg,
Nordrhein-Westfalen

1951 auf dem Hof der Mutter im
Hochsauerland geboren und aufgewachsen. Studium der Humanme-
dizin und Malerei.
Verheiratet, Sohn Malte.

Über zehnjährige Tätigkeit an
Krankenhäusern. Acht Jahre niedergelassen als Internist und Arzt
für Naturheilverfahren in einer
Gemeinschaftspraxis. Leitender
Internist einer internistisch-neuro-
logischen Abteilung einer
Fachklinik für Geriatrie und Re-
habilitationsmedizin.

Jäger seit 1969.
Jagd- und Angelreisen weltweit.
Freier Journalist verschiedener
Angel-, Jagd- und Naturschutz-
magazine.

Auswahl-Bibliographie
Angel- und Jagderlebnisbücher
(Paul Parey-, Landbuch- und Jahr-Verlag)
Lyrik und Märchen (u.a. Th.Breit- und Bläschke
Verlag)

Autobiographischer Roman:
Das gefrorene Licht.

Warum jagen wir – warum jage ich?

Warum der moderne Mensch noch jagt, würde ein Buch füllen. Die Antwort ist vielfältig und subjektiv. Sie läßt sich nicht kurz und knapp geben. Die eigenen Gedanken und Beweggründe, die mein Jagen charakterisieren, will ich zu Papier bringen.

Ohne Sinn wird das Leben unerträglich. Die Suche nach dem Sinn ist ein fundamentales Bedürfnis. Nicht wenige Menschen unserer Zeit sind m.E. am Verlust der Sinnhaftigkeit erkrankt, vielleicht weil sie Verantwortung scheuen. Weil sie risikofrei leben und genießen wollen und sich ihren Ängsten nicht stellen, nicht dem Leid und der Trauer. Jagen macht für mich Sinn und kann zum Lebensinhalt werden.

Mein Sternzeichen ist der Zwilling: Er will sich verwirklichen sowohl auf der horizontalen Ebene als auch in der Vertikalen. Meine Passion weltweit zu jagen, bedeutet primär, mich auf der Oberfläche, also auf der horizontalen Ebene zu verwirklichen: andere Landschaften, Wildnisse, Kulturen, andere Menschen kennenzulernen, Trophäen zu sammeln und Eindrücke. Das die Verwirklichung in der Horizontalen.

Das andere Bedürfnis des Zwillings, nämlich die Vertikale, die Wanderung in die Tiefe, die Sicht nach innen, den Dingen auf den Grund zu gehen, befriedigt die Jagd aber auch.

Durch die Jagd und das damit verbundene Töten ist mein Leben und Fühlen eng verknüpft mit dem Werden und Vergehen, mit dem Geborenwerden und Sterben. Den Naturvölkern war und ist Jagen und eigenhändiges Töten selbstverständlich. Leben und Tod gehörten bei ihnen zusammen. Sie bildeten Polaritäten einer umfassenden Einheit und Ordnung.

Der moderne Mensch, der spirituell weit hinter der Spätantike zurücksteht,hat sich von diesem Wissen entfernt. Er hat es verdrängt. Töten, Sterben und Tod sind tabuisiert. Der zivilisierte Mensch läuft Gefahr abzuheben, sich abzukoppeln.

Mir gibt die Jagd (und natürlich auch mein Beruf als Arzt) die Chance, wieder zu diesen Wahrheiten zurückzufinden, in Zusammenhängen zu denken, ganzheitlich. Die Chance des spirituellen Erwachens, vielleicht direkter und vitaler als Kirche und Religion das vermögen. Das Verstehen von Zusammenhängen, das Akzeptieren von Tod, Töten und Sterben, das Bewußtsein um Leben und Vergänglichkeit führt zu einer besonderen Art des Sehens, zu einer reicheren, liebevolleren Art des Empfindens, die im Gegensatz steht zur heute viel praktizierten instrumentellen Vernunft.

Die instrumentelle Vernunft bleibt nüchtern, handelt unter der Prämisse des direkten Nutzens. Dafür ein Beispiel. Für den Menschen der instrumentellen Vernunft ist ein Fluß ein Stück Wasser, das fließt, und die Bäume nahbei mit dem Gebüsch drumherum sind das Ufer. Die Fische im Fluß gehören eben ins Wasser. Von den Fischen weiß er nicht viel. Denn die sieht man nicht. Erst ein Fisch auf der Gabel ist ein richtiger Fisch, nur der interessiert.

Diese Sicht der Dinge ist arm, und sie ist flach. Ich als Angler und Jäger (wobei der Angler ja auch jagt) empfinde einen bestimmten Platz am Fluß als Idylle. Vielleicht wird so ein Ort sogar zu einem Platz voller Mystik und Magie. Beispielsweise die sanfte Flußkurve, über die sich eine betagte Eiche beugt, Jahrhunderte alt. Viele Äste der Krone sind kahl und tot, ein Skelett, ein Torso, und der Stamm ist hohl. Eulen hausen darin, zur Nacht verlassen Fledermäuse ihre Verstecke.

Die Wurzeln verwuchert mit Weißdorn und Brombeeren, mit Schwarzdorn und Wilden Karden: ein Dornicht. Vom Ufer gegenüber schaut man auf eine Wand. Aus der grünen Mauer des Dickichts wächst die Eiche wie ein Monument.

Die Raupen der Eichenspinner plumpsen von ihr ins Wasser. Im Schwarzdorn Gespinnste der Schlehenspinner, wimmelnd von Raupen. Auch auf sie lauern die Fische unter dem Ufer: dicke, breitköpfige Döbel, feinmäulige Äschen, eine Schule stacheliger Barsche und die „Königin" unter den Fischen: die alte, kapitale Bachforelle.

Alles zusammen: die betagte Eiche, das verwachsene Ufer, der dunkle Spiegel des Flusses und die Rätsel darin, seine Geheimnisse: die Fische, machen aus so einem Flecken eine Idylle, einen magischen Platz voller Mystik.

Das alles muß aber erstmal in mir sein. Die Tiefe des Empfindens, das Erfühlen des Geheimnisvollen, die Sehnsucht danach entsteht in mir, in meinem Bewußtsein, in meiner Seele. Das ist meine ganz persönliche, eigene Wirklichkeit.

Die Jagd ermöglicht mir diese Wirklichkeit durch das Draußensein, durch das Eingebundensein in den Rhythmus der Jahreszeiten, durch die Beschäftigung mit dem Wetter, den Tierspuren und Tierstimmen, durch das Eintauchen in die Welt der Pflanzen, Bäume und Insekten, durch den Genus des Sonnenauf- und unterganges, durch die besonderen Stimmungen morgens wie abends. All das verdanke ich der Jagd.

Dies mag das etwas schwärmerische, gedankliche Fundament meiner Leidenschaft sein. Es gibt Naheliegenderes, Konkreteres, das ich skizzieren will.

Da gibt es das Wohlbefinden in einer natürlichen Umwelt. Dort, wo ich mich am wohlsten fühle nämlich im Wald, in der Savanne, in der Prärie, im Busch, im Gebirge oder auf und am Wasser. Dort leben Seele und Körper im Einklang.

Da gibt es die Neugierde, hinter jeder Waldecke etwas Neues zu entdecken, hinter jeder Bergkuppe, jedem Grat, dauernd wechselnde Eindrücke. Das Unberechenbare, das wachsam bleiben läßt, vital und agil.

Da gibt es die Freude an der körperlichen Anstrengung. Wenn ich mich bis zur Erschöpfung bei einer Wildschafjagd verausgabe oder einem bestimmten Büffel tagelang folge, fühle ich mich richtig „high". Ich bin richtig gut drauf, vielleicht mitbedingt durch körpereigene Endorphine.

Da gibt es das Glücksgefühl, Momente tiefempfundenen Glücks nach Strapazen, nach Entbehrungen, nach Geduld, Opfer und Mühsal, wenn der Erfolg endlich da ist. Das Glück als Polarität, als Gegenpol. Glück setzt Anstrengung voraus.

Da gibt es die Genugtuung an einer reifen Trophäe, die nicht nur Symbol wird für die vorangegangenen Mühen, sondern auch etwas Schönes, etwas Wertvolles ist, etwas Ästhetisches.

Da gibt es den Spaß am Beisammensein mit Freunden und Mitjägern, abends nach der Jagd. Gedankenaustausch, das Teilen von Erlegerfreuden und eines Schützen Leid, Nachdenkliches genauso wie Ausgelassensein und Lachen.

Da gibt es das gemeinsame Jagen mit einem Freund, mit dem

Ehepartner, mit Vater, Sohn oder Tochter. Das Teilen, das Vermitteln. Und da gibt es das Alleinsein, den Verzicht auf Lärm und Ablenkung. Das Horchen in sich hinein. Alleinsein, das stark macht, aus dem Kraft kommt.

Jagen ist für mich eine erfüllende, sinnvolle Beschäftigung, wie den einen das Briefmarkensammeln fasziniert, einen anderen das Malen, den dritten sein Garten, den vierten seine Familie oder sein Beruf. Genauso ist das bei mir mit dem Jagen.

Vera LWOWSKI
Steinkauz

Bronze 1996

Walter Richard NOWAK

Pseudonym: Nordheim

Gauting, Bayern

Jahrgang 1930, in Saaz an der Eger geboren. Erste jagdliche Prägungen in der Jugend konnten durch die Vertreibung aus der sudetendeutschen Heimat 1945 lange nicht vertieft werden. Auf Schule und Studium in Nürnberg und München folgte der berufliche Abschluß mit der Qualifikation als Werbeleiter BDW. Zwei Jahrzehnte Tätigkeit als Werbeleiter schlossen sich an. Seit 1977 selbständig mit dem „Redaktionsbüro Walter Nowak - Natur, Jagd, Sportschießen in Wort und Bild". Schon seit 1970 gibt es Sachbuchveröffentlichungen, Rundfunksendungen und anderes publizistisches Wirken. Viele Jahre richtungsweisende Presse- und Öffentlichkeitsarbeit für einen Landesjagdverband sowie (13 Jahre) Redaktionsleitung einer Fachzeitschrift. Seit vier Jahrzehnten malt „WRN" bevorzugt impressionistische Jagd- und Naturthemen, in jüngster Zeit auch in abstrakter Umsetzung ... Seine musikalische Heimat ist vor allem Bach, Beethoven, Bruckner, Mozart, Wagner und die Musik der Renaissance, die er selbst auch als Autodidakt auf dem Spinett spielt.

Auswahl-Bibliographie

Grüner Humor, München BLV, 1972
Jagd im Wandel der Zeit, Kali-Chemie, 1977, 16 Teile in Kassette
Freude am Bauerngarten, Südwest Verlag, 1983
Mein Buch vom Wald, Südwest Verlag, 1983, 124 S.
Jägerhumor, München, BLV, 1991
Das jagerische Jahr, Augsburger Bücher und JNN, 1978
Vom jagerischen Leben, Augsburger Bücher, 1982
Hege und Jagd Wandkalender, Augsburger Bücher und JNN, 1978-1996

Quo vadis, venator?

Kaum hatte sich das furchtbare, doch nicht minder fruchtbare Gewitter, der Französischen Revolution entladen, übertrugen sich als gemildertes Donnergrollen manche der neuen Ideen über Rhein und Mosel hinweg, um auch hierzulande zu verändern.

Zunächst pianissimo, wurde der Feudaljagd mit ihren Auswüchsen das große Halali geblasen. Vorausschauende Potentaten versuchten mit Zugeständnissen und Reformen der angestauten Jagdleidenschaft aller bisher ferngehaltenen Stände entgegenzukommen, um das Schlimmste zu verhüten. Zeigte doch die Revolution in Frankreich nur zu deutlich, wohin der Weg führt: Leergeschossene Fluren und Wälder in Windeseile, allerdings auch Befreiung von Jagdlasten und Jagddiensten. Josef II. von Österreich beglückte schon 1796 sein Volk mit einem Dekret, das er als neue

„Jagdordnung" erließ und das zudem noch Geld in die von Kriegen strapazierte Staatskasse bringen sollte: „Der hohe Wildbann und das Reichsgejaid können an jedermann verkauft oder verpachtet werden. „Aber im nächsten Atemzug kommt die kalte Dusche: „… doch ist der Bauern- und Bürgerstand, dem dadurch Gelegenheit geboten würde, Wirtschaft und Gewerbe zu vernachlässigen, von dem Kaufe oder der Pachtung ausgeschlossen." Franz Joseph I. korrigierte 53 Jahre später: „Jedes Jagdrecht auf fremdem Grund und Boden ist aufgehoben." Damit war der nachbarliche Schulterschluß an die deutschen Verhältnisse hergestellt, denn auch die Forstordnung des Königs Wilhelm von Preußen von 1791 bot Zündstoff genug, um 1848 in deutschen Landen das tausendjährige Jagdregal Karls des Großen zur Strecke zu bringen. Innerhalb weniger Jahre war auch in den heimischen Jagdgefilden alles Wild weit und breit totgeschossen. In der „Romintischen Haide", um ein Beispiel zu nennen, standen 1851 gerade noch 22 Stück Rotwild. Es soll jedoch nicht verschwiegen sein, daß die in unsere Zeit überkommenen alten Laubholzbestände eben aus dieser Zeit der ausgedünnten Wildbestände stammen.

„Wie nun der Schnee geschmolzen ist, stürmen Hinz und Kunz mit ihren Kötern auf die Felder hinaus, und überall beginnt die Frühlingskanonade: dort stürzt eine Krähe, hier hat eine Lerche zum letztenmal gejubelt, dort zerstiebt eine Rebhenne in hundert Federn ...", resigniert Carl Emil Diezel 1849 in der Forst- und Jagdzeitung.

Bald war Rotwild nur noch in Tierparks und einigen Herrschaftsrevieren anzutreffen, verluderte Rehwild von groben Posten angeflickt, irgendwo. – „Hatten im 17. und 18. Jahrhundert", schreibt Carl Rehfuß, genannt „Oberländer", „Fürsten und Adelige das Bild einer rücksichtslosen Wildhege und Jagdausübung auf Kosten der Allgemeinheit vorgeführt, so drehten jetzt die Bauern den Spieß um und befriedigten, in nicht minder rücksichtsloser Weise, ihren langgenährten Haß gegen Jagd und Wild. Trauernd verhüllte Diana ihr Haupt angesichts der Greuel, durch welche das jetzt souveräne Volk die heiligen Hallen des deutschen Waldes entweihte!" Einschneidende Gesetze mußten die falsch verstandene Freiheit korrigieren. Nicht mehr jeder Kleinstgrundbesitzer durfte auf seinem Eigentum die Jagd ausüben: Man legte Mindestgrößen fest. Konnte sie der einzelne nicht erfüllen, mußte er sich in einem gemeinschaftlichen, ausreichend großen Jagdbezirk einfügen.

Im Prinzip hatten alle Staaten des Deutschen Bundes die gleichen Jagdgesetze, aber jedes Staatsgebilde, und war es auch nur eine Büchsenschußweite groß, umgab sich mit dem Dunstring vielgestaltiger Verordnungen. Ein Zeitgenosse schreibt: „Wer den deutschen Partikularismus in seiner Pracht schauen will, der vertiefe sich in den Urwald deutscher Jagdgesetze!"

Immerhin entstand aber auch aus diesen Gesetzen praktizierter Anfangsdemokratie, verbunden mit dem Gedankengut der großen Humanisten und Philosophen dieser Epoche, der Begriff der Waidgerechtigkeit.

Was in der Mitte des Jahrhunderts noch als auswegloses Chaos erschien, etablierte sich bis zum Ende des Säkulums zu einer ethisch hochstehenden, biologisch verständnisvollen und technisch geschulten Jägergesellschaft, die sich die Natur nicht untertan machen, sondern ihr Wirken als Teil zum Nutzen des Ganzen verstanden wissen wollte.

Soweit so gut, doch grau ist alle Theorie und wird zur großen Illusion, wenn die Beweggründe, die den Menschen zur Jagd führen, letztendlich und vordergründig ein Spiegelbild seiner selbst sind. Leidenschaften, Privilegiengier, Eitelkeit, Geltungstrieb, Renommiersucht, Standesdünkel, Geschäftssinn, Machtwillen, ja Neid, Haß und Intoleranz können das idealistische Bild empfindlich stören. Und deshalb mußten die Jäger der neuen bürgerlichen, demokratischen Gesellschaft für ihr Tun und Lassen gegenüber der Allgemeinheit immer erneut Rechenschaft ablegen.

Müssen sie es wirklich?

Steht die Jagd nicht immer auch im Zusammenhang mit der jeweiligen geistigen, moralischen, politischen, rechtlichen, sozialen und technischen Situation der Zeit? Ist sie nicht ein Produkt ihrer Zeit? Passen sich Jäger nicht ständig diesen Gegebenheiten an?

Sie erfüllen doch, weit über das gesetzlich Vorgeschriebene hinaus, Aufgaben innerhalb der Landeskultur als praktizierende Naturschützer. Übernehmen sie nicht flächendeckend Verantwortung für die gesamte freilebende Tierwelt? Sind weitgehende freiwillige Leistungen in der Landschaftspflege, im Landschaftsschutz nicht schwerwiegende Pluspunkte? „Ohne Jäger kein Wild" – ist diese Behauptung, nach einigem Nachdenken, vielleicht doch keine Phrase? Für diese Leistungen, die dem Staat erhebliche eigene Aufwendungen aus Steuergeldern sparen, geben Jäger mindestens 1,5 Milliarden DM im Jahr und dies mit steigender Tendenz aus. 100.000 Arbeitsplätze hängen im EU-Bereich nach vorsichtigen Schätzungen unmittelbar mit der Jagd zusammen.

So betrachtet, müßten Jagd und Jäger vorurteilsfrei angesehen und hochgeschätzt in der Gesellschaft bestehen können. Doch wie sieht die Wirklichkeit aus?

Angelpunkt einer Beurteilung des Jägers aus der Sicht der Allgemeinheit ist seit jeher das Töten von Tieren. Auch wenn sich allmählich die Einsicht durchsetzt, daß biologisch kein Leben denkbar ist, ohne daß zu seiner Erhaltung anderes Leben getötet wird, hat sich der Jäger zu rechtfertigen. Obwohl 99 Prozent der Tiere, die zur Nahrung gebraucht werden, im Schlachthof in Massentötung enden und nur ein Prozent in der freien Wildbahn, in der Regel ohne Todesangst und Schmerz, wird dieses eine Prozent hinterfragt. Warum tötet der Jäger also? Hilft hier die vielzitierte Philosophie eines Ortega y Gasset weiter: Wir töten, um gejagt zu haben. Kann nicht der Wildtierfotograf, ausgestattet mit dem gleichen Fachwissen wie der tötende Jäger, das gleiche Erleben, und sogar mit öfterer Wiederholbarkeit, für sich beanspruchen? Ein totes Wildtier erfreut für kurze Zeit den Gaumen einiger Menschen, aber das lebende, fotografierte Wildtier kann doch ganz andere Emotionen auslösen – immer wieder, sogar über Generationen.

Oder polarisiert die Meinung Ortegas nicht eine ganz andere menschliche Eigenschaft, nämlich die des Beutemachens? Jeder Mensch will und muß im Leben erbeuten. Es gehört zur Überlebensstrategie, Beutegreifer, also Jäger zu sein und nicht Beute zu werden. Es ist jedoch ein großer Unterschied zwischen erbeuten und ausbeuten! Dies gilt für den Nichtjagenden ebenso wie für den Jäger. Gibt es eine Lust am Töten? Für den Pervertierten, für den Psychopathen sicherlich. Nicht aber für den Jäger. Er empfindet zwar Lust und Freude an der Ernte und letztendlich auch Genugtuung, durch sein biologisches Wissen um das Wildtier, der richtigen Einschätzung der Situation und seinem handwerklichen Können Erfolg gehabt zu haben. Der nachdenkliche Jäger bedauert den Tod des Tieres, und er weicht der Notwendigkeit des Überdenkens nicht aus.

– „Der Jäger muß das Tier lieben, das er tötet. Ist das nicht ein Widerspruch? Ja, in der Tat, es ist ein Widerspruch. Aber so widersprüchlich ist unser Leben, und aus diesem Grund führt uns die Jagd vielleicht näher als ein romantisches Erntedankfest an die wahren Grundlagen der menschlichen

Existenz heran" – philosophiert der Theologe Gerhard Rödding.

Doch wie philosophiert ein Jäger, der mit neun anderen hoffnungsvollen Weidgenossen auf hundert Staatsforsthektar einen „Sammelansitz" absolviert und zu Schuß kommt? Trotz Jogger, Reiter, Spaziergänger, Radfahrer und gassigeführten Hunden? Doch nicht über das Töten aufgrund weidmännischen Könnens? Oder etwa über das Lotteriespiel? Oder die Illusion, die Romantik, die Naturliebe? Wohin gehst du, Jäger?

Eine archaische Sache wie die Jagd hat einen unzerstörbaren Kern. Darumherum aber so viele wechselnde, spiegelnde Facetten, daß die Frage nach dem Wohin nur eine Antwort kennen kann: Der Weg ist das Ziel! Aus zeitlosen Weiten kommend, hat die Jagd die Gegenwart erreicht.

Sie wird den Weg in die Zukunft nehmen, auch wenn dieser Weg, wie schon aus der Vergangenheit, eben keine bequeme Straße, sondern ein Pirschpfad mit vielerlei Aus- und Einblicken sein wird. Das Jahr 2000 ist eher eine Orientierungszäsur als ein plötzlicher und alles verändernder Donnerschlag. So wie die Französische Revolution aus sich langsam vollziehenden Veränderungen heraus kulminierte, haben sich schon längst tiefgreifende Veränderungen in unserer Zeit eingestellt. Nichts bleibt so, wie es war, auch nicht die Jagd.

Gleich wenn es noch hoffnungsvoll aussieht, als könnten sich bewährte Traditionen, erworbene Eigenschaften und abgesicherte Wertvorstellungen unbeschadet erhalten, wird das große Einreißen aller bisherigen Tabus nicht nur weitergehen, sondern immer heftiger werden. Neue Formen der Konfliktlösungen, neues gesellschaftspolitisches Interesse an der Jagd, auch als Bewahrerin von Kulturgütern, noch weniger ständig praktizierende Jäger, weit mehr Schutzgebiete und Nationalparks, wachsende Stillegungsflächen, noch mehr die Jagd einengende touristische Erschließungen, auch wenn sie kanalisiert und von Entertainern verwaltet und geleitet werden.

Friedrich von Gagern schreibt am Ende seiner Lebenspirsch:

„Jagd ist Schauen, Jagd ist Sinnen, Jagd ist Ausruhen, Jagd ist Erwarten, Jagd ist Dankbarsein ... Jagd ist Bereitung und Hoffnung." Wehmütig werden Jäger in den Weiten Osteuropas und Asiens, Amerikas und Afrikas, in die sie pragmatisch ausgewichen sind, zumindest in dieser und der

40

nächsten Generation solchen Reminiszenzen nachsinnen – auch wenn sie wieder aus dem Vollen schöpfen können. Der HOMO VENATOR wird seinen Weg gehen, so oder so.

Sebastian Brant schreibt 1494 in seinem „Narrenschiff" in der Definition des „Jagdnarren": Wer jagen, stechen, schießen will, der hat klein' Nutz und Kosten viel.

Bild S. 36: **„Schnepfendreck"**, *1967,* Öl auf Leinwand,
ein Beispiel aus der „naiven" Phase

Bild S. 39: **„Siegfried"**, *aus der Tetralogie*
„Der Ring des Nibelungen", 1997, Mischtechnik mit Schlagmetallen

„Mittagsansitz im Oberpfälzer Wald", *1982,*
Öl auf Leinwand

Rudolf MICHALSKI

MIT GRÜNER FEDER

„Was mir behagt, ist nur die muntre Jagd"
(Jagdkantate)

Johann Sebastian Bach BWV 208
Klavierauszug von Bernhard Todt

1. Recitativo

„Jagdkantate" von Johann Sebastian Bach (BWV 208), Rezitativ der Diana

Klaus-Peter REIF
Rotwildbrunft (Rudel beim Einziehen)
Ölgemälde

Gert G. von HARLING

Lüneburg, Niedersachsen

Mitglied des Vorstandes im
FORUM LEBENDIGE JAGDKULTUR e.V.

Jahrgang 1945, aufgewachsen in der Lüneburger Heide, stammt aus einer alten Forstbeamtendynasty und ist seit seiner Jugend Jäger und Angler. Bevor er zwölf Jahre Schriftleiter bei der Jagdzeitschrift Wild und Hund sowie einige Jahre Lektor des Verlages Paul Parey für die Fachgebiete Jagd, Forst und Hunde war, arbeitete er viele Jahre im europäischen Ausland sowie in Übersee, wo er seine jagdlichen Erfahrungen vervollkommnete. Ausgedehnte Jagdreisen führten ihn u.a. nach Spanien, Bulgarien, Jugoslawien, Polen, Schweden, Norwegen, Nord- und Südirland, zahlreiche Staaten der GUS, Tunesien, Tanzania, Republik Südafrika, Quebec, British Columbien, Montana und Kuba. Mehrjährige Stationen seines Lebens waren darüberhinaus Namibia, England, Neuseeland und Venezuela.
G. v. Harling lebt in Lüneburg als Freier Journalist, Schriftsteller, Organisator, Begleiter und Führer von Jagdreisen sowie Fachberater für Jagd- und Naturvideofilme.
G. v. Harling ist u.a. Mitglied im Internationalen Jagdrat (C.I.C.), Jurymitglied des Vereins professioneller Medien der Produktionsbereiche Jagd-, Angel-, und Tierfilme.

Auswahl-Bibliographie

Mit Buchenblatt und Büchse, Hamburg, Verlag Paul Parey 1991; *Auf fremden und vertrauten Wechseln,* Hamburg, Verlag Paul Parey, 1993;
Eines Jägers Fahrten und Fährten, Hannover, Landbuchverlag, 1996; *Melsunger Wildkochbuch,* Forstamt Melsungen 1997 (Co-Autor)
Praxistips für Jagd und Jäger, Braunschweig, Venatus Verlags GmbH, 1998
Meines Jagens schönste Stunden, Wien, Österr. Agrarverlag, 1998; *Jagen hat seine Zeit,* Landbuchverlag, 1998; *Bildband „Jagd",* München, BLV, 1998

45

Plädoyer für einen Hochsitz

Als ich im Revier ankomme, macht sich ein wenig Entäuschung in mir breit. Ich soll mich nämlich die nächsten Tage einem älteren Bock widmen, der angeblich, wegen des hohen Grases, nur von einer geschlossenen Kanzel aus zu erlegen sei.

Ganz behutsam versuche ich diesen Plan zu ändern. Bei herrlichem Sommerwetter aus einem geschlossenen Kasten durch schmale Schießscharten zu starren, ist ganz und garnicht nach meinem Geschmack. Jagdherren sind aber zumeist uneingeschränkte Herrscher, und so füge ich mich schließlich, dankbar, überhaupt wieder in diesem landschaftlich schlichten aber reizvollen Heiderevier jagen zu dürfen, auch wenn ich unter „Jagen" etwas anderes verstehe, als passiv von einer Kanzel aus auf Wild zu warten.

Wer sehen, hören, riechen, schmecken und fühlen verlernt hat, mag den Ansitz auf einer geschlossenen Kanzel schätzen, ich sitze lieber auf dem Waldboden, auf meinem Jagdstock oder auch mal auf einer offenen Leiter, wo ich mich der Natur viel näher fühle. Doch nun muß ich wohl oder übel nachgeben.

Zu allem Überfluß sollte ich noch mit dem Auto bis zu meinem Sitz gefahren werden, das aber kann ich gerade noch verhindern. Nachdenklich schlendere ich auf altbekannten Wegen zu der mir zugewiesenen Kanzel an einer noch nicht gemähten Wiese.

Mücken und Fliegen schwirren massenweise um mich herum. Mich belästigen sie weniger, da mein bewährtes Tarnnetz nicht nur mein hell leuchtendes Gesicht verbirgt, sondern auch gleichzeitig die Plagegeister von meinem Kopf fernhält.

Meiner Kleinen Münsterländer Hündin Gesa setzt das Geziefer aber ziemlich zu. Immer wieder schnappt sie mit hastigen Bewegungen nach den störenden Quälgeistern, und laut klappen ihre Zähne dabei zusammen.

Es ist drückend schwül. Schon seit einer Woche ist es heiß und staubtrocken, das Land braucht unbedingt Regen. Der Himmel sieht allerdings nicht danach aus, als würde er seine Schleusen bald öffnen.

Singdrossel und Buchfink sind die einzigen Vögel, die mich melodisch begleiten, als ich die Hündin ablege, etwas wiederstrebend die steile Leiter hochsteige und mit Eintritt in den dunklen, miefigen Kasten den hellen, klaren Abend hinter mir lasse. Als ich die schmalen Luken der Kanzel öffne, ist die stickige Luft im Nu verflogen.

Kaum habe ich es mir bequem gemacht, vorher noch einmal meinen Kopf durch die enge Fensteröffnung gezwängt und mir mit einem Blick nach unten Gewißheit verschafft, daß der Hund zufrieden ist, zieht 150 Gänge entfernt eine Ricke mit ihrem Kitz zielstrebig über die Wiese. Noch zwanzig oder dreißig Meter kann ich die beiden im angrenzenden Hochwald durch das Glas verfolgen.

Welche Diskrepanz: In freier Natur, dort, wo der Mensch nicht als Jäger eingreift, sind zu dieser Zeit Jungwild, ob Kitz, Kalb oder Frischling, ob Küken oder Welpe, sowie die Elterntiere am stärksten gefährdet. Die einen sind noch unbeholfen, noch nicht flucht- oder flugfähig, die anderen, tragend, führend, säugend oder fütternd und somit „gehandicapt". In von Menschen unberührten Gegenden sind die Verluste durch natürliche „Räuber" in den ersten Lebenstagen und Wochen daher am höchsten. In unseren „kultvierten" Revieren dagegen setzt die Bejagung erst im Spätsommer oder gar im Herbst ein. Jungtiere leben in Gebieten die durch Menschen bejagt werden, somit länger.

Als ich das Fernglas absetze, segelt ein großer Vogel vorbei und geht kaum zwanzig Meter vor mir am Grabenrand runter. Ein Schwarzstorch ist es.

Während seine weißen Vettern seit vielen Jahren aus dieser Gegend verschwunden sind, kehrt der scheue Waldbewohner, so lange ich denken kann, regelmäßig hierher zurück, und fast jedes Jahr zieht er zwei oder drei Junge hoch.

Wohl eine halbe Stunde lang kann ich den schwarzen Gesellen durch mein Fernglas fast hautnah und ungestört beobachten. In dem dunklen Kanzelraum kann mich selbst sein scharfes Auge nicht ausmachen. Plötzlich erhebt er sich und klaftert über die dunklen Kiefernwipfel davon.

Die Hündin hat den großen Vogel nicht bemerkt, wie ich mich mit einem Blick nach unten vergewissere, aber etwas anderes scheint ihre Aufmerksamkeit zu fesseln. Und da erscheinen auch schon dort, wohin Gesa so fasziniert schaut, fünf Frischlinge, gefolgt von einer Bache, aus dem hohen Gras am Wegrand. Höchstens zehn Meter von der Leiter entfernt wuseln die Frösche, mal völlig durch dichten Bewuchs verdeckt, mal frei. Sie halten Gesa in Atem, bis sie wieder verschwinden.

Von meiner hohen Warte aus kann ich den Wechsel der kleinen Rotte an den sich mitunter stürmisch bewegenden Grashalmen noch einige Minuten lang verfolgen. Vom Erdboden aus hätte ich sie gewiß nicht wahrgenommen, und die beiden Beobachtungen, Schwarzwild und Schwarzstorch, haben meine schwarzen Gedanken längst vertrieben.

Nur kurz bleibt mir Zeit, mich auf der bequemen Kanzelbank zurück zulehnen.

Am anderen Ende der Wiese steht ein mehrere Quadratmeter großer Brennesselhorst. Rundherum ist das Gras verkümmert, es steht nicht so hoch, wie auf dem Rest der Wiese. Und in der Verlängerung, 300, vielleicht gar 350 Meter entfernt von eben dieser Anhäufung von Brennesselstauden, leuchtet es rot auf.

Ein Rehbock ist es, wie der Blick durch das Glas bestätigt, und zwar der Erwartete.

Ein sicherer Schuß auf diese Entfernung, wäre bei guter Auflage selbst bei einem so kleinen Ziel wie einem Rehbock für gute Schützen zu verantworten, mir aber ist er zu riskant und zudem wenig reizvoll.

Wie oft höre ich von Mitjägern Wundergeschichten über weite Schüsse, die einem Münchhausen Ehre machen würden und wie oft mache ich mir dann so meine Gedanken ...

Manche Schützen meinen, sie jagen, doch sie haben lediglich das bürokratische Liquidieren von Lebewesen übernommen, indem sie den wilden Tieren noch bessere Waffen, noch stärkere Optik, noch höhere Sitze entgegensetzen. Jagen aber ist vornehmlich draußen sein, den würzigen Waldboden riechen, die Natur schmecken, den Wind fühlen, die Umgebung mit allen fünf Sinnen begreifen und überli

sten, die Zeit im Revier bis zum letzten auskosten, und die Devise muß daher lauten: Das Jagen allein muß Spaß machen, lauern, schleichen, überlisten und schließlich aus gerechter Entfernung die Beute sicher strecken, und nicht aus ungerechter Entfernung technisch töten.

Der Bock ist inzwischen bis zu dem Brennesselwald getrollt, macht aber keine Anstalten, noch näher zu ziehen, sondern umkreist ihn langsam und verschwindet schließlich dahinter. Einmal sehe ich ihn noch frei und breit verhoffen, und zweimal erscheint noch sein Kopf hinter dem dichten Grün, dann bleibt er verschwunden.

Ganz allmählich schickt die Dämmerung bereits ihre Schatten voraus, und das Schwinden des Büchsenlichtes ist nicht mehr allzufern.

Vorsichtig baume ich ab. Am Fuß der Leiter werde ich aufgeregt und freudig von Gesa begrüßt. Schnell beruhige ich die Hündin und bedeute ihr wieder abzulegen. Unverständnis spricht aus ihren dunklen, hübschen Augen. Ich lasse mich aber davon nicht erweichen, schleiche geduckt zum Waldrand und pirsche dann in dessen Schatten vorsichtig Richtung Brennesseln.

Eine Amsel streicht vor mir davon, d.h. sie schleicht eher verstohlen flatternd und von Zweig zu Zweig hüpfend fort. Gewiß hat sie auf ihrem Nest gesessen, und ich habe sie aufgeschreckt. Hier, in diesem ruhigen, heimlichen Winkel verhalten sich die Drosseln anders als in Siedlungen oder Gärten, wo sie Störungen durch Menschen gewöhnt sind und meistens laut zeternd davon fliegen.

Bevor mein Blick wieder zur Wiese schweift, fällt er auf ein kleines Federbüschel am Waldboden, eine Rupfung. Ein Sperber hat hier eine Drossel geschlagen. Ich verharre, um die Spuren, die der Greif auf dem bemoosten Baumstumpf hinterlassen hat, zu betrachten.

Als ich langsam weiterpirsche und mich dabei noch einmal umsehe, erscheint ein Blaumeisenpaar und trägt Feder um Feder zu einer kleinen Höhle in einer trockenen Birke.

„Seltsam", meditiere ich, „der ärgste Feind der kleinen Singvögel liefert das Federbett für vielköpfige junge Brut".

Der Bock bleibt für mich vorerst noch unsichtbar, auch als ich mich ganz bedächtig den Brennesseln bis auf höchstens zehn Gänge genähert habe.

Noch kleiner versuche ich mich nun zu machen, noch kleiner werden auch meine Schritte, und noch vorsichtiger bewege ich mich, denn mit jedem meiner Schritte gewinne ich mehr Einblick hinter den Brennesselwald.

Auf einmal erblicke ich auch den Bock. Vertraut äst er nur zwanzig Meter entfernt von mir fort und ist dann, fast wie ein kurzer Spuk, im hohen Gras verschwunden.

Die Büchse hatte ich bereits vorsichtig von der Schulter genommen und wollte gerade in Anschlag gehen, als das Reh mit einem kurzen Schritt in der dichten, grünen Deckung untertauchte. Von der Kanzel aus hätte ich den Bock wohl ebenfalls sehen, aber sicherlich auch nicht schießen können. Hier nun, vom Boden aus, kann ich ihn noch nicht einmal ausmachen.

Noch während ich den Stutzen langsam sinken lasse, steht der Bock wieder frei vor mir, so plötzlich, wie er verschwunden war.

Erneut wandert der Schaft der Büchse langsam an meine Schulter, und die Mündung zeigt zu dem fast breit stehenden Bock. Doch dieser zieht bereits wieder in den hohen Bewuchs zurück. So lasse ich die Waffe abermals sinken.

Eine knappe Minute später steht der Bock noch einmal fast frei und halbwegs breit, und das Spielchen wiederholt sich. Noch zweimal verschluckt das bunte Gewirr aus Gräsern, Stengeln, Dolden und Blüten das helle Rot des Wildkörpers, noch zweimal sehe ich mich bereits erfolgreich am Ziel meiner aufregenden Pirsch, und noch zweimal ändert sich nach kurzer Spannung die Richtung der Laufmündung im Zeitlupentempo vom Bock zurück auf den Erdboden.

Von der Kanzel, aus sicherer Höhe mit bequemer Auflage, hätte die Jagd wahrscheinlich schon lange ein zwar schnelles aber gewiß nicht so packendes, erregendes Ende genommen. Und spannend ist es, was mir das Wild hier bietet. Ein unverhoffter Schritt, und der Bock ist gedeckt durch Halme, Rispen, Blätter und Blüten, ein weiterer Schritt, und er steht wieder frei, allerdings spitz von hinten und unmöglich für einen sicheren Schuß. Alles geht sehr schnell, und ich bin immer viel zu langsam, zumal ich mich, kaum fünfzehn Meter vom arglosen Ziel meiner Wünsche entfernt, besonders vorsichtig bewegen muß.

Nach der Devise: „Was Du versäumst in der Sekunde, bringt keine Ewigkeit zurück", bleibt das Gewehr schließlich im Anschlag, und außer den Augen bewegt sich nichts mehr an mir.

Wenige Lidschläge später halte ich wieder den Atem an, und der Schuß bricht.

Ein paar taumelige Fluchten mit tiefem Äser, und schon hat sich das Grün der Wiese über dem roten Bock geschlossen. Nur eine dunkle Stelle in dem hohen Gras zeigt an, wo er liegt.

Erleichtert eile ich wenige Minuten später zurück zur Kanzel, zu meinem Hund, der dann ruhig der kurzen, roten Bahn, die mein, nein, die unser Bock im Gras hinterlassen hat, folgt.

Und dann kniee ich noch lange neben dem Bock, dem angeblich nur von der Kanzel aus beizukommen war.

Über dem Dunst, der sich allmählich auf den Wiesen bildet, erhebt sich schemenhaft deren dunkle Silhouette und eine blinkende Fensterscheibe wirft das letze Rot des Abendhimmels zurück, gibt dem Gestell etwas Versönliches. Ich tue ihm ein wenig Abbitte, denn bei bestimmten landschaftlichen Gegebenheiten mögen sie unerläßlich sein, hohe, geschlossene Kanzeln.

Ich denke an die Marsch oder an die flache, weite Feldflur, wo weit und breit kein natürlicher Kugelfang vorhanden ist, und wo der Jäger, ohne das Hinterland zu gefährden, kaum schießen kann, auf Hochsitze mitunter nicht verzichten kann.

Im Waldrevier dagegen stellen geschlossene Kanzeln, womöglich mit Glasfenstern und Teppichboden isoliert, ein Armutszeugnis für den Jäger dar.

In einer Kanzel fühle ich mich vom unmittelbaren Naturerlebnis ausgeschlossen. Die Jagd ist von dort aus Naturbeobachten, kein Messen der Sinne und Kräfte zwischen Mensch und Tier.

Sitze ich über dem Wind, habe ich dem Wild die letzte „faire" Chance genommen, denn der Geruchsinn ist das einzige, was ein Tier noch gegen die zahllosen Hilfsmittel des „homo sapiens", mit denen er seine verkümmerten natürlichen Sinne kompensiert, einsetzen kann.

Jagd ist ein Handwerk, das man erlernen kann. Es gibt Lehrlinge,

Gesellen und wahre Meister. Jagd ist auch eine Kunst, Kunst kommt von „können", und ein wirklicher Könner wird ohne geschlossene Kanzeln auskommen, doch auch ich habe mich heute dieser zweifelhaften Jagdeinrichtung mit Erfolg bedient, hätte weder den scheuen Schwarzstoch beobachten können, noch in dem hohen Gras die Ricke mit ihrem Kitz sowie die Sauen und geschweige denn, den alten Bock gesehen.

Ein kurzer Griff in den Äser sagt mir: Der Bock ist so alt, daß die Zeit, die ich brauchen werde, um den Schädel abzukochen, wahrscheinlich länger sein wird, als die, die ich benötigte, um ihn zu erlegen.

Eine Singdrossel singt und verabschiedet sich und den scheidenden Tag. Frieden ohnegleichen liegt über dem weiten Wiesental und auch über der hohen Kanzel. Er läßt mich immer wieder alles, was den Alltag häßlich macht, vergessen.

Walter
KRAUSE

Schlangenbad,
Hessen

Jahrgang 1950. Nach Schulbesuch Wanderjahre und Lehre als Berufsjäger im Taunus und in der Lüneburger Heide. Jäger seit 1966 mit Falknerprüfung 1978.

Gesellenbrief als Einzelshandels-Waffenkaufmann mit anschließender Tätigkeit in führenden Häusern des zivilen Waffenhandels. Aufbaustudiengänge Biologie und Ökologie mit Abschluß als Abfall- und Umweltberater (Ver- und Entsorger).

„Ohne Jagd, ohne Falknerei wäre die Menschheit nicht besser, nur ärmer." Unter diesem Motto widme ich meine Freizeit der Sammlung historischer Jagdliteratur, speziell für Fallen und Lockinstrumente.

Die Hütte aus Hirschgeweih von der Schorfheide

Gemessen an den vielen Jägern hier zu Lande, lebten wohl die wenigsten von ihnen, für kurze oder längere Zeit, in einer Jagdhütte. Folgen sie mir dorthin, weit weg von den klobigen Stangen der Schofheidehirsche, liegt die Jagdhütte an steilhangiger Engtallandschaft, in klimatisch begünstigter Lage der Taunuswälder. Dort, wo sich das nördlichste Vorkommen der bissigen, jedoch völlig ungiftigen Äskulapnatter in Deutschland befindet, wo auch der meist unbekannte, Französische Ahorn an seine nördlichste Grenze stößt, dort in einem Seitental vom Rhein, beginnt meine Geschichte.

Zwei nicht ungefährliche Erlebnisse machten die Hütte unvergeßlich in meinen Erinnerungen, eine davon will ich hier erzählen. Doch noch einmal erleben, das möchte ich nicht.

Die Hütte hatte schon dreißig Winter auf den axtbehauenen Stämmen als ich sie zum ersten Mal sah. Und von diesem Tag an, für lange Zeit bewohnte, nutzte, sie lieb gewann, genauso wie ihre Bewohner. Nicht alle Gäste waren gelitten, doch geduldet, weil ein kleiner Jägerlehrling, ja noch nicht weiß, daß andere Faktoren als Wissen und Können, eine große, wenn nicht entscheidende Rolle im Spiel des Lebens sein können.

Das feste steinerne Fundament, älter als die Hütte selbst, in Trockenmauerwerk aus dort vorkommendem Quarzit, fachmännisch gespalten und dann gesetzt, war früher Pulverkammer, des längst ausgelassenen und jetzt zugewucherten Steinbruches, wo die Hütte in einem als Sackgasse endenden Hohlweg errichtet worden war.

Rechts und links, dieses fast kunstvoll aufgesetzten Trockenmauercarre, was den Kellerraum bildete und nicht groß war, hatten frondienstleistende Russen, Gefangene des letzten Krieges, große dicke, lange dünne Steine verblockt. Wie wild aufeinander gehäuft und alles mit einer Betondecke versehen, die jetzt größer war als das ursprüngliche Fundament, welches dann Lager bot für Balken des doppelt gehaltenen beblankten Fußbodens.

Zwei Räume ließen Platz für Küche und winzigen Schlafraum mit

Hochbetten. Alles was keinen notwendigen und angestammten Platz in der Küche fand, kam in den aus Brettern und Holzschwarten genagelten Anbau, der als Schuppen genutzt wurde. Hier fand man Frettiernetze, die man drunten in den savannenartig beschirmten Streuobstwiesen, fast am Rhein gelegen, zur Karnickeljagd brauchte. Hasentalg beschmierte Eisen zur Fallenjagd, hängend an der Wand, darüber. Stellhölzer und Häringe fand man im geflochtenen Korb aus Haselruten. Axt, Hauklotz und vorne gleich an der Eingangsecke, Kisten mit Flaschen für Bier, volle und leere. Auch ein Faß, voll des Weines der auf Bäumen wächst: Apfelwein aus dem Hintertaunus. Dann noch, Klapptisch und ebensolche Technik nutzende Bänke, für schöne Sommertage draußen. Die linden Lüfte im Rheingau bleiben unvergessen.

Holz zum Heizen, draußen an der weit übertraußten Wand. Tagelang spaltete ich Kloben aus Birke, Buche, Eiche - schwang die langstielige schwere Axt, schmetterte sie mit dem Rücken auf das Klotz, so daß auch drehwüchsig und widersonnige Kloben reißen mußten. Der übernächste Winter war Gesetz und trocken mußten die Spalte zum Verfeuern schon sein. Noch wußte ich nicht, daß ich den offenen Kamin selbst mauern durfte, der dann glücklicherweise, auch fast rauchlos zog. Nur kamen Fallwinde von Norden, bleiben Ofen und Kamin meist aus.

Der schon vorhandene gemauerte Außenschornstein hatte einen Ritz, der sich zwischen den van-Dyk-braunen Lärchenstämmen und den backsteinroten Ziegeln, der sich durch Trocknung und Schrumpfung, allmählich gebildet hatte, zeigten der harmlosen Äskulapnatter Zuflucht im Herbst, bis in den kommenden Mai. Bräunlich durchschimmernde Schuppenhemden, dieser 1,80m lang werdenden Schlange lagen im Sommer auf dem Schotterweg zur Hütte und zwischen dem lose gestapelten Brennholzstoß.

Früher brütete auch hier in den Rissen der verblockten Steine der Wiedehopf, es war vor meiner Zeit. Jetzt hüpft im Winter ein anderer, gesanglich mehr begabter Vogel herum: Der Zaunkönig schmettert hell sein Winterlied.

Man war gesegnet in dieser Blockhütte leben zu dürfen. Des Sperbers Pirschflug zog am oberen Rand des Steinbruches entlang und jeder Singvogel stürzte sich wie ein Stein fallend, in das Gebüsch aus Weißdorn,

Schlehe, Weiden und Brombeeren, unten nahe der Hütte. Jagte der Sperber, herrschte Stille. Kein Vogelstimmchen, kein rätschender Markwart. Man meinte, der fliegende Tod ging um.

Draußen tanzten die Hexen, man sah es an den sich wirbelnd drehenden Blättern und die Hummeln sammelten späten Nektar, auch noch dann als die Bienen längst den Flug vor Kälte mieden.

Herbst; man wartete auf den späten Rammler am Hasenpaß, der am Gegenhang in den Klee rutschte. Nicht oft, genoß man spät am Abend den Blick zum Gegenhang oder zu dem längst vergessenen und verfallenen Gut eines Karl des Großen Richtung Wiesbaden. Zu oft vom Strom kam der Nebel vom Rhein, deckte alles im Tal zu und man meinte, oberhalb eines Stausees zu lagern.

Kälter und klarer waren Tage im Winter, wenn Rauhreif am Knotengitterzaun, seine 12cm bis 15cm waagrecht aufgebaute Zuckerwatte zeigte. Dann war auch Zeit für die alten Jagdgeschichten, die hier neue Auferstehung fanden, weil Hüttenbewohner und einige wenige Besucher, die Schorfheide in Preußen gut kannten.

Erworben hatte der damalige Jagdpächter diese jagdliche Heimstatt im alten Steinbruch kurz nach dem Aufstand 1953, in der damals sowjetisch besetzten Zone, durch Vermittlung eines Afrikajägers und ehemaligen Zoodirektors aus Berlin. Beide kannten sich aus der Schorfheide, von Jagden und vom Jagen. Der eine hatte angrenzend ein Jagdrevier, der andere betrieb Verträngungszucht bei Wisent und Wildpferd. Beide Tierarten hatten die Schorfheide in frühester Zeit besiedelt und man dachte an Rückzucht und Erhalt winziger genetischer Reste. Hermann Göring, der sich in diesem preußischen Jagdgebiet und Reichsnaturschutzgebiet eingenistet hatte, dachte mehr an Jagd und Renommees. Doch verlassen wir den engen Blick, die Welt des Zielfernrohres und folgen den Spuren des Besitzers der Jagdhütte im Taunus.

Mißratener Sohn eines Forstbeamten, fährt Taxi in Berlin, hört bei einer „Fuhre", daß die Wehrmacht Uniformschneidereien sucht, vermittelt, kauft ein, dann zwei Schneidereibetriebe und als alles zu „braun" wird, verkauft er Schneiderei, kauft eine Gärtnerei am Rande der Schorfheide und versorgt Berlin mit Salatköpfen und Kohl.

Jagt einmal im Jahr mit Göring als Reviernachbar auf Drückjagd innerhalb des fest umgatterten Gebietes der Schorfheide.

Später sprengt die Wachmannschaft der Luftwaffe das reedgedeckte „Karin Hall" und das dann herrschende Kalaschnikowgeknatter, zwingt den hungernden Bestänter zur Wilderei. Mit Batterie im Rucksack, Scheinwerfer am Rucksackriemen, pirscht er an dem jetzt gewaltsam geöffneten Drahtverhau, Wild strömt aus dem Gatter der Schorfheide und erhält die Kugel. Besonders starke Rotten Schwarzwild suchen ihr Glück in der Flucht, raus aus dem ehemaligen Paradies und aus dem Ghetto Schorfheide.

Waggonweise schaffte man aus den Trümmern „Karin Hall´s" die Geweihe in den Westen, fertigte Knöpfe daraus, die meist nach Amerika gingen. Die Russen sprengten das Mausoleum von Görings erster Frau. Dann kommt der 17. Juni 1953. Karl, so wollen wir ihn hier nennen, reißt die rote Fahne mit Hammer und Sichel vom Brandenburger Tor. Er muß, wie viele andere auch, fliehen, kommt nach Wiesbaden, wo sein Hirschgeweihgeld auf der Bank liegt und wird Kioskbesitzer. Er pachtet eine Jagd und kauft dazu mit den »Geweih-Gelder« die Jagdhütte im alten Steinbruch.

Samstag bis Montag in der früh, lebte Karl, die Hunde und der Berufsjägerlehrling auf der Hütte. Führte Hund und Lehrling, wochentags war froh Gejaid: Lehrling allein mit Hund und Hütte. Bald zog es den Lehrling zur Ausbildung weiter, um wo anders seine jagdlichen Kenntnisse zu vertiefen.

Es gab aber noch die Geschichte mit dem Zisternendeckel! Vorsorglich hatte ein Vorbesitzer der Jagdhütte eine Zisterne für Regenwasser angelegt. Der abschließende Betondeckel mit eingegossene Haltering und Stahlmatte, war wohl eine Montagsproduktion. Jedenfalls bildeten sich Risse, das verwendete Eisen rostete, sprengte den Beton ab. Ein neuer Deckel mußte her. Wohin mit dem Alten? Etwas unterhalb, dem Dorfe zu, da wurde neu gebaut und die bauplatzschiebende Planierraupe, deckte manchen anfallenden Aushub zu. Warum nicht den anfallenden schweren defekten Deckel? Gedacht, getan: Den schweren runden massiven Betonreif rollte der Lehrling sehr vorsichtig, sehr langsam, stützend und bremsend den Hang hinab, Richtung Bauplatz. Dort legte er den Betondeckel ab, drehte sich um und ging, da rutschte der Deckel auf losem Schutt etwas standabwärts, stand auf (!), kam ins Rollen, sauste den Steilhang hinab, geradewegs Richtung Wendehammer, den man schon mit der neuen Straße angelegt hatte.

Dem Lehrling wurde heiß, die Beine schlotterten, das Herz raste und seine Gedanken waren bei dem dicken Mercedes, der immer dort im Wendehammer geparkt stand. Diesmal jedoch nicht, wie der in großen Sprüngen talwärts hüpfende Lehrling jetzt sah, doch der Reif nahm weiter Fahrt auf, segelte durch die Lüfte, dotzte auf die Teerstraße, bekam durch den Bordstein einen weiteren Effe, eierte dann durch ein Hangstück mit Rüben, zog dort in den Rüben eine verheerende Gasse und donnerte krachend gegen die Hausmauer des Bauern und zerfiel in Stücke. Der Bauer, seine Obstbäume schneidet, sah ungläubig Unverständnis zeigend, von seiner Leiter auf der er stand. Hetzend, durch Brombeerranken behindert, machte sich das junge Jägerlein bemerkbar.

„Ja wos is denn dös?", so seine Frage. Beim Hinabsteigen zu seinem Bauernhaus erklärte der Jägerlehrling die Lage dem Bauern. Unten am zerfesten Betondeckel, grinste der Bauer den werdenden Jäger an und sagte ganz trocken: „Wenn der durchs Fenster der Speisekammer gegangen wäre, und zeigte kopfhebend zu den Betonresten hin, hätte er glatt meine Frau erschlagen ... Jetzt nimm die Brocken und trage sie rauf zur Raupe, doch den kaputten Zaun mußt du mir ersetzen". Jäger und Bauer fanden aber kein Schlupfloch, der Zaun war ganz, wie eh und je. Der Jägerlehrling holte alle Betonteile, auch die kleinen, den Weg mehrmals gehend und mußte auf einmal befreind laut auflachen. Diese Geschichte hatte gut geendet. Das Lachen konnte er nicht zurückhalten, obwohl noch das Herz raste und die Beine zitterten. Es war das Gesicht, das der Bauer machte, der scheele Blick, als er da seinen Überlegungen freien gedanklichen Lauf ließ.

Der Hütte begegnete ich noch einmal, Jahrzehnte später als der Standort schon längst überbaut und die Jagd so nicht mehr bestand. Die Vorderfront der Tür fand ich als Weihnachtsdekoration in einem Schaufenster eines großen Frankfurter Kaufhaus auf der Zeil. Und ich schaute wieder neugierig, wie damals zur Hütte hin...

Rolf
ROOSEN

Hamburg – Buxtehude

Lothar Graf Hoensbroech

Die Redaktion JÄGER
– Zeitschrift für das Jagdrevier –
ist Fördermitglied im
FORUM lebendige Jagdkultur e.V.
und wird durch ihren
Chefredakteur repräsentiert.

Lothar Franz Antonius Wilhelm
Maria Graf von und zu
Hoensbroech
27.03.1889 - 08.01.1951
Auswahl-Bibliographie
Wanderjahre eines Jägers
(1.Aufl. 1935)
Jagdtage und Nordlichtnächte
(1.Aufl. 1950)
Abseits vom Lärm
(1.Aufl. 1952)

Abseits der Masse

Über den Jagdschriftsteller Lothar Graf Hoensbroech

Gute Jagdschriftsteller sind weiße Raben. Woran liegt das? Einmal ist nicht jedem die Feder in die Wiege gelegt. Zum anderen bringen oft diejenigen ihre jagdlichen Erlebnisse zu Papier, die „bloß zur Jagd gehen", aber keine Jäger sind. Mit anderen Worten: Ein lesenswerter Jagdschriftsteller hat nicht nur eine herausragende Schreibe, sondern ist darüberhinaus wildpassioniert und ständig „im Busch".

Zur Spitze deutschsprachiger Jagdschriftsteller rechnet zweifellos Lothar Graf von und zu Hoensbroech, geboren am 27. März 1889, gestorben am 8. Januar 1951. Der auf Schloß Kellenberg im Rheinland beheimatete Land- und Forstwirt schrieb drei jagdbelletristische Werke. Sein erstes Buch hatte den Titel „Wanderjahre eines Jägers" und erschien 1935 in erster Auflage. Nach dem Zweiten Weltkrieg veröffentlichte Hoensbroech „Jagdtage und Nordlichtnächte" (1950). „Abseits vom Lärm" brachte sein Sohn Reinhard 1952, also kurz nach dem Tod seines Vaters, heraus. Dieses Werk, und die „Wanderjahre" erlebten jeweils mehrere Auflagen.

Selbst großartigen Schriftstellern gelingt nicht jedes Buch. So ist „Jagdtage und Nordlichtnächte" nur mittelmäßig, aber immer noch bedeutend besser als das meiste, was gegenwärtig auf dem Markt ist. Hoensbroech wußte selber um die literarische Qualität dieses Buches. So bittet er seine Leser im Vorwort, „bei den folgenden Zeilen nicht den scharfen Maßstab anzulegen, welcher für ‚Literatur' angebracht ist." Die „Wanderjahre" und „Abseits vom Lärm" sind herausragend. Letzteres handelt von der Hirschbrunft, vom Blinkern auf Hechte, von Drückjagden auf Sauen und naturnaher Waldwirtschaft, vom Fuchsreizen, von Wasserwild, Hunden und der Jagd auf den Rehbock ... Vielfältig ist der Inhalt, vielfältig auch die Form der Darstellung. Briefe, Erlebnisschilderungen, philosophische Überlegungen, Tagebucheintragungen und ein Traum kommen vor. Das Buch enthält Beschauliches und Besinnliches, Ernstes und Heiteres, Lyrisches und Dramatisches, Belehrendes und Unterhaltendes, und das bunt gemischt. Kurz, es ist sowohl formal wie inhaltlich sehr abwechslungsreich.

Für Hoensbroech sind Erfolg und Mißerfolg nur zwei Seiten der Medaille Weidwerk. So berichtet er nicht nur über außergewöhnliches Weidmanns- und Petriheil, sondern schildert auch ausführlich Mißgeschicke bei Jagd und Fischfang: „Da fühlte ich im Nacken einen leichten, kühlen Luftzug, und wenige Sekunden später brach der Hirsch polternd zurück in die steil-abfallende Urwaldlehne ... Wer behauptet, so etwas sei nicht ärgerlich, der lügt. Aber Diana und auch Fortuna sind launische Weiber, man muß sie nehmen, wie sie sind, manchmal lächeln sie am nächsten Tage schon wieder." Nicht jeder Jagdtag ist bekanntlich Fangtag. Eine Grunderfahrung, die Hoensbroech immer wieder thematisiert. Das verbindet.

Und noch etwas macht Hoensbroech immer wieder deutlich: Jagen ist ein anstrengendes Unterfangen. Der Jäger muß äußerste Müdigkeit überwin-den, bei eisiger Kälte ausharren, Geduld üben, Geschick beweisen, sich selbst beherrschen, zäh und ausdauernd sein ... Nichts hält Hoensbroech davon ab, sich an Wild heranzumachen, wenn nur geringste Aussicht auf Beute besteht. So steigt er einmal in das Eiswasser eines tiefen, rauschenden Winterflusses, um – ein Schilfbündel als Deckung vor sich her schiebend – auf Schrotschußentfernung an Wildgänse heranzukommen.

Die Jagderlebnisse, die Hoensbroech erzählt, sind spannend und abwechslungsreich geschrieben. Dabei fällt immer wieder auf, wie genau er die Natur beobachtet und wie prägnant er seine Eindrücke vermitteln kann. Er leiht dem Leser seine Augen und Ohren, ja all seine Sinne. Ein Beispiel: „Die Luft hallte wieder vom Geschnatter vieler hundert Enten, und dazwischen klang wie ein Glockenspiel der melodische Ruf ziehender Singschwäne und das scharfe, harte Bellen hochnordischer Gänse. Kaum irgendein anderer Ton hat auf mich eine so elektrisierende Wirkung wie ein gellender Wildgansschrei. Er ist der Ruf ferner Länder, die abseits des teuf-lischen Getriebes menschlicher Technik liegen. Er ist der Ruf der Wildnis."

Nicht jeder Naturliebhaber ist ein Jäger. Aber jeder Jäger ist ein Naturliebhaber. Die Liebe zum Wild läßt sich für Hoensbroech nicht tren-nen von der Liebe zur Natur, zu Baum und Strauch, zum gesamten vielge-staltigen Pflanzenleben. Als Forstmann schreibt er Wald nicht mit „i". Bereits 1950 forderte er Forstleute und Jäger auf, wenig, aber starkes Wild in einem naturnahen Wald zu hegen. Anderseits wendet er gegen einseitige Forstmänner ein: „Es gibt ... Menschen, die nur mehr ‚wirtschaftlich‘ denken und fühlen können und die den sehr bezweifelbaren Wert des Geldes über alles setzen ... Solche Leute sind in den Augen von uns Jägern und Naturfreunden weit schädlicher als der Hirsch, von dem sie ausrechneten, daß er bis zum soundsovielten Lebensjahr soundso viel Mark Schaden anrichtet.“

Hoensbroech war seiner Zeit weit voraus: Er kann als einer der ersten Naturschützer dieses Jahrhunderts bezeichnet werden. Schon zu Beginn der fünfziger Jahre, als die Mehrheit der Bevölkerung noch technikhörig war, verurteilte er die industriellen Produktionsmethoden in Land- und Forstwirtschaft scharf. Er lehnte Flußbegradigungen, Monokulturen und das Roden tropischer Urwälder vehement ab. Schon damals rief er dazu auf, ökologischen anstatt rein ökonomischen Sachverstand walten zu lassen: „Halte ein mit dem Raubbau an der Natur! Erhalte die Reste unberührter Wildnisse und ihrer Bewohner! Opfere nicht auch die letzte unverdorbene Gottesschöpfung der fragwürdigen Sucht nach Gelderwerb! ... Nicht wir Jäger allein sind in der Natur verwurzelt, sondern alle Menschen. Wir können das Rad der Entwicklung nicht zurückdrehen, aber wir müssen es gut lenken. Weit entfernt von verschwommener Gefühlsduselei sollten wir das werden wollen, was wir zu sein vorgaben: der homo sapiens, der weise Mensch.“

Dem ist auch heute nichts hinzuzufügen.

MYTHOS UND FABELN

Jagdsignal: Das kleine Halali
(Grafik: P. Dietsch, Mein Jagdtagebuch, Berlin 1980)

Walther PREIK
Hunde-Kugel

100cm, Bronze, 1972, Standort: Neubrandenburg, Zentrum

Herbert
PLATE

Waldbröl-Drinhausen,
Nordrhein-Westfalen

Jahrgang 1918; im Märkischen
Sauerland geboren. Von 1940-45
Soldat, in Rußland schwer verwundet. Bis 1950 als Pelztierzüchter
tätig. 1953 Film- und Jagdreise
nach Persien, Afghanistan und
Indien um meinen Jugendtraum
von Steppen, Wüsten und Dschun-
geln wahrzunachen. In Nord-
indien konnte ich den Spuren der
Tiger folgen und einen anderen
Jugendtraum erfüllen: Ich schrieb
mein erstes Buch und wurde nach
zweijährigem Auslandsaufenthalt
freier Schriftsteller. Bei weiteren
großen Reisen zum Amazonas, nach
China, Mittelamerika und Afrika
entstanden weitere Bücher (insgesamt über 80 Titel sowie Funk- und
Fernsehsendungen).

Seit 1960 lebe ich im Ober-
bergischen Kreis. In den letzten 15
Jahren habe ich mich auch der Bild-
hauerei zugewandt und eine Reihe
von Großplastiken geschaffen. Mit
28 Jahren übernahm ich eine
Sauerländer Eigenjagd, deren
Pächter ich über 50 Jahre blieb.
Mittlerweile habe ich meinen 60.
Jahrersjagdschein

Auswahl-Bibliographie

Die große Herbstjagd (Roman), Graz, Stocker
Verlag, 1983; *„Nehmen was keinem gehört"*
Lebensgeschichte des berühmtberüchtigten bayri-
schen Hiesl. Hoch Verlag, 1989;
Jägerfahrten durch den Orient (Reisebericht),
Sponholzverlag, 1967; *Der aus dem Dschungel kam,*
Hoch-Verlag, 1967; *Forsthaus Wolfsgrund,*
Jugendbuchreihe, Schneider Verlag 1980;
Narren und Knöpfemacher, Darmstadt/München,
Schneekluth Verlag 1969; *Der weiße Falke*
(Roman), Thienemann-Verlag, 1991

Der Wildpfad

Ich sah Steppen, Wüsten und fruchtbares Land; Dschungel sah ich und schneeglänzende Berge; ich sah Menschen aller Rassen und sah alles nur, um zu erfahren, was ich schon immer ahnte: daß das Nordland meiner Seele Heimat ist.

Am Rande des Wildpfades hatte der Keim einer Pflanze die Erde gesprengt, zu einem Hügel war sie aufgeworfen durch seine ungestüme Kraft. Und so war es, wohin ich auch sah. Es blühte und quoll, es sproßte und sprengte Schalen und Hüllen; alles Leben drängte gewaltig zum Licht. Auch in mir war etwas, das gegen Fesseln drückte, die zu schwach waren für diese Kraft.

Bewahre dich - !

Nicht hier und jetzt galt das Gebot. Verschwende und verströme dich, so flüsterte der Wind. Und ich hörte zum ersten Mal Pans Flötenspiel.

Über die Hügel schwang sich der Wildpfad. An blühenden Mooren lief er vorüber und an der Rändern schimmernder Seen, unter zartgrünen, wispernden Blättern, die eingehüllt waren in weiches Licht.

Licht! - Ich dachte das Wort wieder und wieder.

Die Länder des Südens haben eine gleißende Tageshelle - versengend; sie macht träge und müde. Dort ist die Nacht eine Erlösung. Aber mild und erfrischend ist des Nordlands Sommertags zärtliches Licht, das alles umhüllt, alles durchdringt, das berauscht und seligt.

Groß ist alles im Nordland!

Der Tag! - Ohne Unterlaß durch Wochen und Monde während, bis die süße Lust in Ermattung endet.

Die Nacht! - Zum Hinabtauchen geschaffen, nicht als kurze Rast nur gedacht, ein Speicher der Ruhe und der Kraft ist des Nordlands Nacht und über die Brücke des Nordlichts dem Himmel nah.

Der Erde aber gehört der Tag. - Das Band des Wildpfades trug mich voran. Am Kranichsee standen die stolzen Vögel und flohen nicht. Das Land tönte wider von ihren Begrüßungsrufen und im Tanz drehten sie sich im Kreise.

Glücklich ging ich dahin, den silberbirkenschimmernden Hügel hinan. Dort stand Aase im Licht und sagte: „Du kommst zur rechten Stunde. Der

Tag hat die Nacht besiegt, und Pan spielt zum Tanz." Merkwürdiges geschah mir mit Aase. Als ich sie zum ersten Mal am Hügel sah, da erschien sie mir groß und streng, eine Druide im heiligen Hain, Hüterin des Heiligtums und des geheimen Wissens. Und sie war mir vertraut, trotz der Fremdheit der ersten Begegnung.

Jetzt, beim zweiten Mal, klang ihre Stimme hell wie Flötengetön, freundlich und warm. Sie trieb mein Blut in machtvollem Strom durch die Adern. Und das Herz pochte mir in der Brust. Doch als ich die Hände ausstreckte, um sie zu umarmen, da war sie verschwunden. Nur der Klang eines silbernen Lachens blieb zurück.

Plötzlich war mir nach einem Schrei zu Mute, wie ihn der Adler ausstößt, wenn er im Morgenrot segelt und nicht weiß, warum er schreit. Und ich schrie über den Kranichsee einen hellen Glücksschrei und tausend Kraniche schrien mit.

Dann ging ich weiter zur Höhe. Dort stand eine braune Hütte, und ich wußte, daß ich am Ziel war. Meinen Rucksack warf ich ins Moos und schaute und schaute.

Viele Länder sah ich und viel Schönheit. Doch kaum hatte ich sie gesehen, so drängte ich weiter, um noch Besseres zu suchen, und nie fand ich Ruhe.

Hier aber wohnte der Frieden. Nie sah ich ein schöneres Land. Frei schweifte der Blick nach Nord und Süd, nach Ost und West. Ausgerollt war der grüne Waldteppich von Horizont zu Horizont. Gleich kunstvollen Mustern waren bräunliche Moore in zarten Pastell hineingegeben und wahllos verstreut blinkende Seen, schimmernd auf die Bänder der Flüsse und Bäche gereiht. All diese Pracht ruhte geborgen unter einer tönenden Stille, die in den Ohren brauste und im Blut sang.

Leben! dachte ich, herrliches Leben! Und ich schrie aufs neue einen Schrei der Freude, der das Land erfüllte und dem zahllose Antwort ward.

Nun lebte ich in dieser Hütte, aus braunen Stämmen gefügt, mit Moos gedichtet und mit Birkenrinde gedeckt. Ich besitze in den Städten große Häuser; doch immer hatte ich mich nach dieser Hütte gesehnt. Viele Male sah ich sie in meinen Träumen, so wie sie hier stand, auf dem Hügel über dem Kranichsee.

Die Wände der Steinhäuser kann man nicht streicheln, doch über

Balkenwände können Hände hinfahren wie über Lebendiges. In der Hütte, durchflutet vom Licht, war ein Lager aus weichem Moos. Auf dem Tisch standen Blumen und überall war Aases Duft. Ich warf mich auf das Lager und fühlte ihr Haar und fühlte ihre Haut, und ich rief ihren Namen. Statt einer Antwort flog ein Lachen herein, klingend vor Übermut. Da sprang ich auf und hinaus. Doch das Lachen kam von allen Seiten. Und lauter erklang Pans Flöte.

All das kann nur verstehen, wer über den Wildpfad schritt und sich bewahrte für seine Stunde.

Groß ist der Mittsommertag - ein Verschwender! Er gibt nicht in Raten, zahlt nicht in kleiner Münze. Ungeteilt verschenkt er sich und ungeteilt fordert er. So war auch ich zum Geben und Empfangen bereit. In mir schrie alles nach Aase.

Wer immer in der Enge lebt und in dem kurzen Aufleuchten südlicher Tage, der weiß nicht, was ein Tag bewirkt, der Monde dauert.

Ich suchte Aase. Mitunter fuhr ich aus leichtem Schlaf auf, weil ich vermeinte, ihre Lippen hätten mich berührt. Doch ich war allein und nicht allein; denn ich fühlte ihre Nähe.

Gesegnet war dieser Mittsommertag ohne Wolken, warm und von Düften erfüllt.

Ich suchte Aase.

Dann - als die Sonne auf dem nördlichen Horizont ruhte - hörte ich jenseits des Kranichsees einen Ruf; lockend, unwiderstehlich, lange erwartet. Nicht mein Ohr hörte ihn, meine Seele vernahm ihn. Da sprang ich zum Ufer hinab. Dicht standen die Kraniche. Ich berührte ihre schimmernden Schwingen, und sie flohen nicht. Auf den Felsen legte ich die Kleider ab und war nackt. Die Arme hob ich zum Himmel und spürte den kosenden Wind, unter dessen Berührung das Wasser erbebte, wie eine Geliebte erbebt, wenn sie berührt wird von einer liebenden Hand.

Dann tauchte ich ein, furchte das Wasser, streifte träumende Seerosen, weißleuchtend auf grünen Blättern und ich spürte die Regungen lebendiger Seelen in allem Wirken, was um mich war. Dann sah ich, was ich zu sehen erhoffte. Aase stand am jenseitigen Ufer, die Hände erhoben und tauchte in die Flut. Da tat ich wieder einen Freudenschrei, triumphierend und wild, und das Wasser teilte sich rauschend von meiner Kraft. So schwammen wir uns entgegen - nebeneinander glitten wir dahin, die einzigen Menschen unter der Sonne. Und Aase war schön -.

Sie war nicht jung und nicht alt. Sie war die Fülle, die Reife, die Schönheit. Glänzendes Haar über glänzenden Augen, ihre Haut schimmerte wie Elfenbein. Sie lachte das schönste Lachen, das je eine glückliche Frau lachte. Unsere Körper drängten zueinander, lechzten nach Berührung. Wie Wasser und Wind waren wir uns vertraut.

Meine Worte sind ärmlich, denn das Unbeschreibbare läßt sich nicht schildern.

Wir schwammen zum Ufer und stiegen an Land.

Wie schön war Aase! Ihre vollen roten Lippen wurden prall unter meiner Wildheit. Die Wärme unserer Leiber floß zusammen. Ohne Maß küßte ich ihren Mund, ihre Augen, ihren Nacken. Ohne Maß fuhren meine Lippen über ihre Haut, und ich begriff, was Liebe ist.

„Geduld!" flüsterte sie und lief voraus zur Hütte. Wir waren die einzigen Menschen unter der Sonne.

Ich bin Dag Normann und gelte viel in den Städten. Doch glücklich war ich dort nicht; denn ich war nur halb - mir fehlte die große Liebe.

Herrlich war Aase! - wild und stolz und süß. In der Hütte ruhten wir auf dem Mooslager, hielten uns mit hungrigen Händen umschlungen. Unser Stammeln erfüllte den Raum, huschte, scheuen Vögeln gleich, hinaus, und es ward bald der Wildnis verkündet, daß wir uns liebten. Bei offener Tür hielten wir uns umschlungen, nicht wie es viele Paare in den Städten tun, in verborgenen Winkeln, hastig und mit schlechtem Gewissen, weil sie meinen, es sei Sünde. Ich aber denke, wie kann es Sünde sein, wenn ein Paar sich in Liebe vereinigt? Für mich ist es wie ein Gebet.

Herrlich war Aase - jung! Wie eine Blume blühte sie auf unter meinen Händen, und wir verschenkten uns bis zur Neige. Sie bettete uns in Wunschlosigkeit, aus der die Freude auf eine neue Fülle erwuchs.

In meinen Armen ruhte Aase. Ich atmete den Duft ihres Haares, küßte ihre Augen. Leicht wie Federn glitten meine Hände über sie hin, verweilten hier und dort.

Ich gelte viel in den Städten. Doch vor Aase neigte ich mich in Demut.

Denn sie beschenkte mich mit Unentgeltbarem, und mir war, als habe ich erst jetzt das Leben gefunden.

„Hör!" flüsterte sie. Und ich vernahm Pans wildsüße Melodie.

Auf und ab fuhr der Sonnenwagen unter dem Himmel. Aase führte mich durch das Land. Wir stiegen auf die Hügel, durchschwammen die Seen, lagen im Moos. Den Tieren waren wir ihresgleichen.

Tausend Gesichter hatte Aase, und ich liebte sie alle. Des Mannes Verstand erfaßt das Begreifbare. Doch der Frauen Gefühl erreicht den Urgrund. Eine Heidin war Aase!

III.

Unter der Espe am Kranichsee sang sie ihr Lied.

Keine Worte, Melodien nur, sanft, wiegend wie Wellen, im Sonnenlicht, flüsternd, wie das Gewisper träumender Bäume und brausend wie der jagender Sturm. Sie sang und sang, an den Stamm gelehnt, mit geschlossenen Augen.

Manches Konzert hörte ich und machen Gesang. Klein war das alles vor Aases Lied, das mich mit allem erfüllte, was eine Menschenseele beglücken kann. Und als sie ihr Lied geendet, da flog sie in meine Arme. Unsere Lippen wollten sich nicht trennen.

Dann rief Aase die Elche -

Unglaubhaft muß allen erscheinen, was ich berichte.

Allen, die den Wildpfad nicht fanden und sich nicht bewahrten.

Die aber auf dem Wildpfad schritten, werden wissen, daß ich die Wahrheit sage und daß Pans Flöte die Welt verzaubert.

(Aus einer bisher unveröffentlichten lyrischen Erzählung „Der Wildpfad")

Klaus-Peter REIF
Winterfüchse
Aquarellmischtechnik

Rudolf MICHALSKI
Winterfuchs

Ölgemälde

Diether Cord Voigt von VELTHAIM

Mainz-Gonsenheim
Rheinland-Pfalz

Professor Dr. Dr. h.c. Dieter Voth
ist Neurochirurg und Hochschullehrer am Universitätsklinikum
Mainz.

Neben den medizinischen
Veröffentlichungen (10 Bücher,
140 Einzelpublikationen)
hat der Autor drei Bücher jagdlichen Inhalts sowie zahlreiche
Erzählungen, Essays und jagdliche
Skizzen in allen größereren
deutschsprachigen Jagdzeitschriften
veröffentlicht.
Besondere Arbeitsgebiete sind die
Jagdmusik des 18.Jahrhunderts
und die literarhistorische
Aufbereitung der deutschsprachigen Jagdliteratur.

Auswahl-Bibliographie
Fährten im Wind
Ein Buch des Erinnerns und Vergessens
Mainz, Hoffmann, 1990
Merlin
Erzählungen um Jagd und Reisen
Mainz, Hoffmann, 1990
Zur Entwicklung der deutschen Jagdliteratur,
Librarium 38 (1995)
Geliebtes Leben, gelebte Jagd
Ein Jagd- und Abenteuerroman
Mainz, Hoffmann, 1996

Die Versuchung

Ein Jäger diente viele Jahre seinem obersten Jagdherren, der fern in einer großen Stadt residierte. Die Waldungen, die unser Jäger zu beaufsichtigen hatte, lagen weitab der Hauptstadt in einer unwirtlichen Gegend, die rauh und unzugänglich war, nirgends erfreuten angenehme und dem Augen wohlgefällige Partien den Besucher und auch das Wild liebte diese Region nicht. So aber kam es, daß der Fürst und sein Hofstaat nur selten zur Jagd in das Revier des Jägers kamen und daß sie diese Gegend schnell wieder zu verlassen trachteten. „Was suchen wir in dieser Wildnis? In diesem Unwald?" so fragten sie. Und diese Worte blieben haften - der Jäger hieß fortan „Der vom Unwald". Dies wiederum verdroß ihn sehr, sodaß er anderen Menschen, die ihn trafen, mürrisch und abweisend erschien.

Und so vergingen die Jahre - nur selten besuchte ein Abgesandter des Hofes oder eine Jagdgesellschaft den Jäger in seinem Forsthaus, das in einer feuchten Senke lag. Der Jäger aber hatte sich an sein karges Leben gewöhnt, zumal er keine Frau fand, die ihm gerne in die Einsamkeit gefolgt wäre. Er aber war des Alleinseins schließlich zufrieden. Sein Name erschien zwar noch in den verstaubenden Listen der Forst- und Jagdbediensteten, aber in der Kanzlei vermochte niemand mehr sich seines Gesichtes zu erinnern. Sein knappes Gehalt blieb zu einem Großteil in der Kasse des Landesamtes für ihn aufbewahrt, er selbst lebte so sparsam und anspruchslos, daß er nur wenig des Geldes bedurfte.

Es war nun an einem schönen Frühjahrsmorgen, als die Sonne hell und freundlich über den Bergen aufging, die Wälder von den tausend Stimmen der Vögel widerhallten, das Rotwild sich in den Schatten der Dickungen zurückzog und die Rehe noch bedächtig auf den Wiesen an den Bestandsrändern ihre Äsung suchten. Der Jäger war früh vor Morgengrauen aufgebrochen und rastete jetzt an einem rasch fließenden, klaren Bach, dessen Wasser ihm als Morgentrunk willkommen war. Und als er über den Bachlauf und den angrenzenden blühenden Wiesenplan schaute und die Züge der Berge sich im fernen Blau verlieren sah, da wurde ihm eigenartig um das Herz und er empfand eine beklemmende Sehnsucht, deren Ziel er aber nicht zu nennen wußte.

Und da er wie in Gedanken versunken dalag, fiel ein Schatten auf ihn, und als er sich umschaute, was ihm vor der Sonne stünde, da sah er einen fein und prächtig gekleideten Jäger dort stehen, dessen Hirschfänger einen elfenbeinernen Griff und darauf goldene Eicheln trug. Sein Gewand war reich und von bestem Tuch, üppig farbig besetzt, seinen Dreispitz zierten breite Goldtressen und seine Stiefel waren aus dem besten grauen Sämischleder. Die stechenden, dunklen Augen des Fremden musterten aufmerksam den Jäger und ein Lächeln, das aber durchaus als spöttisch durchgehen mochte, huschte über das Gesicht des Fremden und verwandelte es für einen Herzschlag in eine höhnische Fratze. Aber dieser Augenblick verging und dann sah der Jäger wieder ein gleichmütiges, scharfgeschnittenes, sonnengebräuntes Gesicht vor sich.

Der Jäger fragte überrascht: „Wer seid ihr?", erhielt aber keine Antwort. Erst nach geraumer Zeit entblößte der Fremde seine weißen Zähne unter einem Lächen und sagte: „Das tut hier nichts zur Sache! Ich bin um deinetwillen gekommen und nun höre mir zu. Dein einschichtiges Leben dauert mich und so habe ich mich entschlossen, dir zu helfen. Du darfst von mir erbitten, was immer du willst - du sollst es sofort und unverkürzt erhalten." Dann sah er den Jäger herausfordernd an und wippte mit seinem vorgestellten rechten Bein recht ungeduldig.

„Was soll ich erbitten?" fragte der Jäger, „Ich habe alle Dinge, die ich benötige. Und damit bin ich es zufrieden!" „Dann will ich dich fragen und dir etwas zeigen", versetzte der Fremde, zog einen Spiegel aus einer Tasche, hielt ihn dem Jäger vor und sagte dann: „Willst du ein schönes, neues Haus?" Und zugleich erschien in dem Spiegel ein geweihgeschmücktes Forsthaus, das so vornehm dastand, als gehöre es dem Landforstmeister. Die Scheiben glänzten hell, die Laden standen geöffnet, auf dem Hofe liefen Hühner, Gänse und Ziegen einher, aus den Stallungen drang das Wiehern von Pferden, das Schreien der Kühe und das Quicken der Schweine. Aus dem Schornstein quirlte Rauch, und Mägde und Knechte regten sich. „Willst du dieses Haus?" fragte der Versucher. Der Jäger dachte an seine liebgewordene, bescheidene, vertraute Behausung, die ihm so viele Jahre gedient hatte, an sein altes Pferd, das ihn morgens im Stall freundlich begrüßte und an seine Hunde, deren jeden er ausgewählt und aufgezogen hatte - und schüttelte verneinend den Kopf. „Und du hast richtig entschieden!" sagte der Fremde und der Jäger sah in dem Spiegel, wie eine Feuersbrunst das schöne Haus zerstörte und die schwarzen Fensterhöhlen das trübe Frühlicht auf die geschwärzten Trümmer gelangen ließen.

„Aber vielleicht möchtest du Geld und ein Leben im Reichtum?" Und in dem Spiegel sah der Jäger nun ein großen Fest, das sich in einem prachtvollen Garten vollzog, Musiker spielten auf, ein Feuerwerk entlud sich, ein kleines Schloß war über und über hell beleuchtet, die Menschen tanzten fröhlich. Seltene Tiere zierten den Garten und im Kellergewölbe des Schlosses glänzte ein schier unfaßbarerer Goldschatz. Der Jäger aber dachte an seinen stillen Wald und an dessen Bewohner, die er kannte und liebte, an den alten Zwanzigender, den er seit mehr als einem Dutzend Jahre wachsen sah - und er schüttelte verneinend den Kopf. „Und du hast richtig entschieden!" sagte der Fremde und der Jäger sah in dem Spiegel, wie fremde Söldner Haus und Garten zerstörten, die Menschen erschlugen und den Schatz davontrugen.

Aber der Fremde ließ nicht locker und fragte erneut: „Vielleicht wünschst du dir schöne Frauen, die schönsten unter allen Evatöchtern?" Und im Spiegel lächelte eine so wunderschöne Frau dem Jäger entgegen, daß es sein Herz warm berührte. Er sah ihr in zierliche Flechten gelegtes goldenes Haar sich im Winde bewegen, den Liebreiz ihres Lächelns und die unvergleichliche Schönheit ihres Leibes. Da aber wurde der Jäger traurig und wußte, daß er dieses Wundergeschöpf nicht zu sich in den „Unwald" holen dürfe - und schüttelte verneinend den Kopf. „Und du hast richtig entschieden!" sagte der Fremde und hielt den Spiegel empor. Und da sah der Jäger, daß die Frau viele Liebhaber hatte, vor der Zeit alterte und verblühte und schon in einem Alter, da andere Frauen noch Liebe und Zuneigung wecken, eine häßliche, garstigen Vettel ohne Zähne und mit Triefaugen war.

„Vielleicht wünschst du dir Ansehen, Macht und ein frohes Leben?" beharrte der Fremde ohne ein Zeichen der Ungeduld, und nun zeigte der Spiegel einen mächtigen Feldherrn und gewitzten Diplomaten, der seiner Siege froh war, über Menschen zu herrschen verstand, angesehen aber auch verhaßt war, zeigte strenge, schroffe und bittere Gesichtszüge, die kein Lächeln erhellte, zeigte auch, wie seine junge Frau unbeachtet und kinderlos neben ihm lebte. Der Jäger hörte die Menschen in Angst und mit Abneigung über den Mächtigen sprechen - und schüttelte verneinend den Kopf. „Und du hast richtig entschieden!" sagte der Fremde. Und der Spiegel zeigte den Mächtigen erschlagen und tot auf dem Gesichte liegend, und alle Menschen ringsum hoben mit Freudenrufen an.

Noch aber gab der Fremde nicht auf. „Vielleicht wünschst du dir diese Waffe?" fragte er. Und der Jäger sah im Spiegel eine Pirschbüchse, so reich verziert mit Gold- und Silbereinlagen, so üppig graviert und mit einem so edlen Schaftholze, wie selbst der Landesherr keine besaß. „Wer diese Büchse besitzt, der wird keinen Fehlschuß tun, wenn er nur nichts Unreines oder Unehrliches begeht!" Und da überlegte der Jäger, daß nun kein Tier mehr zu leiden habe, wenn etwa zuweilen sein Schuß schlecht war, und daß er bösen und niederträchtigen Menschen begegnen konnte, bevor sie ihm, anderen Menschen oder den Tieren schadeten. Und jetzt nickte er bejahend mit seinem Kopf. „Und du hast klug gewählt", sagt der Fremde, „denn Segen und Unheil ruhen von jetzt an allein in deiner Hand! Werde glücklich!" Plötzlich war der Fremde verschwunden, aber dort, wo seine Füße zuletzt gestanden, lagen eine Büchse, just wie er sie soeben im Spiegelbild gesehen, und der Spiegel. Und während der Jäger voller Freude nach der Waffe griff, blieb der Spiegel klar und zeigte nur den hellen Frühlingshimmel. Der Jäger nahm beide Dinge an sich und ritt langsam zu seiner Behausung.

Und bald erlebte er, daß seine Büchse wirklich unfehlbar war - er erlegte Sauen, Hirsch und Rehe mit je einem Schusse, der sofort tödlich traf und keine Geschöpf mußte fortan leiden, wenn es schon sterben mußte. Und er freute sich der guten Waffe.

Als es aber Herbst wurde, kündigte sich der Fürst zu einer Jagd im „Unwald" an. Der Jäger aber erschrak sehr, da er ja keinerlei Vorkehrungen für den hohen Herren treffen konnte. Aber als er wie von ungefähr an einem Tage in den Spiegel schaute, da zeigte der ihm ein Schreckensbild: ein mächtiger Keiler stürzte sich auf den Jagdherrn und drohte, ihn mit seinen Hauern zu töten. Als der Jäger den Blick hob, war das Schreckensbild verschwunden. Als nun der Jagdtag gekommen war, hielt sich der Jäger stets nahe bei dem Fürsten. Und plötzlich näherte sich ein verletzter Keiler, der den Fürsten grimmig annahm - der Jäger aber erlegte ihn mit einem Schuß. Der Fürst dankte ihm, merkte sich zugleich den Namen seines Retters. Als am Abend nun die Lagerfeuer brannten, sah der Jäger zu seinem großen Entsetzen in dem Spiegel, daß sich ein bewaffneter Vermummter dem Jagdherrn nahte, um ihn zu töten. Da wachte er an diesem Abend über seinen Herren, und als der Bewaffnete wirklich heranschlich, machte er ihn unschädlich und ließ ihn festnehmen.

Nun hatte er sich bereits zweimal ausgezeichnet, sodaß der Fürst ihn zu sich rufen ließ, um ihm zu danken. Der Jäger aber verneigte sich und sagte, daß er nur getan habe, was er von jedem anderen Menschen auch habe erwarten könnten. Und fügte hinzu, daß es doch wohl nur eine Frage des guten Handwerkzeugs sei. Der Fürst verstand ihn nicht, zeichnete ihn aber vor allen anderen Menschen aus.

Und da er in der folgenden Zeit noch oft das Unheil, das anderen Menschen drohte, durch den Spiegel voraussah und es mit Verstand und, wenn es nötig war, auch mit der Büchse zu verhindern wußte, kamen viele hochgestellte und arme, gute und gemeine Menschen zu ihm mit der Bitte, ihnen zu helfen. Und er folgte ihren Bitten, wenn es eine gerechte Sache war, forderte die Tat aber unreine Hände, so lehnte er jede Hilfe ab. Und sein Name wurde weithin bekannt und sein Einfluß und seine Geltung nahmen stetig zu. Der Fürst versetzte ihn in ein stadtnahes, wunderschönes Forsthaus. Später stieg der Jäger auf zum Rat und Aufwärter des Landesherren. Der ließ ihn das Militärwesen neu ordnen und ernannte ihn schließlich zu seinem Gouverneur in einer fernen, neugewonnenen Provinz. Dort bezog er einen reichen Palast, in dem üppigen Garten spielten Musiker auf, und Gäste und Freunde schritten gemessen im Tanze. In den Kellergewölben aber häuften sich die Schätze eines Erdteiles. Schließlich gewann er die schöne, stolze Tochter des besiegten Fürsten als Gespielin und Buhle.

Als er nun an einem Morgen seinen Lieblingspfau bewunderte und die aufgehende Sonne das Land mit ihrem Licht übergoß, da fiel plötzlich ein Schatten über ihn, und als er sich umwendete, sah er den Fremden, der ihm vor Jahren Büchse und Spiegel hinterlassen hatte. Der lächelte kaum merklich und sagte dann: „Wie ich sehe, geht es dir gut, und inzwischen hast du ja auch alle Dinge angenommen, die du mir abzunehmen dich weigertest. Nun sieh' zu, daß du das Wichtigste nicht vergißt und das Wertvollste nicht übersiehst!" Mit diesen Worten verschwand der Fremde, und etwas wie ein spöttischen Gelächter verhallte in der Luft.

Der Mann, der einst ein Jäger war und es im Herzen wohl auch blieb, erschrak und sah, daß der Fremde recht hatte: alles, was ihm früher unwert und schädlich erschien, war ihm unter der Hand zugewachsen, und er hatte dies nicht einmal bemerkt. Und mit einem Male wurde ihm deutlich, daß ihm eine große Gefahr drohe. Da er aber seine Hände rein und sein Herz ehrlich gehalten hatte, vermochte das Böse nichts über ihn, jedenfalls so lange nicht, als er ein reines Herz behielt. Und der Jäger befragte den Spiegel um Rat. In dem hellen Silberblau der Fläche erschien nun aber das Bild einer jungen Frau, die dem Haus des Jägers seit etlichen Jahren vorstand. Sie war armer Leute Kind, aber ihre Augen glänzten und schauten fröhlich und ihr Gesang verstummte während des Tages unter der Arbeit selten. Zwar hatte er ihre roten Lippen wieder und wieder betrachtet, sich aber zugleich alle Wünsche versagt; denn wie sollte sie, eine junge, schöne Frau, ihn, den Älteren, lieben und begehren?

Jetzt aber wußte er, was er zu tun hatte. Er suchte die Junge auf und bat sie, seine Frau zu werden. Sie gab ihm glücklich ihr Jawort. Dann befahl er ihr, ihre Eltern so schnell wie möglich zu holen. Als es Mittag von den Türmen der Stadt schlug, sahen die Menschen einen merkwürdigen Aufzug: der Jäger verließ mit der jungen Frau und deren Eltern auf Pferden mit wenig Gepäck seinen Besitz - und die es sahen, spotteten seiner. Und nach kurzer Zeit war der Hufschlag der Pferde verklungen.

Die vier Menschen ritten den ganzen Tag, rasteten während der Nacht nur kurz und ritten weiter und weiter, bis vor ihnen die Baumkulisse des „Unwaldes" auftauchte. Jetzt hielt der Jäger sein Pferd an, lächelte seinem jungen Weibe zu und tröstete die beiden alten Leute, die über den langen Ritt klagten. Und im Licht der sinkenden Sonne hob er den Spiegel noch einmal empor und sah, wie sein Palast in Flammen stand, seine Buhle ihre Gunst dem Eroberer schenkte, die Stadt zerstört lag und Unheil über ihre Menschen kam.

Da schaute er zum letzten Male in den Spiegel, der jetzt dunkel wie nächtliches Wasser war, und zerschlug ihn an einem Steine zu tausend Splittern. Als die vier Menschen zurückschauten, sahen sie schwarzen Rauch über der fernen Stadt aufsteigen und da wußten sie, daß sie dem Unheil entkommen waren. Sie zogen in das alte Haus des Jägers ein, richteten es neuerlich her und begannen ein neues Leben in Kargheit und Bescheidenheit, zugleich aber auch im Glück. Und fortan wußte der Jäger, daß er das Wertvollste, seine liebe, junge Frau, nicht übersehen und das Wichtigste, seine nie fehlende Waffe, nicht vergessen hatte. Und so hatte er mit einem Male Vieles verloren und letztlich Alles gewonnen - sein Glück, eine reine Hand und ein ruhiges Herz.

Helmut A. PÄTZOLD

Waren (Müritz), Mecklenburg-Vorpommern

Am 25. September 1932 wurde ich in Breslau geboren. Die begonnene Schulkarriere wurde durch den Krieg unterbrochen. Nach der Flucht erlernte ich den Beruf eines Bäckers. Diese Lehre und ein Gesellenjahr haben mich positiv geprägt. Als der leibliche Hunger gestillt war, meldete sich der Wissensdurst. Im Jahr 1952 legte ich das Abitur ab. Dann studierte ich an der PH in Potsdam. In Waren (Müritz) begann ich 1955 als Lehrer zu arbeiten. Hauptsächlich im Fach Mathematik. Nach der Wende, als fachliche Leistungen auch ohne politisches Engagement Anerkennung fanden, wurde ich Studienrat. Bis 1992 war ich Direktor der Kreisvolkshochschule. Dann ging ich in den Vorruhestand. Im Jahre 1957 hatte ich in Waren die Jägerprüfung bestanden. Bis 1968 war ich ein leidenschaftlicher, aber bhutsamer Jäger. Meine Interpretation der Ereignisse von 1968 führten zum Entzug der Jagderlaubnis. Nach der Vereinigung ging ich wieder zur Jagd. Nun, nach 22 Jahren, war die Leidenschaft hinter die Besinnung getreten. Eine gute Grundlage für eine vertretbare Jagdpraxis. Während ich ohne Waffe im Wald war, begann ich zu schreiben. 1995 habe ich die Jagd mit der Waffe aus eigenem Entschluß aufgegeben.

Auswahl-Bibliographie

1996 veröffentlichte ich mein erstes Buch:
Dörfer, Schulen und Geschichten
Es trägt schon Bezüge zu Jagd und Natur
1997 stellte ich mein zweites Buch vor:
Die Gespräche des Raben
Ein Versuch, die Schönheit und Zweckmäßigkeit der Natur mit dem Naturschutz zu verknüpfen. Auch in Zukunft werde ich in Veröffentlichungen den behutsamen Umgang mit der Natur in den Mittelpunkt stellen.

Nur eine primitive Kreatur?

Eine Schwarzdrossel hatte sich den höchsten Wipfel einer Randfichte für ihren Vortrag ausgewählt. Es war eine gute Wahl. Der gefällige Gesang war weithin zu vernehmen. Weich und zärtlich legte sich die Melodie über den Frieden des nahenden Abends. Es hätte eine dieser unvergleichlichen Stunden werden können, die man dankbar genießen sollte. So sehr viele gibt es davon nicht mehr. Eine Stunde voller Erinnerung und Besinnung. An solchen Abenden läßt man den Finger besser gerade. Eigentlich war alles wie geschaffen dafür. Aber es kam ganz anders.

Die friedliche Stille wurde urplötzlich grob unterbrochen. In erschreckender Weise. Eine Folge von ohrenzerreißenden, grellen Schreien hallte über die Wiese und brach sich am Hochwald. So verzweifelt klagt ein Lebewesen nur dann, wenn es in Todesangst ist.

Ein Fuchs heulte gellend und kreischte zornig, von Schmerzen geschüttelt. Er wußte nicht, was ihm geschehen war und er konnte dieses Ereignis in seine bisherigen Erfahrungen nicht einordnen. Immer wieder versuchte er, zu fliehen. Der stärkste aller Triebe, der Fluchttrieb, war ihm verwehrt. Das vor allem versetzte ihn in Panik. Angsterfüllt warf er sich hin und her. Immer wieder versuchte der Fuchs, die Bügel der Falle mit seinen Zähnen zu attackieren.

Es war alles vergebens. Für eine solche Aufgabe war sein Gebiß nicht vorgesehen. Er blutete bereits an mehreren Stellen des Fanges.

Irgendwann ergab sich der Fuchs schließlich seinem Schicksal. Seine Kraft war dem grausamen Menschenwitz nicht gewachsen. Total erschöpft gab er den Kampf gegen das Eisen auf. Er lag kläglich wimmernd still da und versuchte, ein wenig Energie zu sammeln.

Das Tellereisen war nicht beködert gewesen. Der

Jäger hatte die Falle auf einen der Pässe des Fuchses gestellt und sehr geschickt verblendet. Er verstand sein Handwerk und setzte seine ganze Kunst ein, um einen Zwangwechsel zu schaffen, der einem natürlichen Wechsel so nahe wie möglich kam.

Hier ein paar Schlehenzweige als Einengung, dort mit einem trockenen Ast etwas Laub zu einem Haufen zusammengescharrt und dort schließlich, wo eine Seite schon durch einen Buchenstamm begrenzt war, auf die andere Seite einen kleinen Haufen glatter Bachkiesel geschüttet. Der Jäger hatte den Fuchs mehrmals am Bach beobachtet.

Der Rotrock inspizierte häufig das Bachufer. Dabei vermied er es, auf die Bachkiesel zu treten, die da in kleinen Häufchen lagen. Sie geben keinen kontrollierten Halt. Der Jäger hatte sein Wissen optimal eingesetzt. Daß vorher alles gründlich verwittert wurde, war bei seiner langjährigen Erfahrung selbstverständlich.

Als der Fuchs auf den Teller trat, merkte er sofort, daß hier etwas nicht stimmte. Aber es war schon zu spät. Durch einen schnellen Sprung erreichte er immerhin, daß sich die Stahlbügel nicht um seinen Hals schlossen, sondern nur den einen Vorderlauf oberhalb des ersten Gelenkes packten. Der Schmerz, als sich die Bügel in den Vorderlauf gruben und den Knochen zerschlugen, war so stark, daß der Fuchs für einen kurzen Moment das Bewußtsein verlor.

Als er wieder zu sich kam, spürte er verstärkt unerträgliche Schmerzen, die noch zunahmen, als er versuchte, der stählernen Klammer zu entkommen. Durch das verzweifelte Ziehen erweiterte sich die Bruchstelle. Der durchgeschlagene Knochen wich allmählich dem gnadenlosen Druck der Stahlfedern. Die Bügel zwängten die Knochenenden beiseite und konnten sich noch enger zusammenziehen. Nach einigen Minuten fing der Fuchs an, den Vorderlauf abzubeißen. Das untere Ende begann langsam, gefühllos zu werden. Schließlich, als er Haut und Sehnen fast durchgenagt hatte, kam er nach einem letzten gewaltigen Ruck frei. Der wahnsinnige Schmerz, der dabei seinen ganzen Körper überflutete, ließ ihn laut aufkreischen. Er raste nicht gleich davon, noch war er total verunsichert. Es dauerte einige Zeit, bis die gewohnte Umgebung wieder von seinen Sinnen richtig wahrgenommen werden konnte. Der Fuchs saß hilflos zitternd da. Aus dem

Stumpf des zerschmetterten Vorderlauf tropfte das rote Leben.

Irgendwann nahm er schließlich die verbliebene Energie zusammen und humpelte keuchend und herzzerreißend wimmernd davon. Er beherrschte die neue Situation, in die er nun geraten war, noch nicht. Immer wieder einmal setzte der Fuchs den blutenden Stumpf auf den Boden auf. Dabei durchzuckte ihn jedesmal ein greller Schmerz, so daß er laut kreischte. Mühsam erreichte er schließlich die Fichtenschonung, in der sein Bau lag, schliefte ein und lag nun hechelnd und leise winselnd da. Er konnte nicht begreifen, wieso ihm plötzlich eine Pfote fehlte. Derartige Erfahrungen waren in seinem Erbgut nicht gespeichert.

Der Fuchs blieb fünf Tage im Bau. Am Ende trieb ihn der Hunger hinaus. Es dauerte viele Wochen, bis er lernte, mit drei Läufen erfolgreich auf Mäusejagd zu gehen. In der ersten Zeit mußte er sich mit Früchten, Insekten, Beeren und Würmern begnügen. Hin und wieder erwischte er einen kranken Junghasen oder einen jungen Vogel. Diese Beute enthielt wichtige Stoffe, die er zur Heilung dringend benötigte.

Nach und nach gewöhnte er sich auch daran, den Stumpf bei der Mäusejagd zu schonen und seine Sprungtechnik auf die neue Situation abzustimmen. Die Wunde war gut vernarbt, und wenn er sich einigermaßen geschickt bewegte und den Einsatz des Stumpfes vermied, dann war auch die Mäusejagd wieder erfolgreich.

Im darauffolgenden Winter war ihm das Futterglück mehrere Male gut gesonnen gewesen. Einmal fand er ein verendetes Reh. Ein anderes Mal trug ihm seine feine Nase aus einem dichten Schlehengebüsch eine verheißungsvolle Witterung zu. Ein Wildschwein lag dort, von einem Auto angefahren und verendet. Jedesmal schlug er sich bis zum Platzen voll und verschlief dann die folgenden Tage in seinem Bau.

Nun war der Schnee endlich gewichen. Die Frühlingssonne war voller Eifer über den gefrorenen Boden hergefallen und der gab bei so viel Beharrlichkeit seinen Widerstand auf und taute. Der Fuchs war im Umgang mit der neuen Situation inzwischen so geschickt, daß er sich sogar wieder daran wagte, Mäusenester auszugraben. An einem Hohlweg, der zum Buchenwald führte, war im Hang schon seit Generationen ein richtiges Mäuseparadies. Hier war der Fuchs fast immer erfolgreich gewesen, wenn er versuchte, ein Mäusenest freizulegen. Dafür hatte er nun eine neue, für seine Situation zweckmäßige Technik entwickelt.

Er lag auf der Seite, setzte nur den gesunden Lauf zum Graben ein und benutzte den Stumpf, um das Gleichgewicht zu halten. Der Fuchs war nicht durch Nachdenken zu dieser Technik gelangt. Er paßte sich lediglich den gegebenen Möglichkeiten an, die ihm die drei gesunden Läufe noch ließen. Sein empfindlicher Geruchssinn signalisierte ihm bald, daß einer der Haupteingänge zu einer Kinderstube führen mußte. Verführerischer Mäuseduft drang nach oben. Der Fuchs begann, energischer zu graben. Er wühlte die Erde direkt unter dem riesigen Findling hervor, der hier schon seit ewigen Zeiten lag. Gehalten wurde der große Stein am Hang hauptsächlich von den Schlehenbüschen und von den Wurzeln der Bäume.

Die wuchsen hier seit Menschengedenken.

Der Fuchs war bereits ein beachtliches Stück unter die Schlehenwurzeln vorgedrungen und verspürte jetzt deutlicher den verlockenden Geruch der jungen Mäuse. Diese Wurzeln gaben dem Stein den meisten Halt und nun, da sie ohne die Stütze durch das Erdreich dem Druck des Steines nicht mehr gewachsen waren, gaben sie unversehens nach und zerrissen. Der Fuchs ahnte mehr als er es registrierte, daß sich der Stein plötzlich bewegte. Mit einer schnellen Flucht konnte er noch zur Seite springen. Der große Stein ließ unter seinem enormen Gewicht auch die Wurzelstränge des Baumes wie Seidenfäden zerreißen. Es war nicht sehr weit bis zum Grunde des Hohlweges, vielleicht 6 oder 7 Meter. Aber der Hang war ziemlich steil und der Stein entwickelte, durch keinen Baum gebremst, auf diesem kur-zen Weg eine beachtliche Menge Energie. Kleine Büsche waren für diesen Stein kein Hindernis. Im Gegenteil, sie schienen den Stein nur zu besonders großer Leistung zu animieren. Seit vielen Hundert Jahren hatte er hier gewartet. Mit der Geduld, die nur ein Stein aufbringen kann. Nun war er endlich frei und diese Freiheit sollte

Illustrationen: Hartmut Nehring, Neubrandenburg

durch nichts aufgehalten werden. Die Dämmerung begann gerade, den schwindenden Tag zu ersetzen. In den Bruchwiesen lagen schon die ersten Nebelschwaden. Es sah nach Ruhe aus. Aber diese Nacht würde nicht allen Lebewesen den erwarteten Frieden bringen.

Der Jäger war auf dem Heimweg. Er kam von der Kontrolle einiger seiner Fallen und Eisen zurück. In einem Eisen fand er einen schon verluderten Marder, und er machte sich gerade den Vorwurf, daß man die Fallen eigentlich täglich kontrollieren sollte. Da die Dämmerung bald zu erwarten war, wollte er das Licht einschalten. Er nahm die linke Hand vom Lenkrad und griff zum Schalter.

In dem Moment schlug es wie ein Donnerschlag gegen das linke Vorderrad des Autos. Das Lenkrad wurde dem Mann blitzartig aus der Hand gerissen. Der Wagen fuhr scharf nach rechts und prallte mit voller Geschwindigkeit gegen den Stamm einer mächtigen Eiche. Unwillkürlich war sein Fuß zur Bremse gezuckt. Aber er kam nicht mehr dazu. Der Baum stand so dicht am Hohlweg, daß die Zeitspanne zwischen dem Aufprall des Steines und der Kollision mit dem Stamm für einen Bremsversuch zu knapp war.

Die Karambolage war verheerend. Der Wagen schob sich zusammen, und der Jäger spürte, wie seine beiden Beine unterhalb der Knie zerquetscht wurden. In dem Schockzustand, in dem er sich befand, registrierte er diese Wahrnehmung sachlich, ohne etwas zu empfinden.

Als der Schock langsam wich, wurde er von fürchterlichen Schmerzen überflutet. Er schrie, von Panik überwältigt, versuchte sich zu erheben, wollte die Arme zu Hilfe nehmen und merkte, daß er nur seinen linken Arm gebrauchen konnte. Der rechte Arm hing kraftlos herunter. Seine Bemühungen, sich aus der eingeklemmten Lage zu befreien, waren vergebens. Der Motor war durch den heftigen Aufprall ausgegangen. Die plötzliche Stille wurde durch die Dunkelheit, die sich langsam auszubreiten begann, noch bedrückender.

Er lag hilflos, eingequetscht, voller Angst und Schmerzen, und ihm wurde erschreckend klar, daß ihn hier im Hohlweg so schnell niemand finden würde. Diese Abkürzung wurde nur von wenigen Menschen benutzt. Er unterdrückte die Schmerzwellen, die über ihn hinwegrollten unter

86

Aufbietung seiner noch verbliebenen Entschlußkraft und versuchte, seinen Oberkörper herumzudrehen, damit er an seine Waffe gelangen könnte.

Wenn er ein paar Schüsse in schneller Folge aus dem zersplitterten Fenster feuern würde, wäre es denkbar, daß ihn jemand hörte. Obwohl ihm für den Bruchteil einer Sekunde der Gedanke durch den Kopf schoß, daß auch mehrere Schüsse niemanden auf die Idee bringen müßte, daß hier jemand in Gefahr sei, wollte er es wenigstens versuchen. Aber er konnte seine Waffe auf dem Rücksitz nicht ertasten. Er erinnerte sich an die Taschenlampe am Seitenholm. Der Jäger ergriff die Lampe, schaltete sie ein und richtete den Strahl auf den Hang. Im Scheinwerferkegel sah er einen Fuchs, der wie gebannt in das Licht starrte. Der Jäger konnte erkennen, daß dem Fuchs ein halber Vorderlauf fehlte, und er wunderte sich darüber, daß er in dieser Situation so etwas überhaupt wahrnahm. Als er die Lampe abwendete, war beim Fuchs der Bann gebrochen und er sprang ab.

Gegen Morgen kam der Fuchs wieder zum Hohlweg. Es gehört zu den Eigenarten seiner Art, an die Orte zurückzukehren, die sich, aus welchen Gründen auch immer, stark einprägten. Der Fuchs näherte sich argwöhnisch gegen den Wind. Zwar schlug ihm die zur Vorsicht mahnende Witterung des Menschen entgegen, aber sein fabelhafter Geruchssinn sagte ihm auch, daß mit dieser Witterung hier keine Gefahr mehr verbunden sei. Der Fuchs schnürte, ohne dem Ereignis mehr Aufmerksamkeit zu widmen als nötig war, weiter. Er konnte nicht ahnen, daß der Mensch, der hier im Hohlweg ein schreckliches Ende gefunden hatte, daran schuld war, daß er mit drei Läufen zurechtkommen mußte. Ebensowenig konnte er die Verbindung herstellen, daß er mit dem Ausgraben des Mäusenestes den Stein ins Rollen brachte, der schließlich zu diesem Unfall führte. Selbst wenn es ihm möglich gewesen wäre, diesen Zusammenhang zu erkennen, wäre in ihm kein Gefühl der Genugtuung aufgekommen. In den Augen der meisten Menschen war er zwar nur eine primitive Kreatur, aber diesen einfachen Geschöpfen ist das Verlangen nach Rache unbekannt.

Dieser Wunsch nach Rache, nach Vergeltung, bleibt dem Menschen vorbehalten.

Walther PREIK
Heulende Wölfin

Bronze
Standort: Internationale Gartenbauaustellung Erfurt

Günter
HUTH

Würzburg, Bayern

Jahrgang 1949;
Dipl.-Rechtspfleger (Fachjurist am
Oberlandesgericht Bamberg).

Verheiratet, drei Kindern.
Jäger, Revierpächter, Hundeführer
und -ausbilder.

Seit 1975 Sach- und Kinderbuch-
autor sowie Verfasser von
Belletristik für Erwachsene.

Bisher 32 veröffentlichte Werke.
Freier Mitarbeiter von Jagd-
Fachzeitschriften;
in Erscheinung getreten mit
Sachbeiträgen, Jagdbelletristik,
Satire, Beiträge für Kinder.

Bisher mehrere hundert veröffentlichte Beiträge.

Auswahl-Bibliographie

Heiterkeit auf grünen Seiten. München, BLV 1992;
Der Hund: Ein Freund für Kinder. München, Gräfe
u. Unzer 1996; *Hunde in der Stadt.* - Hundesach-
buch. Berlin, Paul Paray 1979; *Ben und der
Habicht.* Kinderbuch; München, F. Schneider
Verlag 1991; *Tatort: Revier.* Anthologie Jagd-
kriminalgeschichten. Morschen-Heina, Neumann-
Neudamm, 1992; *Hoppla hier kommts; Hampel
Waldwicht.* Jagdliche Kleinkindergeschichten.
Morschen-Heina, Neumann-Neudamm 1992;
Die Sache mit der Jagdwilderei. München,
BLV 1983; *Auf Pirsch.* Jagderzählungen.
München, BLV 1994.

Der „klassische Gabelbock"

Ist es Ihnen, lieber Weidgenosse, in ihrem Jägerleben nicht auch schon so ergangen? Sie saßen jahrelang in ihren vier Wänden, streichelten ihre Jagdwaffen, bewunderten ihren Jagdschein, kauften sich haufenweise grüne Klamotten und wurden trotzdem langsam depressiv, weil keiner der ihnen bekannten Revierpächter erkannte, was für ein jagdliches Genie da in seiner Nähe schlummerte und nur darauf wartete, aus seinem Dornröschenschlaf geweckt zu werden. Man hätte ja liebend gerne auf den Kuß des Prinzen verzichtet, wenn stattdessen eine Jagdeinladung rübergekommen wäre. Wach geworden wären wir dadurch allemal.

Eines Tages widerfuhr es mir dann doch. Waren es meine täglichen Zwiegespräche mit St. Hubertus, die erhört worden waren, oder hatte ich den Erfolg meiner halbseitigen Anzeige in der Kontaktspalte der Zeitschrift „DIANA" zu verdanken? Einerlei. Jedenfalls rief mich seinerzeit der Bekannte eines Bekannten an und fragte mich, nachdem er sich nach meinen persönlichen, wirtschaftlichen und finanziellen Verhältnissen erkundigt hatte, ob es mir möglich wäre, während seines vierwöchigen Jagdurlaubs in Kenia auf sein Revier aufzupassen. Sollte ich Interesse haben, wurde mir ein Begehungsschein in Aussicht gestellt.

Spontane Entscheidungsfreude war schon immer eines meiner hervorstechenden Charaktermerkmale gewesen. Kurz entschlossen sagte ich zu.

Der Begehungsschein und eine Revierkarte kamen mit der Post. Die Anweisungen der Jagdherrn konnte ich vom Anrufbeantworter entgegennehmen.

Zu meiner großen Freude erhielt ich einen Bock meiner Wahl frei, mit der kleinen Einschränkung, daß ich die „klassischen Gabelböcke" doch bitte schonen möge.

Das alles war für mich wie ein Traum. Als ich daraus erwachte, wurde ich sehr schnell nachdenklich. Ich hätte die Anweisungen des großzügigen Jagdherrn ja auch liebend gerne erfüllt, aber leider hatte er keinerlei Erklärung dazu abgegeben, was er unter einem klassischen Gabelbock verstand. Fragen konnte ich ihn auch nicht mehr, da er schon kurze Zeit später über den Wolken gen Afrika düste.

Jeder weidgerechte Jäger wird meine Verzweiflung verstehen. Diese ungeklärte Frage brannte mir auf der Seele und ließ mir von Minute an keine Ruhe mehr.

Wie immer, wenn ich in einer grundsätzlichen jagdlichen Frage verläßliche Informationen brauchte, wandte ich mich an den Rat der Weisen in unserem Hegering. Der tagte in Form eines Jägerstammtisches regelmäßig im Gasthaus „Zum wilden Keiler".

Ich hatte die Wirtsstube an jenem denkwürdigen Freitagabend kaum betreten, da hatten diese überaus erfahrenen Weidmänner schon erkannt, daß mir ein Problem auf der Seele brannte. Wohlwollend wurde ich aufgefordert meine Angelegenheit vorzutragen.

Auf meine Bitte um die eindeutige Klärung des Begriffes „klassischer Gabelbock", trat in der Sachverständigenrunde zunächst einmal nachdenkliches Schweigen ein.

Schließlich entschied sich Otto Schweiger, der Senjor der Runde, zu einer bahnbrechenden Aussage:

„Ein klassischer Gabler, das ist halt ein Gabler."

Er unterstrich die Bedeutung seiner Bemerkung mit einem kräftigen Schluck Weizenbier.

Nachdenkliches Köpfenicken in der Runde. Otto Schweiger war bekanntermaßen kompetent. Seiner knapp und glasklar vorgetragenen Meinung konnte von den anderen Mitgliedern des Rates nicht so einfach widersprochen werden.

„Ein Gabler mit zwei Gabeln", wagte Richard Reuther, Inhaber einer umfangreichen Gehörnsammlung und deshalb ebenfalls als bedeutender Sachverständiger anzusprechen, eine vorsichtige Ergänzung von Otto's Statement.

„Auf jeder Seite eine", fügte Otto erstaunlich freundlich hinzu.

„Lauscherhoch, oft drüber, genauso oft aber auch drunter", nuschelte Fritz Dreschler in die Runde. Er hatte vor kurzem ein neues Gebiß bekommen und noch etwas Probleme mit der reibungslosen Aussprache. Was aber den Wert seiner Aussage keineswegs schmälerte.

„Auf typische Weise nach hinten gebogen", gab auch Leonhard Müller seine Sachkunde zu erkennen.

„Stimmt", gab Ludwig Wipfler ihm recht, „nach hinten gebogen, mit einem leichten Schwung nach vorne, - jedenfalls von der Seite gesehen."

Ernst und dankbar nickte ich. Man konnte durchaus sagen, daß sich aufgrund dieser sachkundigen Informationen in meinem Kopf ganz langsam ein vages Bild entwickelte. Man fühlte sich in dieser Expertenrunde ganz einfach angenommen und gut aufgehoben.

„Wobei man auch noch von einem Gabler reden kann, wenn er auf der einen Seite eine Gabel und auf der anderen Seite einen Spieß hat", warf Rudolf Kornspitz das Ergebnis seiner bisherigen Überlegungen in die Runde. Ein Gesichtspunkt, den bisher offenbar noch keiner der Experten berücksichtigt hatte. Schweres Häupterwiegen war die Folge. Der Dampf aus drei Tabakpfeifen schwebte über den Köpfen der Männer und verdichtete sich mit zunehmender Denkarbeit.

„Aber auf keinen Fall auf der einen Seite Gabler und auf der anderen Seite Sechser", beugte Leonhard Müller einer gedanklichen Fehlentwicklung vor.

„Ja, dann ist es ja auch kein Gabler, sondern ein ungerader Sechser", regte Otto Schweiger sich auf. Nach seiner Meinung war Müller ein Pedant.

„So einfach kann man das nicht sagen", wagte Fritz Dreschler so etwas wie Widerspruch. „Ich habe selbst schon Gabler gesehen, die auf der einen Seite eine stark ausgeprägte Gabel und auf der anderen Seite ein äußerst schwach entwickeltes Sechsergehörn trugen. Das dritte Ende des Sechsergehörns hätte niemals dazu ausgereicht einen Jägerfilz oder ein Jagdhorn daran aufzuhängen. Dieses historisch gewachsene Kriterium für die Bezeichnung ,Gehörnende' sollten wir nicht ignorieren."

„Also meinst du doch mehr einen Gabler mit einer deutlichen Gabel auf der einen und einer durch den Ansatz zum Sechser als beinahe Gabel zu bezeichnenden Gabel auf der anderen Seite. Genau genommen also ein Doppelgabler?" unternahm Richard Reuther den Versuch einer Klarstellung. Für seine einfachen und leicht verständlichen Formulierungen war er bekannt.

Fritz Dreschler fühlte sich verstanden. „Wobei die Gabel immer durch das Vorderende gebildet wird", ergänzte er.

Diesen Zusatz hätte er sich sparen sollen. In der Runde war Protestgemurmel zu hören.

„Das ist doch völliger Quatsch", regte sich Leonhard Müller da auch schon auf. „Das weiß doch jeder Jungjäger, daß das hintere Ende die Gabel bildet!"

„Wie kannst du so etwas behaupten", erregte sich auch Richard Reuther. „Es kommt meines Erachtens drauf an, ob der Gabler im ersten Jahr ein Spießer war oder gleich Gabeln geschoben hat."

„Der klassische Gabler ist immer ein Jährling!" schleuderte Benno von Rabenhorst, der bisher beharrlich geschwiegen hatte, gedanklichen Sprengstoff in die Runde.

Köpfe ruckten herum, Augen kniffen sich zusammen oder traten aus den Höhlen, je nach Temperament des Eigentümers.

„Das glaubst du doch selbst nicht", wetterte Leonhard Müller und unterstrich seine Meinung mit einem klatschenden Hieb seiner Handfläche auf den Stammtisch. Er neigte auf Grund einer Schilddrüsenüberfunktion etwas zur Cholerik.

„Ich habe schon Gabler gesehen, die waren fünf Jahre alt und älter. Da habe ich vor zehn Jahren einen Gabler erlegt, der hatte ein Gehörngewicht von vierhundertzwanzig Gramm und kaum noch Schmalz auf den Zähnen. Der Bock war mindestens neun Jahre alt!" Er kratzte sich kurz am Kopf, dann murmelte er: „Oder habe ich den Bock vor neun Jahren geschossen und er war zehn Jahre alt und hatte ein Gehörngewicht von zweihundertvierzig Gramm?"

„Das war ein zurückgesetzter Bock", erklärte Benno von Rabenstein mit wegwerfender Handbewegung, „das ist doch niemals ein klassischer Gabelbock im eigentlich klassischen Sinne!"

Als einer durch eine Fehlentwicklung der Geschichte verarmter Adeliger war er wohl der berufenste in der Runde, den Begriff „klassisch" zu definieren.

„Ich sag's ja schon die ganze Zeit, ein klassischer Gabelbock ist ein stinknormaler Gabelbock", verteidigte Benno Schweiger sein Eingangsstatement.

„Eben, ein Gabelbock mit zwei Gabeln", bekräftigte Richard Reuther, und die anderen nickten zustimmend.

Daraufhin trat Schweigen ein. Ich bemerkte, daß das Jagdorakel vom „Wilden Keiler" das Füllhorn seiner ganzen Weisheit über mich ausgeschüttet hatte und nichts mehr zu erwarten war.

Diskret verzog ich mich zum Tresen, zahlte die Zeche dieser wertvollen Menschen und verließ getröstet die Stätte der Weisheit. Mein Problem war eigentlich gelöst. Ein „klassischer Gabelbock" ist ein Rehbock zwischen einem und zehn Lebensjahren, mit mindestens einer über- oder unterlauscherhohen nach hinten gebogenen, gegabelten Stange, deren Biegung auch nach vorne gehen kann, wobei auch ein ungerader Sechser mit einem schwach ausgeprägten dritten Ende, an dem man keinen Jagdfilz aufhängen kann, noch als Gabler durchgehen kann.

Jetzt mußte ich diesen Superbock in dem mir anvertrauten Revier nur noch finden, damit ich ihn schonen konnte.

(In gekürzter Fassung erschienen in der Jagdzeitschrift DIE PIRSCH (17/97), BLV-Verlag, München)

Wolfram
MARTIN

Bad Berleburg, Nordrhein-
Westfalen

Geboren 30.3.45 in
Lindenthal/Leipzig
Beruf: Offizier a.D.
Jagdschein 1969,
Jagdaufseherprüfung NRW,
Hundeführer (Teckel),
Gebrauchsrichter im DTK
Falkner (z.Z. nicht praktizierend)
Fischerprüfung, Jagdhornbläser
Natur- und Tierfotograf
(Mitglied Gesellschaft Deutscher
Tierfotografen GDT)

Auswahl-Bibliographie

1993: *Jagen mit dem Teckel,*
Hamburg, Parey Verlag
1994: *Abschied von Elan,*
Graz, Leopold Stocker Verlag
1998: *Wege, Wechsel, Widergänge -*
Parey Buchverlag, Berlin
1998: *Faszination Beizjagd,*
Graz, Stocker Verlag
Seit Anfang der 70er Jahre weitere Beiträge in
Jagdzeitschriften überwiegend in Wild und
Hund, aber auch in: Die Pirsch, JÄGER,
Der Anblick, Der Jagdgebrauchshund,
Der Dachshund

Der Ring des Navajo

Dienstliche Verpflichtungen hatten mich für ungefähr drei Wochen nach El Paso, jener Grenz- (und alten Grenzer-)Stadt zwischen New Mexico und Mexiko verschlagen, nein, verschlagen eigentlich nicht, eher auf eigenen Wunsch dorthin geführt, denn - es war mein erster USA-Aufenthalt - schon immer wollte ich einmal den Wegen und Wechseln der Helden meiner Jugend wenigstens zum Teil folgen. Wollte einmal nur, ein bißchen, vage und vorsichtig und, da bin ich mir gegenüber ehrlich, oberflächlich ein wenig fühlen und inhalieren von der Geschichte und den Geschichten der roten Rasse, die Indianer.

Fast immer wenn es um die Ureinwohner Amerikas geht, da war und bin ich mir heute noch sicher, wird gelogen, unterlassen, verherrlicht, mystifiziert, romantisiert, sentimentalisiert und selten, ganz selten einmal unverblümt die Wahrheit gesagt. Und auch die US-amerikanische Indianerliteratur, von der ich nicht wenig gelesen habe, verherrlicht oft den sogenannten „Wilden Westen", wobei wild ein Synonym ist für grausam, chaotisch, rechtlos, gesetzlos, rassistisch, anarchisch, und verunglimpft die Ureinwohner als kulturlose „wilde" Untermenschen. Menschen? Häufig nicht 'mal dieses. Hunde, Rothäute, Barbaren waren gängige Ausdrücke und Bezeichnungen. Schon wenn man einmal echte Indianerliteratur, also von Indinaern selbst Geschriebenes liest, offenbart sich - manchmal - eine großartige Kultur und uns heutigen naturentfremdeten Mitteleuropäern eine gänzlich neue - alte ! - Be-trachtungsweise.

Schon der Weg von der alten Grenzstadt Richtung Nord-Nord-West nach Las Cruces führt einen mitten hinein ins alte Indianerland der Apachen. Namen der großen Krieger wie Geronimo, Cochise, Victorio, Nachez, Mangas Colorados und der große alte Nana werden lebendig. Las Cruces bietet einiges, am nachhaltigsten jedoch den Eindruck einer wirklich alten - wilden - Grenzstadt. Hier ist es früher wirklich heiß hergegangen...

Von Las Cruces fahre ich die Nr. 10 nach Westen bis nach Tucson, dann nach Norden bis nach Phoenix, wo ich in einem guten Motel zu übernachten gedachte. Als ich einmal nur ein paar Meter eine Toreinfahrt hinein ins Weideland (mehr dürre Steppe) fuhr, um eine besonders interessante Steinformation zu fotografieren und bei der Gelegenheit gleich nach einer Klapperschlange zu suchen (die ich nie gefunden habe), tauchte wie aus dem Nichts ein Geländewagen auf und ohne Tageszeit, Hallo, Hi oder sonst einen Gruß wurde ich unter Androhung von Waffengewalt darauf hingewiesen, daß dies Privatfarmgelände sei und ich gefälligst schleunigst das Weite zu suchen hätte.

Des nachts träumte ich vom „Wilden Westen", was nicht verwunderlich war, denn weit bis nach Mitternacht hatte ich mich an einem amerikanischen Text über den Aufstieg, sein Leben und seinen Fall von George Armstrong Custer festgebissen und gemeinsam mit Crazy Horse, Dull Knife, Two Moons, und Little Wolf am Little Big Horn - - gewonnen!

Am nächsten Morgen erreichte ich Flagstaff, bezog Quartier und fuhr weiter nach Nordosten, nach Kayenta ins Navajo-Land, um von dort ins Monument Valley weiterzufahren. Monument Valley hatte ich ursprünglich überhaupt nicht im Plan, kamen mir doch die urigen Felsformationen aus unzähligen Westernfilmen immer irgendwie überzogen, kitschig, ja zum weißen Westernhelden überhaupt nicht passend vor. Wozu also dorthin fahren?

Am Eingang dieses „Parks" war alles zu finden, was man in einer modernen Welt zum Tourismus-Management so braucht: Kassa links und Kassa rechts, Souvenirs, Getränke- und Imbißbuden, Restaurants, Multimedia-Shows, Japaner, Briten, Holländer und Deutsche.

Durch das Gewimmel bummelnd mir einen Überblick verschaffend, fand ich mich vor einem kleinen Stand wieder, aus dem heraus eine nette, freundliche Navajofrau geführte Fototouren anbot und mir auch gleich eine Mustermappe in die Hand drückte. Ich könne, ganz wie ich wolle, entweder mit Geländewagen, zu Pferde oder gar zu Fuß die Tour durchs Tal machen und einer ihrer Verwandten würde mich zu all den spektakulären Fotopoints führen. Noch ein bißchen im Zweifel und mich nicht sofort entscheiden könnend, trat ein Mann mit „Hi, I'm Cly..." (oder so ähnlich) hinzu und bot sich an, mich zu führen, und es klang so, als ob es ihm egal sei, hier nur herumzusitzen oder mit mir durch sein (!) Land (er sagte Land) zu fahren. Er schien Mitte Fünfzig zu sein, trug lange schwarze Haare, und sein zerfurchtes, wettergegerbtes Gesicht hatte die Farbe des Sandsteins der bunten Felsen des Tales. Er wandte sich erzählend ab und ob, ich ihm folgte, schien ihn nicht zu interessieren. Er bestieg den offenen Jeep, ich setzte mich daneben...

Ich antwortete ihm auf seine Fragen, erklärte, warum ich in Amerika sei, daß ich von El Paso heraufgekommen sei und morgen zum Grand Canyon wolle.

Was interessiert dich an Amerika, wollte er wissen, und ich erläuterte ihm: das Land, die Menschen, die - Indianer.

Indianer? Wieso? Was verbindet dich mit den Indianern? Und diese Frage schien ein wenig schroff, so gar nicht im Einklang seiner sonst ruhigen, leicht nuschelnden Stimme. Mit dieser Frage hatte ich nicht gerechnet. Was verbindet mich mit den Indianern? Ich erzählte ihm von meinen Interessen, zählte auf, was ich schon alles gelesen hatte und, ja, es fiel mir ein bißchen schwer, ihm dies auf englisch klarzumachen, oder besser, ich war nicht sicher, ob er in meinem Englisch verstehen würde, daß es die Jagd sei, die mich mit den Indianern verbindet.

Die Jagd, fragte er staunend, doch schon wieder versöhnlich und leicht grinsend, und kam ins Erzählen. Auch er sei schon Jagdführer, Guide, gewesen, droben in Wyoming, Montana, sogar bis Alaska hätte sie ihn getrieben, die Jobsuche. Ja, ja Jagdführer sei er gewesen, er habe sogar Deutsche, Briten, Norweger und Austri... - also Österreicher geführt. Yes, es gibt viele schlechte Jäger unter den Jägern, und nur wenige gute. Die meisten, so sein abfälliger und wenig schmeichelhafter Kommentar, die meisten, nuschelte er weiter, die meisten interessiere nicht das Tier, nicht sein Leben, sein Verhalten, seine Seele, ja nicht einmal sein Fleisch, sie schauen nur nach der Trophäe, nach Zentimetern und Kilo und Punkten und wollen nur ins Buch kommen, ja, so ist das mit den weißen Jägern... und er machte keinen Unterschied zwischen Amerikanern und Europäern.

Und während wir langsam durch das Tal fuhren, mußte ich ihm erzählen, was ich schon alles wo gejagt hatte. Rehe, Sauen, Hirsche, Elche...

Ein plötzlich aufkommendes Gewitter machte unserer interessanten Reise ein vorschnelles Ende. Am Ausgangspunkt ankommend fragte er, ob er mir ein kleines Geschenk machen dürfe und als ich bejahte, zog er aus der Westentasche einen silbernen Ring hervor. Diesen Ring schenke ich dir. Er erzählt eine Story über das Leben der Navajos. Nimm ihn mit und sieh ihn dir zu Hause ruhig an und versuch die Geschichte zu verstehen.

Ein Glücksbringer? Indem ich die Frage artikulierte, war ich mir ihrer Banalität bewußt und hätte mich am liebsten verschluckt. Er schien mein kurzes Stottern richtig gedeudet zu haben, jedenfalls überging er Frage und Verschlucker. Morgen erklär ich dir, was es bedeutet.

Morgen? Ich fahre heute abend nach Flagstaff zurück …

Ja, ich weiß, und dann zum Grand Canyon, hast du mir ja erzählt, ich werde dich dort treffen … Sprach's, drehte sich mit einem winkenden „Hi" um und verschwand Richtung Motel … Ich war mir sicher, ihn nie wieder zu sehen …

Irgendwo in der Nähe des Yavapai Point stand ich mit meinem Fotozauberzeug und hatte mich unter die inzwischen mehrere Tausende zählende Besucherschar gemischt, hatte gesucht, gefunden, fotografiert, gestaunt. Saß gerade auf einem kleinen Felsvorsprung und staunte immer noch über dieses unvergleichliche Naturwunder, ja, es blieb und war nur ein Staunen. „Und alles hat dieser Fluß, der Colorado geschaffen - nicht der Mensch …" sagte plötzlich eine Stimme neben mir. „Cly!" Stand neben mir, schaute mich nicht einmal an, blickte über das gewaltige Tal, als wäre es das Selbstverständlichste der Welt, hier plötzlich neben mir zu stehen.

Und, hast du den Ring noch? Hast du verstanden, was er sagen will?

Ja, begann ich zögernd, den Ring und die kleinen goldenen Symbole darauf betrachtend, ich sehe ein Pferd …

…das gehört dem Mann, dem Hausherrn, es bedeutet Vitalität und Freiheit, erläuterte er. Und fuhr dann selbsterklärend fort: Ein Sheep Hide Bedding, du weißt, die Navajo leben von der Schafzucht - die Schafe geben uns fast alles. Ferner den Hogan - das ist unsere Schlafstelle, unser Haus, wenn du so willst. Two water barrels, denn Wasser brauchen wir zum Trinken, Waschen, Kochen; den Brennofen, den Orno; das kunstvoll und intelligent gestapelte Holz - fire woods - damit das Regenwasser ablaufen und es trocknen kann und uns im Winter wärmt; das Out-House, die Toilette, wie du sagst, damit es sauber und ordentlich im gesamten Wohnbereich ist. Yes, mein Freund, das alles ist auf dem Ring. Und so wie er es sagte, war es eine Frage.

Ich vermisse ein Symbol, ein Bild für die - Jagd.

Richtig, bestätigte er überrascht, um dann für mich überraschend fortzufahren, ich habe diese Frage erwartet. Ich habe gewußt, daß du danach fragen wirst, weil du Jäger bist. Und, denk nach, warum ist auf dem Ring, in unserem Leben, die Jagd nicht manifestiert, obwohl wir doch auch Jäger sind?

Ich schaute ihn an, blickte in seine schmalen klaren Augen, sah in sein zerfurchtes rötlichbraunes Gesicht, bewunderte sein langes, hinten mit einem Band zusammengebundenes Haar, vertiefte mich wieder in seine Augen, die mich nun zwingend und forschend ansahen, streifte seine schmalen Lippen, die nun wieder freundlich fragten: Sprich Jäger, was heißt das denn nun?

Es kann nur bedeuten, fing ich langsam und prononciert an, es kann nur bedeuten, daß die Jagd für Euch nicht das Wichtigste ist, andere Dinge haben einen höheren Stellenwert. Du bist gut, Deutscher, stimmt. Wir dürfen jagen, wir müssen nicht jagen. Die Jagd ist eine Art Geschenk, ein Geschenk der Natur an uns. Und wenn dir jemand etwas schenkt, dann kannst du danke sagen, du kannst dich bedanken, du kannst aber auch, besonders wenn es ein sehr wertvolles Geschenk ist, dich dieses Geschenkes würdig erweisen, verstehst du, du brauchst es nicht wie selbstverständlich anzunehmen, du kannst es würdig, erführchtig annehmen, du kannst dein weiteres Verhalten als Dank einbringen. Ja, deutscher Jäger, das alles sagt uns dieser Ring, eigentlich nicht der Ring, denn der Ring symbolisiert ja nur etwas, Spirit, der Geist, verstehst du, der Geist dieser Schlucht, des Canyons, unseres Tales am Monument Valley, unseres Landes, Navajo Land, die Natur sagt uns dies. Er sprach zu mir, nicht als Lehrer oder Belehrender, er sprach ganz ruhig, monoton, leicht nuschelnd, nicht wie um den Ring mit seinen Symbolen, sondern wie um sich, seine Nation zu erklären.

Ich danke dir Cly, für den Ring und für alles - besonders für das, was du gesagt hast und wie du es gesagt hast.

Ich habe es dir angesehen, Deutscher, als du bei uns in unserem Tal auftauchtest und entdecken wolltest, wie wir leben, ich habe es dir angesehen, deshalb habe ich dir den Ring geschenkt, deshalb, Deutscher, weil du noch staunen kannst...

ERLEBTE JAGD

231. „Durch die Wälder durch die Auen." (155.)

(Aus der Oper: „Der Freischütz.")

Karl Maria v. Weber (1786—1826)

Mäßig.

p

1. Durch die Wälder, durch die Au=en zog ich leich=ten Sinns da=

hin! Al = les, was ich konnt' er=schau=en, war des sichern Rohrs Ge=

winn, al = les, was ich konnt' er=schau=en, war des si=chern, des

fi = chern Rohrs Ge = winn. A = bends bracht' ich rei = che

cresc.

pp

Beu = te, und wie ü = ber eig = nes Glück, dro=hend wohl dem

mf

Mör = der, freu = te sich A = ga = thens Lie = bes=blick,

f

freu = te sich A = ga = thens Lie = bes = blick.

*„Durch die Wälder, durch die Auen" von Karl Maria von Weber
(1786-1826) aus der Oper „Der Freischütz"*

Rudolf MICHALSKI
Birkhahnbalz am Wendelstein
1992, Ölgemälde

Götz von
BÜLOW

Weißbach a. d. Alpenstraße
Berchtesgadener Wand/Bayern

Geboren am 22.03.1911 in Solzow
bei Röbel/Mecklenburg.Besuch des
Humanistischen Gymnasiums in
Doberan/Mecklenburg.
Eintritt in den mecklenburgischen
Staatsforstdienst. Studium der
Forstwissenschaften an der Forst-
lichen Hochschule Eberswalde und
der Rechts- und Staatswissen-
schaften an den Universitäten in
München und Berlin. Kriegsdienst
1939 bis 1946, Oberltn. im
Fallschirmjägerreg.1. Einsätze:
Kreta, Rußland, Afrika. Kriegsge-
fangenschaft in Amerika.
Großes Forstl. Staatsexamen 1947
in München; Übernahme in den
bayerischen Staatsforstdienst.
Promotion 1950 in München zum
Dr. rer. pol. Verehelichung 1951
mit Luitgarde, Gräfin v. Yrsch-
Pienzenau, 2 Söhne. 1950-1956
zweiter Forstmeister am bayer.
Forstamt Neustadt bei Coburg.
1956-1966 Leiter des Forstamtes

St. Oswald im bayer.Wald als
Oberforstmeister;
1966-1976 Leiter des Forstamtes
Ramsau bei Berchtesgaden als
Forstdirektor. 1976 Pensionierung.

Auswahl-Bibliographie

Die Sudwälder von Reichenhall,
ihre 800-jährige Geschichte.
Passau, Neue Presse Verlag, 1962
Einst in weiten Revieren.
Melsungen, Neumann-Neudamm-Verlag, 1988
Zahlreiche Fachbeiträge in Fachzeitschriften, wie
Der Deutsche Jäger, Forstzeitschrift; Wild und
Hund, BJV-Mitteilungen-Jagd in Bayern u.a..

Götz von Bülow wurde in Würdigung
seiner Verdienste zur Förderung von
Jagdliteratur und Jagdkultur zum
Ehrenmitglied des
FORUM LEBENDE JAGDKULTUR e.V.
ernannt.
Bad Driburg am 24.04.1998   Jahrestagung 1998
FORUM LEBENDIGE JAGDKULTUR e.V.

Treugesellen

Freiherr v. Cramer-Klett nennt sie treffend so, unsere vierläufigen Weg- und Jagdgefährten, die ihr ganzes, leider viel zu kurzes Leben treu an unserer Seite gehen. Ja, treu waren sie, und in ihrer Passion übertrafen sie noch ihren Herrn – was etwas heißen wollte –, diese beiden roten Langhaardackel vom Stamme derer von Krückenmoor aus Eberhard Mierendorffs unvergleichlicher Zucht.

Und was ihre Nase betraf ... darauf komme ich noch zu sprechen.

Der erste war und blieb unser schönstes Hochzeitsgeschenk. Da er aus einem T-Wurf kam, hatten wir ihm einen Vornamen mit T zu geben. Das erforderte einige Überlegungen. „Tito" schien uns nicht gerade passend. So war es schließlich der Humanist, der sich für den Namen entschied, der uns die erste Kunde aus unserer Urheimat „Germania" mit ihren wilden Sümpfen, gewaltigen Wäldern und Auerochsen brachte: der römische Historiker und Gelehrte Tacitus.

So sorgte dieser ehrbare Römer dafür, daß dem Welpen neben dem Urjagdinstinkt die Weisheit mit in die Wiege gelegt wurde. Und es war eigentlich keine Respektlosigkeit, sondern mehr eine Minderung des allzu streng wissenschaftlichen Fluidums, daß aus diesem hehren Namen bald „Tatzel" wurde, wenn man so will, ein kosendes Kürzel, entsprechend dem sanften Wesen seines Trägers.

Als die Zeit des „Forstmeisters ohne Revier" im Coburger Land zu Ende ging – Tatzels schönste Lebensperiode in reicher Niederwildbahn –, wechselten wir in den inneren Bayerischen Wald über, wo mir das Forstamt St. Oswald übertragen worden war.

Ein unbeschreiblicher Zauber lag über diesem unendlichen Wäldermeer, damals noch weit abseits von Zivilisation und Nationalpark-Rummel. Eine wundersame Stille herrschte in den urwaldähnlichen Hochlagenbeständen, dem „Hochwald" Adalbert Stifters, entlang des nahtlos übergehenden Böhmerwaldes entlang der tschechischen Grenze.

Hier oben stand im Sommer und Herbst starkes Rotwild des Böhmerwaldschlages, dem Fürsten Schwarzenberg Ende des 19. Jahrhunderts Karpathenblut zugeführt hatte. Hier fand das Rotwild noch die so begehrte

Ruhe, und in der Brunft hallte das ganze Tal von Pürstling im Böhmischen am Goldenen Steig von mächtigen Stimmen wider.

Die eigentliche Grenze war offen. Erst in drei Kilometer Tiefe verlief der mit Alarmanlagen versehene und stark befestigte Grenzzaun in der damaligen Tschechoslowakei. In diesem Streifen zwischen Grenze und Zaun wurde nur selten von tschechischer Seite gejagt. Das Wild hatte in den großen, latschenüberwachsenen Hochmooren ideale Einstände. Im Winter besuchte es unsere tiefergelegenen Fütterungen.

Ein Steig, der von deutschen und tschechischen Grenzern begangen wurde, verlief auf der Grenze, parallel dazu, etwa 50 Meter im Bayerischen, ein Pürschsteig, den kaum jemand kannte.

An ihm lag die Hirschensteighütte mit einem wunderschönen Blick ins niederbayerische Land, bei Föhn bis zu den Alpen. Wie viele geruhsame und glückliche Stunden haben wir hier verbracht!

Tatzel kannte den Steig bald so gut, daß er mich auch in der Nacht sicher führte. Ohne den Hund hätte ich bei Dunkelheit nicht gewagt, den Steig zu begehen, denn er verlief meist auf vergrastem Waldboden und war schwer auszumachen. Der gleichförmige Fichtenbestand gab auch keine Orientierung. War man einmal abgewichen, fand sich der Pfad kaum wieder, und die Gefahr, „drüben" zu landen, war groß. Selbst im Winter, bei oft zwei Meter hohem Schnee, führte Tatzel genau, was mir immer ein Rätsel blieb.

Von diesem Steig aus verhalf mir der Hund unter dramatischen Umständen, die man heute – da längst verjährt – ruhig erzählen kann, zu meinem ersten Hirsch in St. Oswald.

Gleich unterhalb des Lusens, dem Hausberg des Forstamtes, hatte ich an besagtem Steig und an einem Wechsel in Grenznähe einen Hochsitz errichten lassen, nicht weit vom Ursprung der kalten Moldau.

Hier saß ich an einem düsteren Novembernachmittag, umgeben von mächtigen, vierhundertjährigen Altfichten, wie von einem „Volk von Titanen" (Hölderlin) in tiefem Schweigen dieser urwüchsigen Natur. Nur hin und wieder hörte man das leise Zirpen einer Meise im Gezweig. Es herrschte ehrfurchtgebietende Stille hier oben, die mich immer wieder in ihren Bann schlug.

Zwei Stunden mochte ich gesessen haben, die Meisen waren schlafen geflogen, und es dämmerte bereits stark im Hochwald, als Tatzel ruckartig den Kopf hob und schief stellte. Gleichzeitig begann er zu zittern. Ich wußte, es wurde ernst. Nun vernahm ich es auch in der großen Stille: leises Knacken „drüben", dann Anstreichen eines Geweihes. Wieder Minuten völliger Stille. Das Zittern des Hundes übertrug sich auf mich.

Plötzlich stand, wie aus dem Boden gewachsen, der Hirsch mitten auf der Grenzschneise, ein alter Eissprossen-Zehner, starr und unbeweglich ins Bayerische sichernd. Ich flehte zu St. Hubertus: „Laß ihn noch fünf Gänge vorwärts machen!" Der Zehner tat mir den Gefallen. Langsam, Schritt um Schritt zog der Hirsch ins hohe Holz.

Da fiel beim Auflegen der Büchse ein Rindenstückchen von der Brüstung. Der Zehner erstarrte. Es war keine Sekunde mehr zu verlieren!

Blitz und Donner! Für Sekundenbruchteile völlig geblendet, sah ich nichts. Ich meinte, gut auf den Trägeransatz abgekommen zu sein, aber zu meinem Schreck hörte ich den Hirsch schwerfällig zur Grenze hin flüchtig werden und nach etwa fünfzig Metern drüben zusammenbrechen.

Was tun? Wildfolge-Vereinbarungen mit dem Nachbarstaat gab es nicht. Das Verhältnis war nach wie vor politisch sehr gespannt. Wurde man drüben erwischt, konnte es böse Folgen haben. Sollte ich aber meinen ersten Hirsch nach dem Krieg verludern lassen?

Am Tag gingen die tschechischen Streifen häufig die Grenze ab, meist mit Hunden; jedoch hatte ich sie noch nie bei Dämmerung oder in der Nacht beobachtet. Also warten bis zur völligen Dunkelheit. Der Sternenhimmel gab ja etwas Licht.

Wie ein Berserker fiel Tatzel am Riemen die Wundfährte an. Auf dem Grenzstreifen stoppte ich sein wildes Vorwärtsdrängen und fuhr mit der Hand übers Gras. Sie war feucht-klebrig und dunkel von Schweiß. Ich wußte, ich konnte mich auf meinen Hund verlassen. Nun gab ich ihm den Riemen frei, und ab ging es in die böhmische Wildnis.

Zweige schlugen mir ins Gesicht, ich stolperte über faulende Stöcke, Baumleichen und Felsbrocken. Es wurde schwarze Nacht um mich in diesem Dickicht. Längst meinte ich, die geschätzten fünfzig Meter hinter mir zu haben, und noch immer zog Tatzel geradeaus. Wir waren inzwischen sicher schon hundertfünfzig Meter in „Feindesland" vorgedrungen. So kann man sich bei zusammenbrechendem Wild in der Entfernung täuschen.

Wie sollte ich den Hirsch über eine solche Strecke allein über die Grenze ziehen? einen Helfer durfte ich nicht gefährden.

Bei diesen Gedanken bog der Hund plötzlich scharf nach rechts ab, und im selben Augenblick wurde der Hirsch unmittelbar vor ihm hoch. Auch das noch! Instinktiv schnallte ich Tatzel, weil der schwerkranke Hirsch sich schwerfällig in Richtung Grenze zurückbewegte. Aber schon bereute ich diesen Entschluß zutiefst, denn die Jagd drehte nach Osten zum Zaun und seinen Wächtern ab.

Standlaut! Das Tal von Pürstling hallte wider!

Ich hetzte darauf zu, um den Fangschuß zu geben und so den Hund zu retten, aber da kam mir die Jagd wieder entgegen, brach oberhalb vorbei und ging zu meiner grenzenlosen Erleichterung im Bayerischen erneut in Standlaut über.

Wahrscheinlich hatte sich der Hirsch in dem dichten Zeug mit dem Hund unsicher gefühlt und das hohe Holz gesucht.

Ich bin wohl noch nie so schnell aus einer Dickung herausgestürmt wie aus dieser böhmischen und hörte atemlos und glücklich den tiefen Standlaut des Hundes – vom Anschuß her.

Neben der Grenze warf ich mich auf den Boden und konnte nach längerem Suchen die Silhouette des Hirsches ausmachen. Im Schuß brach er blitzartig zusammen.

So wurde das riskante Schnallen nachträglich gerechtfertigt, aber es hätte auch anders kommen können. Noch heute läuft mir ein Schauer den Rücken hinunter, wenn ich daran denke, was hätte passieren können. Jugend, gepaart mit unbändiger Passion, geht ihre eigenen, oft nicht ungefährlichen Wege.

Der Held aber war Tatzel! Ich lief auf ihn zu und umarmte ihn, was ihm gar nicht paßte. Er wollte seiner Beute an die Drossel.

Ein schönes Leberstück nahm er später jedoch gnädig an.

Weder vorher noch nachher habe ich auf der Jagd solche Erleichterung verspürt!

Als Tatzel sein Mütchen gekühlt hatte, verharrten wir noch lange still neben dem gefällten König dieser weiten Wälder unter dem unendlichen Sternenzelt.

Ingo
MAZUREK

Heddesheim, Baden-Württemberg

1928 in Leipzig geboren; Schulzeit in Dresden; 1943 den ersten Hasen und 1944 den ersten Rehbock und das erste Rebhuhn erlegt.

Studium der Pharmazie in Leipzig mit Staatsexamen 1952. Promotion zum Dr. rer. nat. in Dresden 1956. Im gleichen Jahr erfolgreicher Birschgang mit einem Koffer und ohne Gewehr in Richtung Westen.

Seit damals bis zur Pensionierung über 30 Jahre in leitender Position in der Pharmaindustrie tätig. Nun mit unbegrenzter Freizeit jagdlich, in Garten und Gewächshaus sowie hinter der Schreibmaschine aktiv.

Auswahl-Bibliographie

Im Zweifel für die Jagd
Beobachtungen, Gedanken und Ergebnisse eines kritischen Jägers, Berlin, Friehling, 1995
Kritische Betrachtungen zu zahlreichen Fragen und Problemen der jagdlichen Praxis, wie Ballistik, Kynologie, Wildbiologie, Jagdpolitik, Brauchtum und Weidgerechtigkeit, der Bewertung des Rehgehörns, Wildbrethygiene u.v.a.m.
Friedrich von Gagern - heute noch aktuell?
Über die Bedeutung des brillanten Dichters und Weidmanns, Berlin, Friehling, 1995
Kritische Würdigung des nach Ansicht des Autors bedeutendsten deutsch-sprachigen Jagdschriftstellers des 20. Jahrhunderts unter Verwendung einer Fülle einschlägiger, auch seltener und weitgehend unbekannter Literatur sowie zahlreiche Veröffentlichungen in Fach- und Jagdzeitschriften.

Spechte aber weinen nicht

ein Protokoll am Rande der Jagd

Man hatte den Buntspecht zum Vogel des Jahres 1997 gewählt. So etwas ist immer eine hohe Ehre für den Erwählten, auch wenn sich ein Vogel einer solchen Ehre nicht bewußt werden kann. Die Presse schilderte ihren Lesern den Buntspecht in den buntesten Farben und lobte die Wahl, was darauf schließen läßt, daß die Juroren nicht völlig danebengegriffen hatten, und etwas Glanz fällt dann natürlich immer auch auf sie. Man pries den Buntspecht in vielfältiger Weise als Symbolfigur für einen gesunden Wald, für eine gesunde Umwelt und für die noch vorhandenen ökologischen Nischen, in denen der Vogel Gelegenheit zum Überleben finden würde und in dessen Höhlen auch andere Höhlenbrüter ihren Nachwuchs aufziehen könnten. Die Schattenseiten seiner Nahrungswahl blieben in der Laienpresse unerwähnt. So spendete der naturverbundene Bürger Beifall und sicher nicht nur das, damit etwas zum Wohl des Bundspechtes geschehe, auch wenn man kaum eine Vorstellung hatte, wie das erfolgen könnte. Jeder Zustimmung wohnt dabei natürlich die eigene Naturfreundlichkeit inne, und Naturfreundlichkeit gehört zu jenen untadeligen Vokabeln, die wie Mutterliebe, Spendenfreudigkeit und Umweltbewußtsein nur Positives assoziiert, eine Inkarnation des Guten gewissermaßen und erhaben über jede Verdächtigung, diesem Altruismus könne auch etwas Egoismus und überhaupt der ganzen Aktion die Möglichkeit anhängen, dem Buntspecht falle letztlich überhaupt nichts zu, und die ganze gutgemeinte Aktion diene nur einer gewissen Selbstbestätigung ihrer Akteure.

Jedenfalls fühlte auch ich mich geehrt, als am 1. September 1996 an meinem leider schon etwas maroden und bereits zweimal in über drei Metern Höhe gekappten Zuckerahorn ein Buntspecht anklopfte, ob er hier wohl Quartier beziehen könne, was ihm auch freundlichst gewährt wurde. Außer dem Glanz, der damit auf mich selbst fiel, priesen wir im Freundes- und Bekanntenkreis, daß der Vogel des Jahres 1997 bei uns Stand- und hoffentlich auch demnächst Brutvogel sei. Nach seinem Ankunftstag gaben wir ihm den Namen des hl. Ägidius, wohl wissend, daß die Jäger diesem Heiligen und seiner Hirschkuh übel mitgespielt hatten.

Am 2. Oktober begann Ägidius am Ahorn zu hämmern. Bereits einen Tag später war die Höhle so weit angelegt, daß er darin verschwinden und herausschauen konnte. Das Flugloch imponierte durch seine exakte Kreisform, wie mit einem großen Bohrer gebohrt. Am 4. Oktober arbeitete er weiter. Wenn wir nahe am Ahorn standen, hörten wir ihn innen hämmern. Am 6. Oktober war der Innenausbau offenbar beendet. Der dabei angefallenen Späne entledigte sich Ägidius dadurch, daß er mit dem Schnabel voller Späne aus dem Flugloch heraussah und die Späne durch heftiges Schütteln des Kopfes in die Gegend streute und prustete. Entsprechend sah es am Fuß des Ahorns aus, einer Schnitzereiwerkstatt nicht unähnlich. Ich bekenne mich zu dem läppischen Urteil, daß wir den Späne streuenden Ägidius goldig fanden.

Von nun ab übernachtete Ägidius regelmäßig in seiner Höhle. Er kam mitunter schon recht zeitig am Abend aus Richtung Westen, und früh flog er erstaunlich spät aus, manchmal erst im Hellen. Wenn es regnete, blieb er noch länger in seiner Behausung und schaute ab und zu hinaus, ob der Regen schon nachgelassen hätte. Am Abend, wenn er in seiner Höhle verschwunden war, erschien er nach einiger Zeit wieder, legte seinen Kopf ins Flugloch, drehte ihn nach links, nach rechts und nach unten und beobachtete die Welt um sich herum. Er erinnerte an einen älteren Menschen, der sich, gegen Abend im Fenster auf ein Kissen gestützt, die Welt um sich herum betrachtet.

Nach einigen Monaten aber sah die Idylle anders aus. Um den 21. März 1997 war Ägidius nicht mehr regelmäßig zu sehen, schließlich blieb er völlig weg. Offensichtlich hatte er sich zur Brautschau mit natürlichen Folgen begeben. Tage später begannen Stare die Höhle zu besichtigen und in Besitz zu nehmen. Dieser Okkupation standen wir zunächst ablehnend gegenüber, schließlich war es die Höhle eines Buntspechts, Vogel dieses Jahres, und sie sollte nicht durch Stare ihrer Gloriole beraubt werden, zumal sich mit Staren kein Staat machen ließ; von Gagern würde sie den Proleten unter unseren Singvögeln zugerechnet haben. Also klatschten wir in die Hände, um die Stare zu vertreiben. Aber sie ließen das nicht zu.

Über das Leben der Stare während der Brutzeit und über die Aufzucht ihrer Jungen ist hier nichts Wesentliches zu berichten. Sie verkürzten ihre Fluchtdistanz schließlich auf drei bis vier Meter, so daß wir auf der Terrasse sitzen, reden und essen konnten und die Stare trotzdem ihre Jungen fütterten.

Am 13. Mai 1997 schienen die Jungen auszufliegen oder schon ausgeflogen zu sein. Als ich früh zum Ahorn hochsah, strichen gerade vier Stare ab. Flogen Jungstare so schnell und so sicher? Dann flog ein Altvogel mit Futter an, sah in die Höhle, aber er fütterte nicht, sondern strich mit dem Futter wieder ab. Ich deutete sein Verhalten als instinktgebundenen Brut- und Pflegetrieb, dem offensichtlich eine Verzögerung inhärent war, die ihm noch nicht zu Bewußtsein hatte kommen lassen, daß seine Jungen bereits ausgeflogen waren. Eine merkwürdige Retardierung instinktiven Verhaltens, wie ich meinte.

Als ich etwas später wieder zur Höhle hochsah, gewahrte ich eine merkwürdige Helligkeit im Innern. Sonst war es hinter dem Flugloch immer ganz dunkel gewesen, nun war es ziemlich hell. Wäre das mit dem Fehlen der dunklen Jungvögel zu erklären gewesen, also ein rein optisches Phänomen, verursacht durch Farbe, Hintergrund und Helligkeit der Höhle? Doch als ich zum Fuß des Ahorns sah, offenbarte sich mir schlagartig die ruchlose Tat: Alles war mit Holzgries, -splittern, -spänen und Holzstückchen übersät. Der größte Brocken morschen Holzes stammte von der Decke der Höhle und hatte die beachtlichen Maße von 125 x 115 x 50 Millimetern; luftgetrocknet betrug das Gewicht 63 Gramm, also rund zwei Drittel des bis zu 95 Gramm schweren Eigengewichts eines Buntspechts. Auch am Stamm des Ahorns, in den Seitenaustrieben sowie auf den unteren Ästen und Blättern hingen und lagen die Späne. Beim Bau der Höhle hatte es so nicht ausgesehen, sie war vergleichsweise einigermaßen sauber vonstatten gegangen.

Ich erkannte, daß hier ein Berserker in den Morgenstunden ganze Arbeit geleistet haben mußte und die Höhle von oben, also durch die Decke hindurch, geöffnet hatte. Im Moment fiel mir nur die Variation zu Friedrich Schiller ein: In der öden Spechteshöhle / Wohnt das Grauen./ Und des Himmels Wolken schauen / Hoch hinein.

Als Jäger interessiert mich nicht nur meine unmittelbare Welt des Jagens; manchmal interessiert mich die kleinere Welt am Weg meines Jagens viel mehr, mit der mein Jagen keinen unmittelbaren Berührungspunkt hat. Mein Jagen ist daher auch eine Welt des Schauens, Beobachtens, Wägens, Zweifelns, Verwerfens; mein Jagen ist nicht nur meine Welt des Schießens, Tötens, Beutemachens; manchmal ist es viel interessanter zu erkunden, was da im Laub raschelt, als nur zu fragen: Ist es Fuchs, ist es Hase, und kann ich ihn schießen? Zwei Dorndreher in einer Schlehenhecke zu beobachten, oder zu sehen, wie eine Turteltaube auf eine Krähe, wie eine Amsel auf einen Specht haßt, ist viel interessanter, als immer wieder die gleiche Ricke zu betrachten.

Ich holte eine Leiter und stieg aus biologischem und jägerischem Interesse hinauf. Die von dem besagten Ägidius im Ahorn erbaute Höhle liegt vom Flugloch aus 315 Zentimeter (cm) über dem Boden. Der Ahorn steht neben unserer Terrasse, 300 cm vom Balkon und 380 cm vom Eßtisch entfernt. Das Flugloch hat einen Durchmesser von 5,3 cm, die Stärke des Holzes, die unser Zimmermann bis zur eigentlichen Höhle zu durchhämmern hatte, betrug am unteren Rand 6 cm und am oberen 12 cm. Die innere Höhe der Höhle hatte ca. 30 cm betragen, die Tiefe ab Mitte Flugloch 20 cm, die Breite in der Höhe des Flugloches 13 cm, die Stärke des „Daches" unter der Kappung ca. 10 bis 13 cm. Das Flugloch lag nach Osten, im Windschatten zum Haus zu.

Der Täter hatte das Dach von oben aufgehämmert, um an die jungen Stare heranzukommen. Es müssen mindestens 3 Jungvögel gewesen sein. Sie hatten die letzten Tage bereits wechselseitig aus dem Flugloch gesehen. Zwei Jungvögel lagen tot in der Höhle, der eine kopfheister mit verblutetem Schädel, der andere darunter. Die Spuren am oberen westseitigen Rand der Höhlenruine ließen den Schluß zu, daß der dritte Jungvogel geraubt war. Als Täter dürfte besagter Ägidius feststehen. Er muß am Tattag früh zu seiner Höhle zurückgekehrt sein, um sie nach einer Abwesenheit von gut 1,5 Monaten wieder zu bewohnen und der lästigen Zweisamkeit während der Brutpflege zu entraten. Er fand seine Höhle besetzt, und statt eigener Jungen fand er fremde vor. Dies traf ihn offensichtlich unvorbereitet, dies mußte ihm zuviel sein. Der Mensch beginnt in einer solchen Situation zu weinen oder zu wüten. Spechte aber weinen nicht. Also begann Ägidius zu wüten. Nicht durch das Flugloch schickte er sich an, die ungebetenen Gäste hinauszuwerfen, er stieg ihnen, wie das auch in der ornithologischen Literatur beschrieben ist, aufs Dach und öffnete in einem Raptus giganteus die Behausung von oben. Einen Jungvogel nahm er schließlich als Rachevalent mit. Dann blieb er verschwunden, und bis heute kam er nicht zurück. Wozu auch?

Angeklagt des dreifachen Mordes ist ein gewisser Ägidius, seines Zeichens Buntspecht. Der aufmerksame Leser wird bemerkt haben, daß ich Ägidius einer Tat verdächtigt habe, ohne ihn auf frischer Tat beobachtet zu haben. Das stimmt. Ich habe mich nur auf Indizien und die Angaben der Fachliteratur gestützt. Oder können Sie, der geneigte Leser, mir sagen, wer sonst noch der Täter hätte sein können?

Einem eben Geehrten begegnet die allgemeine Meinung mit Respekt, und man ist geneigt, ein von der allgemeinen positiven Erwartung abweichendes Verhalten als entschuldbare Eigenart einer an und für sich untadeligen Persönlichkeit anzusehen. Könnte nicht sein, so möchte man fragen, daß gerade dieses Verhalten das normale ist? Was schließlich ist normal? Das naturgegebene oder das davon abgekoppelte anerzogene Verhalten? Aber menschliche Denkweisen und Verhaltensnormen gelten beim Tier nicht. Tierliebe ist nicht die Liebe zum Tier an sich, sondern zu seinen Verhaltensweisen, die man ihm beläßt. Ames hat gesagt: Nature is not benign. Oder ist das, was Ames „not benign" nennt, nicht am Ende doch der bessere Teil tierischen Verhaltens für die Evolution? Der Tod ist ein Trick der Natur, um möglichst viel gesundes Leben zu erhalten und die Evolution nicht abbrechen zu lassen, auch wenn sich das vermutlich nicht auf gesundes junges Leben bezieht.

Der Tod lauert überall, auch in meinem Ahorn, und manchmal tritt er durch den auf, dem man das gar nicht zutrauen möchte. Indessen sollte man der Natur nicht böse sein, denn boshaft ist sie nicht.

So war das mit dem Vogel des Jahres 1997. Immer sind etliche berufen, aber immer auch nur wenige auserwählt. Und einem einzigen wird schließlich die Krone des Ruhmes und der Ehre zuteil.

Das ist so beim Menschen, aber dem Tier ist es völlig egal.

114

Gerd
ROHMANN

Gieselwerder (Weser), Hessen

Jahrgang 1940, geboren in Viersen (Rheinland). Professor für Anglistik: Literaturwissenschaft im Fachbereich Anglistik/Romanistik der Universität Gesamthochschule Kassel. Passion: Jagd und Naturschutz (regionaler Naturschutzbeauftragter). Präsident des Verbandes Deutscher Naturlandstiftungen e.V. Mitwirkung in vielen Fachausschüssen von Landes- und Bundesministerien sowie im Europäischen Parlament.

Jäger seit 1978.

Auswahl-Bibliographie

Ernest Hemingway: „`The Short Happy Life of Francis Macombert´: Tragischer Jagdunfall oder heimtückischer Ehegattenmord?" (1995);
Sonst noch nicht jagdbelletristisch hervorgetreten, sondern als Kritiker und Literaturwissen- schaftler, z.B.:
Aldous Huxley und die französische Literatur (1968);
Samuel Beckett und die Literatur der Gegenwart (1976);
Bernard Show (1978);
Laurence Sterne (1980);
Klassiker-Renaissance (1991);
Anglo-German Attitudes (1995)
und viele Aufsätze in Fachzeitschriften zur amerikanischen, englischen und irischen Literatur.

Entensylvester

„Denn der Weg ist das Ziel." José Ortega y Gasset

Arktische Temperaturen herrschen seit Wochen an der noch jungen Oberweser. Ein schneidender Ostwind treibt Pulverschneeflocken über den Strom. Sauwetter: der Vollmond läßt die Herzen der Fuchs- und Schwarzwildjäger höher schlagen, während die Temperaturen buchstäblich in den Keller rutschen. In der Garage ist die abgestellte Wasserleitung eingefroren. Bei 20° unter dem Gefrierpunkt müssen wir den unterirdischen Teil unseres Hauses mit der Sauna heizen. „Hessisch Sibirien" gibt uns die Ehre.

Die Weser preßt sich durch ein täglich enger werdendes Eiskorsett. Nach dem Hochwasser des Herbstes und Frühwinters erstarrt der Nachschub aus Rhön und Thüringer Wald. Mit dem Wasserstand ist das fünf bis zehn Meter breite Ufereis abgesunken. Über diese dachförmig zum Fluß abfallende Randzone kommt kein Hund aus dem Wasser. Außerdem trudeln Eisschollen knirschend aneinanderstoßend in der starken Strömung nach Norden. Jeden Tag werden es mehr, bei Mittagstemperaturen von -10° in der Sonne.

Entenjagd? Eigentlich wären die Bedingungen ideal, aber der apportierende Hund käme wegen des Randeises nicht aus der Weser an Land. Teiche und Seen sind vollkommen zugefroren. Selbst von den Stadtweihern ziehen die jagdbaren Stockenten an die noch offenen Fließgewässer. Außerdem ist das Wassergeflügel durch Gäste aus dem Norden und Osten jetzt zahlreicher, wie es die Gänsesäger, Kormorane, Tauchenten und Zwergtaucher beweisen. Schwäne, auch einige Wildgänse, suchen Äsung unter dem dünnen Schnee auf den Feldern. Unbedingt brauchen wir noch eine Sylvesterente, also greifen wir zu einer Jagdlist.

Mein Hund ist schon ganz aufgeregt, weil ich die grünen Handschuhe anziehe. Verwundert schaut er mich an, als ich die Schrotflinte und den Patronengurt zu Hause lasse, um zur Kleinkaliberbüchse mit vierfachem Zielfernrohr und zum zehn Meter langen Schweißriemen zu greifen. Als ihm dann auch noch die breite Schweißhalsung angelegt wird, kommt der erfahrene Fiero ins Staunen. Nach zwölf Jahren kennt man die Mimik seines Hundes.

Er sitzt schon vor mir im Auto. Auf Schneeketten befahren wir, wo vorhanden, Uferwege an der Westseite der Weser, um vielleicht einen Erpel auf dem Randeis zu erbeuten. Nichts - bis das Fernglas mir etwa 30 „Eis"enten unterhalb von Weißehütte heranholt. Aber ohne Weg, vor allem ohne Deckung, haben wir keine Chance, auch nur auf die größtmögliche Schußentfernung, an das Schof heranzukommen. Unterhalb von Gieselwerder haben wir mehr Glück. Bei Stromkilometer 30 sitzen zwei Stockenten auf dem Eis am Ostufer.

Laut Fauna-Flora-Habitat Richtlinie der Europäischen Gemeinschaft müssen stabile und zunehmende Wildtierpopulationen jagdlich reguliert werden. Allerdings ist es auch dem Jäger verboten, Wild ohne vernünftigen Grund zu töten. Der unübertreffliche Geschmack einer im Römertopf nach allen Regeln der „haute cuisine" zubereiteten Wildente bleibt jedem Gourmet als „vernünftiger Grund" in gern wiederholter Erinnerung.

Ich ergreife das Gewehr und gleite bei offener Tür, laufendem Motor und eingesperrtem Hund aus dem Auto. In „Down-Lage" robbe ich um den Bully herum über den Weg und 30 Meter Grünland auf den nahen Schilfgürtel zu. Meine auf vielen kalten Waldjugendeinsätzen und Jagden bewährte Panzerkombi leistet mir gute Dienste. Das Glas ist durch Schutzkappen, die Laufmündung durch Tesafilm, vor dem Schnee verschlossen. Im Schilf nehme ich den Erpel am gegenüberliegenden Ufer aufs Korn. In Askari-Stellung, linken Ellenbogen auf dem linken Knie abgestützt, erfasse ich ihn zwei Zentimeter hinter dem rechten Flügelbug mit dem Zielstachel. Wie ein Peitschenknall zerreißt das Hochgeschwindigkeitsprojektil die eisige Stille. Vier statt der angesprochenen zwei Enten steigen auf. „Mein" Erpel himmelt, kann dem verschreckten Schof nicht folgen und geht -ausgerechnet- mitten zwischen dem Treibeis auf der Weser nieder. Ich eile im Laufschritt zum Auto zurück, wende über eine Wiese und fahre zum Fähranleger Gewissenruh, wo ich den Bully parke. Bei Stromkilometer 31 hole ich den Hund mit der Schweißleine aus dem Auto und warte auf dem Ausleger der Fähre nach Lippoldsberg. Die Strömung geht auf die stillgelegte Fähre zu, aber zu meinem Schrecken sehe ich, daß die Eisschollen dicht und über 30 Zentimeter dick sind.

Nach fünf Minuten drückt sich „mein" Erpel zwischen den Schollen, etwa 20 Meter an der Fähre vorbei und rudert dem westlichen Ufer zu. Den Hund kann ich wegen der Lebensgefahr nicht springen und apportieren lassen, also nehme ich die Verfolgung mit Hund, Leine und zu Fuß auf. Immer näher kommt der Erpel ans Ufer und läßt sich dann von uns überlaufen. Ich werde mißtrauisch und lasse den Hund nun flußauf zurück suchen. Ein paar hundert Meter vor der Fähre hat sich die erhoffte Jagdbeute ins Packeis gedrückt und steigt nun, scheinbar gesund, kurz vor uns auf, um in der Schwülmemündung am Ostufer niederzugehen. Zum Glück hatte ich Fiero noch nicht geschnallt, doch der Erpel ist jetzt am Ostufer, hat eine Schweißspur hinterlassen, und wir sind ohne Brücke am Westufer.

Jetzt gilt es. Wieder traben wir im Laufschritt zum Auto zurück. Der eisige Ostwind beißt in die unbehandschuhten Hände. Wir nehmen die B 80, eilen über die einzige Brücke, drei Kilometer stromaufwärts in Gieselwerder, und sind nach weiteren sieben Kilometer an der Kaimauer bei Stromkilometer 33 in Bodenfelde. Vom Café Weserblick aus suchen wir die Eisschollen flußaufwärts ab und brechen mehrfach im Trockeneis bis zum Bauch ein. Es ist unsere letzte Chance. Die Dunkelheit bricht herein. Unterhalb des „Sollingbrunnens" treibt uns „mein" Erpel, nur fünf Meter am Eisrand entlang, entgegen. Ich repetiere und schieße. Keine Reaktion. Auf unserer Höhe sehe ich, daß der Balg schon vereist ist und der Kopf im Wasser hängt. Allein das Finden unter Tausenden von Eisschollen auf drei Flußkilometern ist eine Suchenleistung. Der erfahrene Hund verbellt - aber verweigert den Sprung.

Ich lege das Gewehr in den Schnee, eile mit dem Drahthaar stromab, um der treibenden Beute den Weg abzuschneiden, kämpfe mich an das Ufer vor und werfe den treuen Fiero ins Wasser, als der Erpel erneut vorbeitreibt. Auf den scharfen Befehl „Apport!" schwimmt der Hund und greift. An der Schweißleine ziehe ich ihn zurück. Fiero taucht und hält! „Brav, mein Hund. Aus!"

Wir haben unsere Sylvesterente erbeutet.

Warum ich jage?

Weil ich Freude an der mich ganz ergreifenden Dramatik des Weidwerks habe,
weil ich die Natur und die Menschen liebe,
und weil ich etwas Gutes in der Natur bewirken möchte.
Jagd läßt sich durch Naturschutzmaßnahmen
in unserer Kulturlandschaft glänzend ethisch rechtfertigen.

Gerd Rohmann

Hubert
SUTER

Limburgerhof, Rheinland-Pfalz

Mitglied des Vorstandes im
FORUM LEBENDIGE JAGDKULTUR e.V.

Geboren 1927 in Bamberg.
1943–45 Kriegsdienst (Flakhelfer,
verwundet, Reichsarbeitsdienst,
Heer). Nach Rückkehr aus kurzer
Kriegsgefangenschaft 1947 Abitur
am Gymnasium in Bamberg.
Von 1947–55 Studium der Chemie
an der Universität in München,
Promotion. Von 1955–91 in der
BASF-Aktiengesellschaft in
Ludwigshafen am Rhein tätig.
Mehr als 70 Patente tragen seinen
Namen. Die langjährige abwech-
selnde Leitung von Produktions-
und Stabsabteilungen führten zu
einschlägigen Publikationen der
beruflichen Tätigkeit.

*Phthalsäureanhydrid und seine Verwendung - 1972
Steinkopf-Verlag/Darmstadt -wissenschaftliche
Monografie*
*Wie Innovation zustande kommt - 1983
Seewald-Verlag Stuttgart -
Sachbuch über den Innovationsprozeß*
*Aktuelle Reizworte - 1989
Konservative Werte im Irrgarten des Zeitgeistes
DEUGRO-Verlag/Esslingen -
Buch zur Gesellschaftspolitik.*

Als Mann der Wirtschaft, der Industrie und der Technik haben
Dr. Suter seine dienstlichen Aufgaben und seine privaten Interessen
auf Reisen in viele Länder geführt.
Verheiratet, drei Kinder.
Im Forsthaus aufgewachsen, legte
er die Jägerprüfung noch im
Kriegsjahr 1944 ab.
Seither blieb das Weidwerk für ihn
stets ein Element des Ausgleichs.

Auswahl-Bibliographie

Buchpublikationen zum Thema Jagd:
Sie jagten und sie jagen noch. Melsungen, Neumann-
Neudamm, 1.Aufl. 1980; Wien, Österreichischer
Agrarverlag; 2. Aufl. 1998; *Waidwerk im Schußfeld:*
Bestandsaufnahme & Diskussion. Melsungen:
Neumann-Neudamm, 1986; *Hinaus zur Jagd.*
Melsungen, Neumann-Neudamm, 1989; *Einsame
Pirsch - gesellige Jagd.* Graz, Leopold Stocker-
Verlag, 1997

Ein Versuch mit untauglichen Mitteln

Wer in Deutschland nach 1950 geboren wurde, weiß nicht, was Hunger ist. Den älteren Generationen jedoch hat sich die Hungerperiode von 1945 bis 1948 unvergeßlich in das Gedächtnis gekerbt. Es war die Zeit, in der wir u. a. die uns von den Siegern auch zugedachte Hungerstrafe zu absolvieren hatten. Damals war sehr unmittelbar die Jagd, wie einst in den ältesten Zeiten, reine Nahrungsjagd, soweit diese vielerorts überhaupt möglich war. Aus jenen, heute anscheinend trabantenhaftweit entfernten Tagen stammt die folgende kleine Geschichte.

In den ersten Jahren der Besatzungszeit nach Kriegsende ruhte in unseren Landen weitgehend jegliche Jagd. Sämtliche Hieb-, Stich- und Schußwaffen waren nach der alliierten Deklaration bei Androhung höchster Strafen abzugeben. Das ungeliebte, von der Besatzungsmacht übergestülpte ordnungspolitische Hemd des Anfangs kratzte spürbar und trug sich nicht leicht. Lediglich in den Wintermonaten, bei günstigem Wetter, konnte man mit Schwanenhals und Prügelfalle Fuchs und Marder nachstellen. Das kluge Schwarzwild nutzte seine Chance. Die Schwarzkittel vermehrten sich merklich und wurden wieder in Wäldern als Standwild heimisch, aus denen sie seit Jahrzehnten verschwunden waren. Wie in vergessenen Notzeiten ehedem, machten sie dem Menschen seine Nahrung streitig, ja konkurrierten schmerzlich spürbar mit ihm. Gar mancher Jäger, der Zugang zu Jagdmuseen oder -sammlungen hatte, lieh sich die alten Saufedern der höfischen Zeit aus und ging die Sauen mit der blanken Waffe an. Hinterher gab es dann, gewöhnlich statt Wildbret im Topf Oberschenkelbrüche, aufgerissene Beinmuskulaturen und monatelanges Krankenbett. Die Unerfahrenen, wie konnte es anders sein, wurden angeflickt. Am wenigsten hat es den Sauen geschadet. Dabei war der Rückgriff auf die alten Jagdarten der einzige Weg, der offen stand.

Die Jagd, welche die Menschen als kulturelles Element von Anfang an begleitete, schien sich wieder dem Primitiven, dem Archaischen zuzuwenden.

Es bedurfte keiner Diskussion der Satten von heute, denn jedem spürbar war sofort wieder da, was der Urzweck der Jagd war: Fleisch gegen Hunger. Der Hunger saß in jedem Magen. Er trieb die Gedanken in die Kreativität. Wenn bei jedem und allerorten das Denken nahezu ausschließlich vom Magen beherrscht wird, sagt das alles über die Not. Geradezu eine geistige Epidemie hatte alle erfaßt. Man besann sich auf die alten Methoden und scheiterte, weil die Überlieferung abgerissen war. Heute sagt man: Es fehlt das Know-how. Um bei der Jagd zu bleiben, es war nicht möglich, plötzlich irgendwo in unseren Wäldern Fallgruben zu bauen. Und wer wußte noch, wie man einen Bogen fertigt, einen Pfeil schnitzt, konnte gar treffsicher mit Pfeil und Bogen schießen? Wir hatten unsere Schußwaffen abgegeben. Im Dorf waren alle diese Dinge auf einen Haufen geworfen worden, ein Sherman-Panzer walzte darüber hinweg, wandelte das ganze Arsenal in wenigen Sekunden zu Schrott. Zu Pulver und Blei führte kein Weg, zu Bogen und Pfeil auch keiner. Das eine war verboten, das andere gestorben. Rundum unbefriedigend!

Irgendwie wurmte mich das. Und wie es eben so geht, die bohrenden Gedanken setzten sich im Gehirn fest und gewannen eine Eigenmächtigkeit. Gab es nicht ein Mittelding zwischen Bogen und Gewehr? Natürlich, die Armbrust!

Die Armbrust, das war eine Waffe, die mehr dem Gewehr ähnelte, gewiß keinen modernen militaristischen Charakter hatte und nicht die vollendete Kunst des Bogenschützen verlangte. Das war die Möglichkeit. Im ganzen Mittelalter hatte man die Armbrust als Militärwaffe geschätzt, bis ins 18. Jahrhundert hinein sogar als lautlose Jagdwaffe geführt. Damals konnte man damit jagen, warum sollte man es heute nicht können? Eine Schußweite unter 50 Meter sollte, konnte, ja mußte genügen. Und Vater verstand es, in der Blattzeit die Böcke auf extrem kurze Distanz heranzuholen. Könnte da nicht selbst der wenig Geübte mit der Armbrust und etwas Glück in der Brunft einen Bock auf 15 bis 20 Meter zur Strecke bringen? Erst einmal getroffen, garantierte unsere erfahrene Vorstehhündin für den Rest. In solche Überlegungen kann man sich vernarren. Die alten Maßstäbe waren außer Kraft, die neue Legalität konstituierte sich erst langsam, und der Hunger schrieb sein eigenes Gesetz. Den Mittagstisch aufzubessern war ein Gebot der Stunde. Es fehlte bloß die Armbrust! Natürlich hatte ich keine Ahnung, woher ich eine bekommen könnte. Nicht einmal ansehen konnte ich irgendwo eine. Literatur war mir nicht zugänglich. Vertrackt genug war es. Lediglich eine optische Erinnerung aus der berühmten Waffenkammer der Coburger Veste, wo eine Serie guterhaltener Armbrüste zu sehen gewesen waren, saß frisch im Gedächtnis.

Je mehr mich die Gedanken plagten, desto deutlicher entstand im Geist eine handliche Armbrust. Bogen, Sehne und Säule, der Bogen in der Mitte ausbalanciert, gelagert in der Säule und in diese die Sehne eingelassen. Darunter die Stelle, wo die gespannte Sehne in die Abzugsvorrichtung einrastete. Letztere mußte von einfacher Konstruktion sein. In der Säule trug eine Kerbe den Pfeil. Ein Pfeil? Eher ein Bolzen, kurz, wuchtig, rund oder vierkantig, die Eisenspitze konisch geformt. Immer mehr fiel mir dazu ein. Schließlich war ich überzeugt: So eine Armbrust müßte ich selbst bauen können. Gedanklich einmal soweit, reiften die Ideen, wie das zu machen war, von selbst. Noch hatte ich ein gutes halbes Jahr bis zur Blattzeit. Warum sollte ich nicht mit einer selbstgebastelten Armbrust jagen können? Einen Haken hatte allerdings die Geschichte. Vater mußte mitmachen. Der Rückgriff auf die primitivere Jagdform älterer Zeiten war für einen allein gar nicht durchzuführen. Und ehe ich meine Abendstunden nach der Waldarbeit für den Bau einer Armbrust verwendete, mußte ich wissen, ob Vater willens war, mitzutun.

Die Idee wurde zunächst mit einem belustigten Lachen quittiert, und schließlich mündete alles mit etlichen „Wenn und Aber" in ein Gewährenlassen. „Hinter dem Bolzen muß eine Wucht sein. Er muß schnell genug fliegen, um das Tier tödlich zu verletzen. Man braucht eine Sicherung für den gespannten Zustand der Armbrust." Das und manches andere kam in der Diskussion ans Licht. Meine Idee war naiv oder abenteuerlich; trotzdem wurde sie nicht schlicht beiseite geschoben. Man unterhielt sich darüber. Die entscheidende Frage wurde unvermeidbar: „Gehst du mit mir blatten, wenn ich die Armbrust bis zur Brunft fertig habe?" wollte ich von Vater wissen. Sichtlich widerstrebend und ganz und gar nicht begeistert, sagte er zu, vermutlich in der leisen Hoffnung, daß aus der Armbrustgeschichte am Schluß nichts werden würde. Das tat meiner Begeisterung keinen Abbruch.

124

Ich hatte sein „Ja". Das andere würde er schon sehen. Die Säule konnte ich auf der Schnitzbank selber schäften. Für den Bogen dachte ich an das Prinzip der Blattfederbündel. So etwas ließe sich aus alten Sägeblättern zurechtschneiden. Als Sehne war vermutlich ein Drahtseil das Beste. Aber der Bolzen? Die Holzform konnte gedrechselt werden. Der Bolzen selbst mußte jedoch ausgewogen sein und eine wirkende Eisenspitze haben.

Einmal soweit, wurde ich nun anderen lästig. Ich zog zum Dornschmied und setzte ihm meine Idee auseinander. Er war heil aus dem Inferno nach Hause gekommen, und ich lungerte gern, hatte ich doch alle Zeit, öfter an seiner Esse herum. Der Gutmütige ließ sich immerhin begeistern. „Nimm eine Metallspeiche von einer Autofelge. Da hast du ausreichende Länge, und vorne kann sie nadelscharf spitz geschliffen werden." Prächtige Idee! Eine 15 Zentimeter lange scharfe Stahlnadel, versenkt im Holzbolzen, mußte ernstlich verletzen können. Es war ein Basteln aus dem Nichts und rein nach Gefühl und dauerte etliche Wochen, bis die Armbrust fertig war. Je mehr das Werk fortschritt, umso stärker wurde Vaters Bedenken. Die häusliche Stimmung schlug um. Eines Tages sah er mich eifrig beim Zielschießen auf unser Scheunentor im Hof. 15 Meter konnte ich schießen, und der Bolzen blieb richtig stecken. Aber die Armbrust streute schlimmer als gehacktes Blei. Vater schimpfte, nannte es einen Unsinn und mich einen eigensinnigen blöden Hund. Daraufhin brachte ich einen Zielaufsatz an, und die Trefferlage wurde vernünftig. Auf kürzeste Entfernung war ein Bock zu treffen. Es war auch höchste Zeit, der Juli ging bereits zu Ende, und die unruhige Zeit des roten Bocks begann. Anderntags ging's auf die Jagd. Vater, nörgelnd wegen der Schnapsidee, besonders jedoch über meine Hartnäckigkeit; daneben ich, die Armbrust geschultert und hinter uns beiden die Hündin. Wir lebten damals auf einer Einöde, und das war gut so, hatten wir doch wenigstens keine Zuschauer. Von den gewohnten Jagdusancen unterschied sich diese Jagerei deutlich. Das war ein kleines Unternehmen, eine geplante, lange vorbereitete Aktion, der etwas Unwirkliches anhaftete. Das Wetter paßte. Es war heiß, aber nicht drükkend. Und im Bauernwald, wo dieser Versuch unternommen werden sollte, war es ausgesprochen angenehm. Wir wählten eine kleine Felsnase.

Der Hund wurde gedeckt dahinter abgelegt. Sorgfältig wurde in dem lockeren Bestand Schußfeld und Schußweite ausgesucht. Gemischter, lichter Bewuchs von Kiefern, Fichten und Buchen war für unsere Absicht günstig. Manches war wie gewohnt, und trotzdem hatte es einen exotischen Anstrich. Für mich stand fest: Jeder Bock, so er nahe genug herankam und lange genug aushielt, wird heute beschossen.

Wir ließen uns Zeit. Nach einer guten Stunde erklang das erste Blattgeschrei. Die Jagd, die Konzentration auf den Augenblick, auf das Ungewisse, auf die Überraschung, fing uns ein wie eh und je. Dieses Mal wartete Vater länger als sonst. Es schien mir, als wollte er versuchen, den suchenden Bock besonders vertraut zu stimmen. Es war die Stunde des frühen Nachmittags im Wald, der in sich schweigenden Natur. Keine Vogelstimme meldete eine Bewegung. Scharf beobachten also! Halt, war da nicht eine Bewegung zwischen den Stämmen? Ja, dort kam etwas! Nicht eilig. Mit dem Haupt halb am Boden näherte sich langsam ziehend ein Bock. Er hatte die ungefähre Richtung auf uns zu. Vorsichtshalber machte ich mich fertig, denn eine Armbrust in Anschlag zu bringen, ist etwas umständlicher als einen Drilling. Alles weitere verlief, wie es sich die Fantasie x-mal vorgestellt hatte. Es war ein junger Bock, schwach im Wildbret. Seine Unerfahrenheit mußte unser Vorteil sein. Er kam näher und näher, stand leicht spitz zu. Nur noch 15 Meter, dann 12 Meter ... Schließlich stellte er sich breit und äugte zu uns her, ohne mißtrauisch zu werden. Nichts störte die Jagd auf Wilhelm Tells Spuren. Ich mußte schießen! Und wollte es wissen! Ich riß den Hebel herunter. Von der Sehne geschnellt, flog der Bolzen raus und beschrieb einen leichten Bogen. Starr stand der Bock, sah dem Flug des Bolzens zu, mehr verdutzt als erschreckt, wie das Ding auf ihn zukam. Mit einem jähen Sprung sprang er zur Seite und blieb neugierig stehen, als der Bolzen just an der Stelle, wo er gerade gestanden hatte, vorbeiflog und in den Nadelboden fiel. Das alles mag sich in einer Sekunde abgespielt haben, eine lange, eine zu lange Sekunde. Nicht einmal das Schrecken war es dem Bock wert, als er schließlich absprang.

Ja – der Pfeil war halt zu langsam! Aber schnell genug für ein gewaltiges Gelächter.

Trotzdem, absurd war der Gedanke nicht. – Inzwischen werden internationale Wettbewerbe der Armbrustschützen ausgetragen. Bei einer

126

Einheitsdistanz von 30 Metern hat die Scheibe dabei einen Durchmesser von 20 Zentimetern. Freilich, mein Versuch damals aus dem Stegreif, das war ein untaugliches Mittel. Abgebrochene Traditionen lassen sich nicht ad hoc wiedererwecken. Und das Unzulängliche hatte Vater von Anfang an richtig eingeschätzt.

Aus dem Buch „Sie jagten und sie jagen noch." (1. Auflage, 1980; 2. Auflage, 1998)

Walther PREIK,
Gänse von Bützow

210 cm, Bronze, 1978, Standort: Bützow Markt

Rolf
BRUNK

Hattersheim, Hessen

Geboren am 25.12.1934 in
Halle/Saale.
Studium der Tiermedizin in
Giessen/Lahn.
1960 Promotion zum Dr.med.vet.
Fachtierarzt für Pathologie.
Bis zur Pensionierung leitende
Tätigkeit in der Forschung.

Landschafts- und Tiermaler.
Verheiratet, 2 Kinder.

Vorfahren Landwirte und Jäger.
Seit über 40 Jahren Jäger und
Hundeführer (früher auch Züchter,
Verbands- und Formwert-Richter).

Auswahl-Bibliograhie
Zahlreiche Veröffentlichungen in der Fach- und
Jagdpresse, u.a.
* *über Wildkrankheiten*
* *Augenerkrankungen bei Tieren*
* *Diabetes bei Tieren*
* *Verhaltensforschung bei Hunden*
* *Jagd-Kynologie*

Jagdmalerei:
(in Buchbeiträgen und Einzelveröffentlichungen)
* Collins, W.v.: *Dem Künstler zum 70. Ge-*
  burtstag. In: Wild und Hund, Heft 9, 1980
* Gross, A.: *H. Liederley - Jagen und Malen.*
  Hannover, Landbuch-Verlag, 1981
* *Dem Wild- und Landschaftsmaler Fritz Laube*
  zum 70. Geburtstag. In: Wild und Hund, Heft
  2, 1984
* Collins, W.v.: *Europäer mit Pinsel und Palette.*
  In: Niedersächsischer Jäger,
  Heft 16, 1990
* *Der Maler Reinhold Feussner.*
  In: Wild und Hund, Heft 6, 1991
* F. Laube: *Pirschgang mit Pinsel und Palette.*
  München, BLV-Verlag, 1992

Der Karnickel-Bock

Ein bekannter Jäger hat einmal geschrieben: „Der Rehbock ist ein böses Tier." Wenn man davon absieht, daß er nicht „böse" im menschlichen Sinn sein kann, dürfte wohl zu Recht damit gemeint sein, daß der alte, territoriale Bock, der ein Einzelgänger zu sein pflegt, aus Sicht seiner Artgenossen, speziell der männlichen, ein unverträglicher, wohl auch gefährlicher Zeitgenosse sein kann. Damit verträgt sich natürlich nicht die seelenverkitschte „Bambi-Mentalität" unserer Tage. In der Natur herrschen andere Gesetze als bei Walt Disney (selbst da geht es oft brutal zu), und bei vielen Menschen gründen die Reaktionen nicht auf profundem Wissen, sondern sie plappern das nach, was ein Fernsehmacher oder ein anderer Unberufener ihnen vorsetzt. In dieser Lage wird der Jäger schnell zum Feind. Aber erstaunlicherweise nicht nur für Bambi-Freunde, weil er schießt, sondern auch für die „Naturfreunde", weil er nicht genug schließt von diesen Schädlingen des Waldes. Welch ein zwiespältiger „Zeitgeist!" Aber Wald ohne Wild ist eine Ansammlung von Bäumen, das kann doch wohl niemandes Ziel sein!

Wir sind wieder beim „bösen" Rehbock. Wenn er also männliche Artgenossen „in der Wahrung seiner territorialen Interessen" attackiert, um es in gängiges Polit-Deutsch zu fassen, kann ihm das keiner verübeln, auch kein Jäger. Wohl aber, wenn er „ungalanterweise" außerhalb der Brunft, in der bekanntlich andere Gesetze gelten, ein Schmalreh angreift und zu Schaden bringt. So geschehen auf der Alb. Davon erzählte mir mein Jagdfreund. Ein Bock hatte ein Schmalreh so schwer geforkelt, daß es daran verendete.

Es war also von einem Artgenossen getötet, nicht etwa gemordet worden. Mord ist ein innerartliches Phänomen des Menschen. Ein Tier kann ein anderes Tier nicht morden, genausowenig wie ein Mensch ein Tier morden kann! Das wird heute gerne, bewußt oder unbewußt, durcheinandergebracht!

Zurück zu Schmalreh und Bock. Diesen Grobian sollte ich unter allen Umständen schießen. Ein Jäger hatte, durch das Klagen aufmerksam geworden, das „Drama" mitangesehen, konnte aber nicht zu Schuß kommen.

In dem Hang am Rand des Wiesenthales war das Schmalreh bald verendet gefunden worden.

Zu beiden Seiten von steilen, bewaldeten Hängen eingefaßt, lag idyllisch auf dem Talgrund eine wildblumenbestandene Wiese. Hier mußte der Bock austreten, wenn er der „Hausherr" war, wie vermutet wurde. Wo aber ansitzen? Kein Hochsitz im ganzen Tal. Von welcher Seite würde der Bock kommen? Ein Erdsitz wäre zu windanfällig! Also was tun?

Mir kam eine verrückte Idee. Unweit vom Anfang des Tales, dort, wo die Wiese beginnt, hatte ein alter Mann ein ganz kleines Gärtchen. Darin stand, über den schmalen Bachlauf gebaut, ein schmales Holzhaus, mehr ein Schuppen. Darin hatte er seine Karnickelställe. Sie befanden sich im unteren Teil, darüber war ein kleiner Heuboden mit einer Luke, das war uns bekannt. Der Jagdherr, Graf D., bat den Besitzer um seine Einwilligung, mich dort ansetzen zu dürfen. Dieser stimmte zu. Es war wirklich die einzige Ansitzmöglichkeit, welche weit und breit bestand. Mir wurde das Innere des Häuschens gezeigt und auch wo sich der Schlüssel befindet.

Am nächsten Morgen rückte ich vor Tau und Tag an. Es war noch finstere Nacht, so daß man die Wiese nicht mit dem Glas absuchen brauchte. Der Eintritt in den Stall war kein Problem, aber drinnen wurde es bald kritisch. Die Karnickel, zur Unzeit gestört, reagierten teilweise kopflos, andere gaben ihrer Erregung durch das typische laute Klopfen mit den Hinterläufen Ausdruck. Du meine Güte, wenn der Bock diesen Krach vernimmt! Auch flüsterndes Sprechen beruhigte die verängstigten Stallhasen nicht, ich hatte eher den Eindruck des Gegenteils. Sicher war der alte Herr etwas schwerhörig und sprach deshalb besonders laut mit seinen Tieren. Oder war es nur die nächtliche Stunde und die fremde Stimme? Im Grund war es gleichgültig, der Effekt jedenfalls war negativ. Nun erklomm ich die Leiter zum „Obergeschoß". Die Luke ließ sich geräuschlos öffnen, das hatten wir vorher geklärt. Ich machte es mir im Heu gemütlich, und als sich die Karnickel endlich beruhigt hatten, konnte ich die Luke aufmachen. Noch war es finster. Die Augen brauchten sich nicht daran zu gewöhnen, schließlich war es das im Stall auch. Die völlige Stille war in dieser Situation wohltuend. Bald hörte ich ganz leise, weit ab, den Gesang eines Hausrotschwänzchens. Es ist morgens der erste unter unseren Sängern. Im

Frühjahr beginnt es schon lange, bevor es Tag wird, sein anspruchsloses Lied vorzutragen, lange vor allen anderen. Nun aber, Anfang Juli, ist die Natur an Vogelstimmen sowieso ärmer geworden. Umso mehr freut man sich über einen einsamen Gesang. Im ersten Morgendämmern entdeckte ich auf der Wiese einen Schatten, ob es wohl der Erwartete sein würde? Abwarten! Nur kein Geräusch verursachen, um nicht meine „Untermieter" zu erneuter Aktivität zu veranlassen. Aber glücklicherweise blieb alles still. Ein nächster Blick auf die Wiese. Tatsächlich, der Bock – kaum sechzig Meter entfernt. Er äste schräg von mir weg. Nun muß etwas geschehen, sonst ist vielleicht die Gelegenheit vertan. Am linken Rand der schmalen Luke konnte ich gut anstreichen, so daß ich ruhig zielen konnte. Im Knall sank der Bock ins Gras und rührte keinen Lauf mehr. Anders indes meine langohrigen Freunde unter mir. Das laute und unbekannte Geräusch aus nächster Nähe hatte sie zutiefst erschreckt. Eigentlich hätten sie nun ordentlich Krach machen können, jetzt hatte ich allerdings Angst um ihre Köpfe, die sie sich möglicherweise sehr unsanft und gar mit Verletzungen an ihren Stallwänden würden stoßen können. Aber, wie sich später zeigte, war erfreulicherweise nichts Böses geschehen.

Nun ging ich zum Bock. Mein Erstaunen und meine Freude waren groß, als ich sein Haupt in Händen hielt. Ein alter Kämpe mit starken, guten geperlten Stangen und wirklich gewaltigen Rosen. Ein Gabler, die vorderen Enden fehlten. Er trug gefährliche Waffen auf dem Kopf, quod errat demonstrandum! Das geforkelte Schmalreh war Beweis genug für diese Feststellung. Ihm hatte er damit ein schlimmes Ende bereitet. Er jedoch starb eines schnellen und schmerzlosen Todes, durch eine Kugel, versendet von einem der sicher merkwürdigsten Hochsitze herab, von dem in unseren Breiten je ein Jäger einen Rehbock geschossen hat.

ERFÜLLENDES JAGEN

281. Hinaus zur Jagd! (190.)

Munter.

Gottfr. Wilh. Fink (1783—1846).

1. Der Mor=gen tagt, hin=aus zur Jagd! hin=aus, hin=aus zur

Jagd! Leicht ü=ber Heid' und Fel=der ins dunk=le Grün der

Wäl=der! auf, auf, ihr Brü=der! auf, im ra=schen Lauf! Setzt

ü=ber Schlucht und Grä=ben durchs mun=tre Jä=ger=

le=ben! Auf, auf, ihr Brü=der, auf! auf! im ra=schen Lauf! Hal=

lo, hal=lo! der Mor=gen tagt! Hal=lo, hal=

lo! hin=aus zur Jagd! hin=aus zur Jagd!
Hal=lo!

Jagdlied „Hinaus zur Jagd!" von Gottfried Wilhelm Fink (1783-1846)

Klaus-Peter REIF
Brunfthirsch-Studie
Aquarell-Mischtechnik

Jochen
PORTMANN

Velbert-Langenberg, Nordrhein-
Westfalen

Jahrgang 1929, verheiratet,
keine Kinder.
Medizinisches Staatsexamen und
Promotion 1956
Assistentenjahre in Pathologie,
Innere Medizin und Chirurgie.
Als Schiffsarzt 2 Reisen nach Süd-
Amerika; 2 Reisen nach Ostasien.
Weiterbildung zum Facharzt für
Röntgendiagnostik und
Strahlenheilkunde
noch 2 Jahre als Oberarzt, dann
Niederlassung in eigener Praxis;
jetzt Rentner.

Erster Jagdschein 1945; 4 Jahre
Begehungsschein im Hunsrück,
10 Jahre Jagdpacht im Westerwald;
9 Jahre Jagdpacht in der Heimat-
gemeinde.

Viele Jagdreisen in alle Kontinente.

Auswahl-Bibliographie
21 medizinische Veröffentlichungen.
Heimliche Böcke - Uriges Wild,
Hamburg, Parey Verlag 1984;
19 Aktikel in „Wild und Hund";
2 Veröffentlichungen in der Zeitschrift für
Jagdwissenschaft.

An einem dunklen Oktobermorgen

Noch drang kein Lichtschimmer durch die Schwärze der Nacht. Kein Stern flimmerte zwischen den regenschweren Wolken. Selbst die Bäume dicht neben dem Weg waren nur zu ahnen. Eine dunkle Undurchdringlichkeit war das Netzwerk ihrer Kronen. Weich verlor sich der Laut der stapfenden Pferdehufe im sandigen Boden. Nur ab und an knarrte ledernes Zaumzeug, nur ab und an schnaubten die Nüstern der Stuten. Der Geruch der Pferde vermischte sich mit dem Duft nach Wald, nach taufrischer Erde, nach nassem Laub und moderndem Holz, nach faulenden Pilzen.

Eine Stunde lang rollte die Kutsche fast lautlos dahin. Dann kam der leise Zuruf des Kutschers. Die Pferde hielten. Die Gebisse mahlten auf den Trensen. Manchmal scharrte ein Huf, und unter sirrendem Pfeifen schlugen die Schwänze.

Es war noch reichlich Zeit. Ein dunkler, feuchtwarmer Morgen war es. Wir blieben noch sitzen, wir rauchten und warteten, bis das erste Grau den Wald aufhellte. Dann aber pirschten wir los. Es nieselte nun, und bei der warmen Luft dampfte bald der Loden. Lautlos kamen wir voran. Hohe, alte Eichen standen neben dem Weg. Weiche Nebelschwaden waberten über dem Unterwuchs.

Es war jetzt so viel Licht, daß wir 100, 150 Meter weit sehen konnten. Und da, an der Grenze der Erkennbarkeit, stand plötzlich eine starke Sau. Scheibenbreit mitten auf dem Weg verhoffte sie. Ich saß sofort und hatte die Ellbogen auf den Knien abgestützt. Aber die Linsen im Zielfernrohr waren beschlagen, ich mußte sie sauberwischen. Immer noch stand dann die Sau dort, völlig unbewegt. Ich sah kein Gewaff, ich sah keine Zitze, keinen Pinsel, ich wußte sie nicht einzuordnen. Ich sah nur, daß sie sicher weit über 100 Kilogramm schwer war. Ich konnte nur warten.

Aber weiterhin bewegte sie sich nicht. Feine Nebelschleier umwehten sie. Nichts zeigte mir, ob es ein Keiler oder eine Bache war. Das Fadenkreuz stand ganz ruhig auf dem Blatt, aber der Zeigefinger lag noch nicht auf dem Abzug. Eine unsagbare Spannung hatte mich erfaßt. Lange könnte ich das Gewehr doch nicht ruhig halten. Aber ich mußte ja warten.

Plötzlich war da eine Bewegung am Wegesrand. Hinter einem dicken Eichenstamm schob sich noch eine weitere Sau vor, und das war nun eindeutig ein Überläufer. Da war die Entscheidung klar, da wanderte die Mündung zur Seite, dann stand das Fadenkreuz fest, und der Schuß donnerte durch die nebelige Nässe.

Wir rauchten noch eine Zigarette, der Revierjäger und ich, bevor wir zum Anschuß gingen. Ein paar Meter weit war der Überläufer noch geflüchtet. Nun zogen wir ihn zum Wegesrand. Wir standen dann dort eine Weile und hofften vergeblich, daß es heller werden würde, aber weiter nieselte es aus schweren schwarz-grauen Wolken. Es würde ein dunkler Tag bleiben.

Langsam pirschten wir weiter. Schritt für Schritt nur. Immer wieder blieben wir stehen und lauschten in den Wald hinein, in den Nebel, in den Nieselregen. Weiter ging es dann, noch mal 100 Meter und noch mal. Ein leichter Wind kam nun auf und zerriß die Nebelfahnen, die bald ganz versanken. Einzelne Tropfen klatschten von den Bäumen, und herbstlich gelbe, braune oder rote Blätter trudelten herab.

Recht weit konnten wir jetzt sehen, aber keine Bewegung zeigte sich zwischen den Bäumen, kein brauner oder getupfter Fleck ließ uns erstarren, kein rollender Schrei war zu erahnen.

Und wieder pirschten wir voran, blieben stehen, lauschten, musterten jeden Farbkleks, jeden kleinen Hügel, jeden Wirbel im blätterreichen Boden. Aber nichts tat sich, nichts regte sich. Wir lehnten uns schließlich an einen Baum und warteten. Irgendwann mußte doch etwas zu hören sein. Wir wußten, daß wir schon nah heran waren. Nur jeweils ein paar hundert Meter entfernt waren wir noch von den drei Brunftplätzen, doch wir wußten nicht, welcher besetzt sein würde.

Es dauerte eine gute Zigarettenlänge, dann hörten wir etwas. Wir sahen uns an, unsicher zunächst, doch bald ganz überzeugt. Es war ein rollender Schrei. Und es folgte noch ein rasselndes Schnarchen. Ganz leise war es, sicher recht weit entfernt. Und das war gut so. Wir wußten es nun, wir konnten nicht geradeaus weiterpirschen, würden dem Wild sonst in den Wind kommen. Umschlagen mußten wir die nächste Abteilung und dann quer durch einen dichten, gut stubenhohen Eichenbestand voran. Wie willkommen war jetzt der Nieselregen, der das Laub durchweicht hatte und nun nicht rascheln konnte. Auch andere leise Geräusche wurden gedämpft, verschluckt. Kaum zu hören war es, wenn wir auf ein Ästchen traten, das wir nicht gesehen, mit dem Fuß nicht ertastet hatten.

Nur ganz langsam ging es voran, mit kurzen, suchenden Schritten. Immer wieder standen wir eine Minute oder zwei, lauschten auf den nächsten Schrei, änderten unsere Richtung ein wenig, suchten den besten Weg zwischen den Bäumen und kamen wieder ein paar Meter weiter.

Schließlich sahen wir das Ende dieses Bestandes. Sträucher standen dahinter, denen der Herbst noch nicht das Grün ihrer Blätter verfärbt hatte. Dort irgendwo mußte er sein. Und plötzlich sahen wir Bewegungen. Hellbraune, dunkelbraune, gefleckte Wildkörper huschten durch die Sträucher, hierhin und dorthin, alle zusammen, hintereinander, nebeneinander. Ein ewiges Hin und Her. Schritt für Schritt tasteten wir uns weiter, kamen näher an diese Wellen von Wildkörpern. Recht leise meldete auch der Hirsch mal mit diesem Rasseln, diesem unmelodischen Rollen, diesem Schnarchen, das doch so erregend war. Ein paar Schritte kamen wir noch voran, dann sahen wir ihn, sahen seine vollen, keilförmig zulaufenden Schaufeln, aber doch nicht viel mehr. Hin und her zog das Rudel, 20, 30 Meter nach links, zurück, 20, 30 Meter nach rechts. Und immer war der Hirsch zwischen den Tieren verdeckt. Wie in geordneter Unruhe war ununterbrochen Bewegung in dem Rudel. Nicht einmal richtig zählen konnte man die Tiere. Waren es 12? Waren es 15? Einmal war auch der Hirschkörper zu sehen. Hellbraun war er und stark gefleckt. Aber schon war er wieder verdeckt von den ewig ziehenden Tieren.

Der Revierjäger hatte mir längst zugenickt. Ich wußte, daß er der Richtige war, der starke Schaufler, den wir gesucht hatten. Immer wieder sah ich mal kurz den Träger und den Drosselkopf, ich sah die Speckfalten in seiner Decke, sah seine massige Stärke, seinen Hängebauch. Aber wie ich schießen sollte, das sah ich nicht. Nur für Sekunden war der Hirsch mal ganz zu sehen, für Sekunden stand auch er mal still, aber sofort schob sich wieder ein Tier davor oder dahinter.

Ich hatte an einem Baum angestrichen, und im Zielfernrohr verfolgte ich den Hirsch. Immer wieder mußte ich mich etwas umstellen, um mitziehen zu können. Aber ich wurde keinen Schuß los, ich bekam den Hirsch nie frei.

Hin und her zog das Rudel und mit ihm, in ihm: der Schaufler. Nach einigen Minuten mußte ich die Büchse absetzen, ich konnte sie nicht mehr ruhig halten. Nach einer Pause mußte es wieder gehen, und erneut ging ich in Anschlag. Wieder verfolgte ich den Hirsch, doch ich sah immer nur seine Schaufeln über den Wildkörpern mitschweben. Dann und wann ging das Geweih auch mal zurück auf die Rückenlinie, und ein neuer Schrei drang durch den Nieselregen. Es war unsagbar erregend. Noch ein paar Minuten zog das Rudel hin und her, und wieder konnte ich die Büchse nicht mehr halten. Wieder mußte ich absetzen und mich ausruhen. Ich war voller Konzentration. Das ganze Geschehen nahm mich voll gefangen. Aber auch die Erregung steigerte sich. Irgendwann mußte das Rudel doch mal stehen bleiben, mußte zur Ruhe kommen. Aber es kam kein Verhoffen, es kam keine Gelegenheit zum Schießen. Eine gute viertel Stunde ging das nun schon so. Immer wieder sah ich den Hirsch auch mal ganz, aber immer wieder stand ein Tier dahinter und bald auch eins davor. Ich wurde den Schuß nicht los.

Nochmal hatte ich angestrichen, wieder zog das Rudel 20, 30 Meter nach links, wieder drehte es dort um, alles verschob sich durcheinander, und erneut zogen alle Tiere nach rechts. Wieder mußte ich mich umstellen. Dieses Mal zog das Rudel noch weiter nach rechts, drehte wieder, und da stand plötzlich der Hirsch frei. Kein Stück stand mehr davor oder dahinter. Und breit stand er und ruhig. Schon donnerte der Schuß, dann brach der Hirsch zusammen, dann rauschten die Tritte der flüchtenden Tiere im Laub, und ich ließ ermattet die Büchse sinken.

Der Revierjäger ließ mich allein mit meinem Schaufler. Das war beruhigend, ergreifend und erfüllend. Eine halbe Stunde blieb ich allein. Dann lenkte der Kutscher die Pferde zentimetergenau durch den dichten Bestand, und wir fuhren zurück zum Forsthaus mit unserer reichen Beute. Weich verlor sich der Laut der stampfenden Pferdehufe im sandigen Boden. Nur ab und an knarrte ledernes Zaumzeug, nur ab und an schnaubten die Nüstern der Stuten.

Walther PREIK
Wölfin

95 cm, Bronze, 1985,
Standort: Waren (Müritz), Kietzpromenade

Eduard v. WOSILOVSKY

Worbis, Thüringen

Mitglied im Verband Deutscher
Schriftsteller in Thüringen

1937 im Sudentenland geboren,
1945 heimatvertrieben.
Ausbildung als Agrarökonom bis
1957 und bis 1972 als Diplom-
Jurist.
Gastdozent an einer Hochschule.
Seit 1986 freischaffender
Schriftsteller.
Seit 1993 Fachberater für
Enzyklopädische Literatur.
Sohn Diplom-Forstingenieur
und fachspezifischer Mitautor an
den Werken.

Auswahl-Bibliographie:
Was blieb, war das Weidwerk.
Graz, Leopold Stocker Verlag, 1994
Sonntagskindern vorbehalten.
In: Weidmannsheil! Jagdliche Meistererzählungen
des 20.Jahrhunderts. (Hsg. M Hlatky). Graz,
Leopold Stocker Verlag, 1997
Mit Hirschruf und Passion
Graz, Leopold Stocker Verlag, 1998

Zauber des Waldes –
Heimat der Seele

Vor Jahren schrieb mir mein verehrter väterlicher Freund, der weltweit bekannte Jagd- und Tiermaler Johannes Breitmeier. Seine Worte sind wahr und sicherlich nicht nur für mich von überragender Bedeutung, so daß ich den Text an dieser Stelle noch einmal vollständig wiedergebe:

Keinem dürfte es mehr vergönnt sein als dem Jäger und Forscher, Zeuge intimster Idyllen, aufschlußreichen Verhaltens, aber auch dramatischer Vorgänge zu werden. Das Leben des Naturverbundenen ist beglückendes Einsamsein, ruhiges Schauen, tiefes Mitempfinden mit der Kreatur. Zusammensein mit Wald und Wild beruhigt und gibt Kraft für die vielgestaltigen Aufgaben des Lebens."

Seinerzeit, als ich diese Zeilen las, begriff ich noch nicht ganz ihren Inhalt. Heute, im Spätsommer meines Lebens, verstehe ich immer besser die große Klugheit des Freundes und die aufrüttelnde Wahrheit seiner Worte. So kann sich nur ein Mensch mitteilen, der anderen an Lebenserfahrung voraus ist, der auf dem zurückgelegten langen Weg der Erkenntnis am Rande der Straße das Gute und Böse sah. Es ist sicherlich einer, der zu unterscheiden weiß, worin der tiefe Sinn menschlichen Lebens liegt und wo nicht. Er sieht die tiefe Verantwortung des Menschen der Jetztzeit für sich und die Gesellschaft für die Zukunft. Haben wir doch alle unmittelbarer denn je die Aufgabe, an einer menschlichen Zukunft zu bauen. Man sollte sich tagtäglich fragen, ob denn schon einmal seit der Existenz der Erde die Gefahr für das zivilisierte Leben so groß war wie heute? Es gilt, sich für den Kampf um das Leben zu entscheiden. Nicht abseits zu stehen - dafür sollte sich ein jeder entscheiden! Für eine lebenswerte Zukunft. Doch dieser Kampf, der den ganzen Menschen erfordert, der keine Halbheiten und Halbwahrheiten duldet - dieser Kampf kostet Kraft. Dieser Kampf ist aber auch Ringen für die berechtigte Existenz aller nicht-menschlichen Kreaturen, welche die Schöpfung in Millionen von Jahren der Erdgeschichte hervorbrachte. Oder wäre es gut, später einmal

anders geartetes Leben nur noch aus Büchern oder von Anschauungstafeln her zu kennen? Wäre das nicht auch ein geistig und körperliches Ende des Menschen, ein endgültiger Schluß, der einem Dahinsiechen in Retorten und Gruften von Stahl und Beton, Glas und Kunststoff gleichkommt? Wäre das nicht ebenso schmachvoll wie atomverseucht dahinzudämmern? Die Vernunft schuf in allen zivilisierten Ländern Gesetze, die dazu betragen sollen, die Umwelt zu schützen und zu erhalten. Darin wird auch den Jägern der Auftrag erteilt, über das berechtigte und vielfältige Leben in Flora und Fauna zu wachen. Dem Gesetz, vor allem aber den damit verbundenen Notwendigkeiten Stimme zu verschaffen, das sollte Tagesaufgabe aller dazu Berufenen sein. Und berufen ist ein Jeder, - auch der „abseits" der real existierenden Natur lebende Städter und heute schon vielfach „mechanisierte, automatisierte" Mitbürger. In dieser Hinsicht ist noch viel bis zum Begreifen zu tun. Hier steht auch die Gesellschaft erst am Anfang des Weges. Seht euch um draußen in Wald und Feld! Findet ihr nicht allerorts die „Segnungen" der Kultur in Straßengräben, in Flur und Gehölz? Liegen da nicht alle nur möglichen und unmöglichen Ab-fälle dieser „Kultur" umher? Wird nicht durch manchen „kulturvollen" Mitmenschen „Jagd" auf Käfer, Ameise, Vogel, Hase und Reh gemacht? - „.... Es war ja nur ein unnützer Igel, den ich überfahren habe ..."
Also Menschen, begreift: Ihr seid als denkende, intelligente Wesen dazu berufen, sinnvoll zu „(be-)herrschen", besser gesagt zu erhalten, was es an Vielfalt der Schöpfung auf dieser Welt gibt! Und laßt mich fragen: Habt ihr denn schon einmal das „Wunder Wald" rational und emotional erlebt, ganz gleich, zu welcher Jahres- oder Tageszeit? Habt ihr dem sinnvollen Schauen das Erfühlen dazugesellt? Wer allem nicht-menschlichen Leben, prinzipiell und dort wo er es antrifft, seine von der Schöpfung erhaltene Notwendigkeit und Berechtigung zugesteht, der wird irgendwann hinterfragen wollen, ja müssen: Wozu ist alles da? Nur: In der sterilen Menschenwelt der Gegenwart erhält er darauf keine Antwort. Dann muß er unvoreingenommen nach „draußen" gehen. Es wird nicht lange dauern und er wird den eingangs zitierten Worten wie viele unzählige andere Menschen nur zustimmen – „Zusammensein mit Wald und Wild gibt Kraft für die vielgestaltigen Aufgaben des Lebens."

Stunden der Einsamkeit im Wald, Stunden des Erlebens der Natur, mit Freunden oder allein, sind für mich der Jungbrunnen meines Daseins. Jede Minute, ja jede bewußt erlebte Sekunde in Wald oder Feld, kann Kraftquell werden. Es gibt nichts genauso Wiederholbares, alles ist immer wieder neu und unnachahmlich, einmalig. Wie sagten schon die alten Philosophen: „Alles ist in ständiger Entwicklung und Bewegung."

Augenblicklich verändert sich die Welt um uns her. Erstaunlich schnell zeigt sich das beobachtete Blatt in einer anderen Farbe. Sieh wie es zittert, wie es vibriert! Horche auf sein leises Säuseln im Winde! Mensch, der du doch nicht das Hören und Sehen, das Riechen und Schmecken verlernt hast, der du dir ein kleines bißchen Achtung und Liebe für das Andere bewahrtest, Mensch - gehe hinaus aus deinem Steinsarg, setze dich irgendwo hinein in die Natur! Dann bist du auf der Bühne namens „Ursprünglichkeit". Dann bist du Mitgestalter und Erlebender, bist endlich wieder Glied des Ganzen. Nach kurzer Zeit nur, dabei sei ein guter Wille vorausgesetzt, erfaßt du, wie reich man werden kann, reich durch wenige und bescheidene Mittel – durch dich und um deiner selbst Willen. Erlebe die große Symphonie des Lebens ...

Siehst du, jetzt wirkt die Kraft, die Mutter Natur spendet!

Und wie so oft, wenn es die Zeit erlaubt, gehe ich zur Heimat Wald. Wie vertraut sehen sie mich an, die alten Bäume; winken sie mir nicht väterlich zu? Sitze ich dann auf irgendeiner Leiter, irgendwo im Holze, so kommt das märchenhafte, körperliche Liebkosen des bekannten Unbekannten. Und immer wieder ist es neu - jetzt, nachher, stetig. Wie sagte doch vor zweitausendfünfhundert Jahren ein griechischer Philosoph: „Alles Sein befindet sich im Fluß." So saß ich einstmals im Lenzing auf dem Dreiplantsch, einem Hochsitz, eingebaut in den starken Zwiesel einer alten knorrigen Kiefer. Diese stand auf einer Kreuzung von Holzabfuhrwegen am Hanfberg, einem Stückchen Erde von wunderbarem Reiz. Und ganz gefangen von „Stunde und Stimmung", kamen mir die Worte des Wilhelm Pleyer, eines begnadeten Dichters aus meiner verlorenen Heimat, dem Sudetenland, in den Sinn:

Wald

Der ich in der Fremde gehe,
Ohne Heimat und verarmt,
Zu dem Wald trag ich mein Wehe,
Der mit Schweigen sich erbarmt.

Wald, vieltrauter Tröster, Heiler,
Bringst mir das Verlorne nah,
Rauschest mir, als wär der Weiler
Mit der Hammerschmiede da.

Gegen Leid und Unruh tauschest
Du der Seele Frühgestalt;
Wann du rauschest, immer rauschest,
Du als meiner Kindheit Wald.

Pleyer, Wilhelm
„Gedichte vieler Jahre"

Gerhard
BÖTTGER

Winsen/Luhe, Niedersachsen

Mein Geburtstag ist der 13. Oktober 1950 (Tag und Monat gemeinsam mit Walter Frevert). Mein Geburtsort ist Korbach im alten Kreis Waldeck, zehn Kilometer entfernt von dem kleinen, aber berühmten Ort Wirmighausen, in dessen reizvoller Umgebung mein Großvater Christian Figge als Bauer und Jagdpächter wirkte. Seinen Suhler „Drilling", mit dem ich meine ersten Enten und beinahe, aber leider nur beinahe, einen starken Keiler geschossen hatte, führt heute mein Bruder Dietrich am gleichen Ort. 1952 zogen wir in die Nordheide nach Sittensen, wo ich die Schuljahre bis zur 10. Klasse absolvierte und in meiner Freizeit das Ekelmoor und den Thörenwald durchstreifte; Birkwild und Damwild konnte ich dort noch beobachten. Das Abitur legte ich drei Jahre später am altehrwürdigen Athenaeum in Stade ab. Bemerkenswert danach vielleicht, daß ich als einziger Niedersachse zum Gebirgsjägerbataillon nach Berchtes-

gaden einrückte. Mein Wunsch, Offizier zu werden, ging in Erfüllung, und ich fand Verwendung in verschiedenen Standorten Deutschlands. Mein Ziel, „Oberforstrat zu werden und auf 5000 Hektar zu jagen", verfolgte ich danach nicht mehr, zu negativ waren mir die möglichen Anstellungsverhältnisse geschildert worden. Stattdessen studierte ich Biologie und Sport in Hannover und wurde Realschullehrer in Winsen an der Luhe wo ich heute noch mit meiner Familie und dem Hund wohne und lebe.

Auswahl-Bibliographie:

Heut geh ich wieder auf die Pirsch, Hannover, Landbuch-Verlag 1995; Mitautor der Bücher: *Mensch Hüppet! Jagdgeschichten aus Deutschland* und *Auf Hubertus' Spuren* – Jagdgeschichten aus nah und fern, Reutlingen, Verlag Oertel und Spörer 1994 und 1995; weitere Beiträge in „Wild und Hund" sowie „Niedersächsischer Jäger".

Kann Jagen denn Enttäuschung sein?

Ausgestorben war das Föhrenholz. Ausgesprochen öde. Quatschnaß und vollgesogen der moosüberzogene Waldboden, die sauren Gräser triefen. Die Bickbeeren wässerig und ohne Geschmack.

Mißmutig stand ich auf dem Pirschpfad. Das niedergetretene Kraut und die kantigen Abdrücke im Boden paßten mir gar nicht; wer war so früh schon hier gegangen?

Ach, was soll's! Vielleicht bringt er wenigstens etwas heim, der Pilzsucher. Die meisten Pilze sind zwar von Würmern zerfressen, mit Schwermetallen belastet und wahrscheinlich auch noch verstrahlt, aber eben umsonst; darauf kommt es an, das lockt die Leute. Meinen Rucksack hätte ich auch gern etwas aufgefüllt, nicht mit Pilzen, aber mit einem Rehbock beispielsweise, deswegen war ich ja überhaupt hier.

Nur am Mantel, an dem klein zusammengefalteten Regenschutz, an der Feldflasche, an diversem Krimskrams wie Bindfäden und Nägeln usw. sowie an zwei zerknautschten historischen Monatsheften kann doch ein Jägerrucksack auf die Dauer keine Freude haben!

Diese Blattzeit war aber auch total verhext, verregnet, viel zu kalt, vom Winde verweht, kurz: einfach keine Bewegung im Revier. Bei mittlerweile über einem Dutzend Ansitzen und Pirschen hatte ich nur zweimal einen dreijährigen, dünnstangigen Sechser, einen für dieses Revier gut veranlagten Bock, vorgehabt. Ansonsten war ich zwar niemals ohne Anblick die zwölf Kilometer wieder heimwärts gefahren, aber es handelte sich immer nur um weibliches Rehwild. Mit einem Phlegma sondergleichen standen die Ricken, teilweise mit ihrem Nachwuchs, auf den Schneisen, den mit Himbeeren bestandenen Blößen, dem Kahlschlag oder den kleinen Wildäckern und ästen und ästen ... Vom letzten Julidrittel bis jetzt zum 12. August sah ich fast immer die gleichen Stücke. Nur keinen Abschußbock.

Davon, daß die Rehe auch dem Naturgesetz der Vermehrung unterliegen, vom Blattzeitbetrieb, war absolut nichts zu spüren und, übrigens, auch nichts zu fährten.

148

Alle angewandten Geheimnisse der Blattkunst verhallten ungehört, blieben ohne Beachtung. Noch nicht einmal ein Jährling hielt es für nötig, sich zu zeigen. Hier brauchte er doch wohl vor einem alten Bock keine Angst zu haben!

So, jetzt wollte ich aber nach Hause, frühstücken. Das ist doch wenigstens etwas Sinnvolles.

Es kann nicht immer klappen? „Nicht jeder Jagdtag ist auch ein Fangtag?" Sicher, das weiß und vertrete ich auch. Wir wollen ja schließlich keine Garantieabschüsse und Diana und Hubertus verlangen geduldige Jäger.

Aber irgendwie bleibt der leise Mißmut doch, rinnt mir in die Feder am Schreibtisch, während draußen schon wieder die Regenschauer an die Fensterscheibe klatschen. Ich glaube, ich muß es einfach mal aufschreiben und damit aufzeigen, daß die Chancen bei der Jagdausübung durchaus nicht immer auf der Seite des Jägers liegen, daß wir in den weitaus meisten Fällen ohne Beute nach Hause kommen. Außerdem haben wir uns freiwillig eingeschränkt, schießen nicht irgendein Stück Wild, sondern nur bestimmte, sorgfältig ausgewählte Stücke. Damit verkleinern wir unsere Erfolgsaussichten noch einmal, für uns ist das ein Teil der Weidgerechtigkeit. Aber als ganz normale Menschen reden und schreiben wir natürlich auch lieber über unsere Erfolge. Da ich mich auch als Grünrock für ziemlich normal halte – obwohl, meine Frau guckt manchmal so komisch, wenn ich nach Dienstschluß in die grünen Gewänder fahre, mit Büchse und Hund das Haus verlasse und erst in der Dunkelheit zurückkomme, in der letzten Zeit immer ohne Beute ... –, verweise ich auf entsprechende Geschichten, wo der Leser zu seinem Recht kommt und seine Erwartungen erfüllt findet: Es kommt etwas zur Strecke! Nachdem in verschiedenen Jagdzeitschriften so an die zwanzig Erlebnisberichte von mir veröffentlicht wurden, konnte ich mich 1994 zum ersten Mal an einem Buch beteiligen. In der Jagdgeschichten-Sammlung „Mensch Hüppet!" schrieb ich den längsten Beitrag: „Die Brunft der Schaufler." Im 1995 erschienenen Folgeband „Auf Hubertus' Spuren" bin ich mit der Geschichte „Böcke zu Fuß'" beteiligt. Die Beteiligung an einem Buch ist eine Sache, ein „eigenes Werk" (hört sich das nicht gut an?) eine andere. Die lange Vorarbeit hat sich gelohnt, und ebenfalls im Jahr 1995 erschien mein Buch „Heut geh ich wieder auf die Pirsch". Worum es geht, entnehmen wir aus zwei Sätzen des Rückseitentextes:

„Vom Hunsrück über die Lüneburger Heide und die Marschen auf der Elbe bis zur Müritz in Mecklenburg spannt sich der Bogen. Ob es auf den Bock geht, auf Hirsch oder Sau, mit dem Drahthaar an der Seite auf Niederwild oder mit dem schweißtüchtigen Hund auf Nachsuche: Der Leser wird sich von den spannenden, oft humorvollen, immer unterhaltsamen Geschichten fesseln lassen."

Für die ansprechenden Zeichnungen, die meine Texte ergänzen und veranschaulichen, danke ich den Künstlern Kerstin Schuld und Friedrich Paul.

Letzterer hat die Gehörne von zwei Böcken mit dem Stift festgehalten, die ich an einem Tag („Morgens und abends" ist auch die Überschrift der Geschichte – das waren noch Zeiten als Jungjäger vor über zwanzig Jahren) erlegen konnte.

Völlig verrückt eigentlich, einen Bock in der Dickung anzugehen wie einen meldenden Hirsch in der Hochbrunft. So kann man den Schluß dieser Verrücktheit im Buch nachlesen:

„Erneut verhielt ich. Ein günstiger Platz schien mir dies. Über einige im Längenwachstum zurückgebliebene, schüttere Fichten konnte ich eine stubengroße Blöße einsehen, obendrein waren zehn bis zwölf Meter rechts davon zwei ganze Pflanzreihen – aus welchen Gründen auch immer – nicht hochgekommen. Während ich mir darüber noch meine Gedanken mache, schiebt sich plötzlich – ich erstarre, nur mein Herz fängt sprunghaft wie wahnsinnig an zu schlagen – der Bock in diese schmale Lücke hinein! Zuerst erscheint nur der Kopf, mit bloßem Auge sehe ich die schwarzglänzende Muffel, die großen, trotzig-mürrisch blickenden Lichter, zwischen und über den spielenden Lauschern das massive, gut vereckte Gehörn, das ich schon so oft durch das Glas studiert habe.

Er ist es, steht fast spitz, mißtrauisch aufwerfend und den Wind prüfend, der ihm aber von mir keine Kunde bringen kann; auch äugt er nicht in meine Richtung. Jetzt zieht er zwei Schritte weiter, tritt dabei fast breit, senkt den Äser in die Fichtenjugend auf der anderen Seite der Lücke, zupft an den frischen Trieben herum.

150

Sage mir keiner, es sei ein leichtes Unterfangen, dem Bock auf diese Entfernung die Kugel anzutragen. Jeder Schuß auf Wild, auf ein Lebewesen, ist schwierig und will bedachtsam ausgeführt sein. Für Überheblichkeit ist dabei kein Platz. Sowie der Bock das Haupt ins Grüne taucht, hebe ich die Büchse, bringe Kimme und Korn in eine Linie mit dem roten Blatt und lasse fliegen.

Der Knall ist wie der Punkt unter ein Ausrufezeichen und beendet eine verrückte Geschichte. Wenig später steht ein junger Jäger andächtig an einem seiner ersten Sechserböcke und ist sich sehr wohl bewußt, daß Diana, die Launische, heute ganz an seiner Seite steht, ihm dieses unvergeßliche und unwiederholbare Erlebnis beschert hat.

Aber etwas Eigenverdienst war auch dabei. Zu der tiefen Freude über den Bock kam die klammheimliche hinzu, den Jagdteufel mit einem geschickten Schachzug überlistet zu haben! ..." Ende des Zitats.

Wer die Sache mit dem Jagdteufel verstehen will, muß den Anfang dieser Geschichte nachlesen.

Im letzten Jahr hatte ich auch Grund zur Freude. Das Jagdjahr, die Bockjagd, begann recht verheißungsvoll. Der Abnorme, der beim ersten Ansitz fiel, der Moorbock mit den schweren Stangen und besonders der ganz alte, ungerade Gabler, der auf dem linken Licht blind war — drei Kugeln, drei interessante Böcke.

Um nun aber endlich wieder auf den Anfang meiner Erzählung, auf die „Regenblattzeit", zurückzukommen:

Wenn ich es so recht bedenke, haben mir die vielen beutelosen Gänge auch einiges gegeben. Stete Hoffnung war in mir, Beschaulichkeit und Ruhe, tiefes, gelöstes Aufatmen in grüner Waldkulisse war möglich, Abstand von der Hetze des Alltages, die kleinen Erlebnisse „neben dem Pirschpfad" (einmal hatte ich sogar den ungeahnt wendig durch die Baumstämme kurvenden Schwarzstorch im Anblick!) und nicht zuletzt der Gedanke an die Zukunft:

Zählte doch selbst ein Gagern die Herbstpirsch auf den Rehbock zu den erlesensten Weidmannsgenüssen.

War mein Jagen doch keine Enttäuschung?

Nun aber Schluß, sonst wird es doch noch eine Erfolgsgeschichte.

morgenstund

die blöße liegt
noch in einem nebeltraum
in den die nachtgewitter
sie gesenkt

    gähnend und fröstelnd
    schlurft der junge tag herein
    aufgeregt künden
    die sänger die rückkehr des lichts

        der platzbock
        furcht quer durch die schnittreife wiese
        verborgen und geborgen
        ich muß mich niemandem erklären

            die sonne grault
            die bäuche der wolkenschafe
            streicht über die scheitel der bäume
Erich Henn   und zerreißt das dünne dunstgewebe

Hans-Dieter
WILLKOMM

Berlin

Jahrgang 1941, geboren in Pirna
bei Dresden, von Haus aus mit der
Jagd verbunden. Widmete sich nach
Studium und Promotion 1971 an
der mathematisch- naturwissen-
schaftlichen Fakultät der
Humboldt-Universität zu Berlin
speziell jagd- und jagdkunstge-
schichtlichen Themen.
Von 1980 bis 1994 arbeitete er
freiberuflich auf diesem Gebiet und
ist seit 1995 Chefredakteur der
Jagdzeitschrift unsere Jagd.

Auswahl-Bibliographie:

Pirschen auf Schalenwild
Deutscher Landwirtschaftsverlag, Berlin 1984
Die Weidmannssprache
Deutscher Landwirtschaftsverlag Berlin,
1. Auflage 1986, 2. erweiterte Auflage 1990
Geheimes Jäger-Cabinet
(Herausgeber)
Deutscher Landwirtschaftsverlag, Berlin 1990
Augenblicke der Bewegung - Manfred Schatz -
Maler der freien Wildbahn
Deutscher Landwirtschaftsverlag, Berlin 1992
Ein Jägerjahr - Geschichten und Gedanken
Landbuch-Verlag, Hannover 1992
Gesellschaftsjagd auf Hoch- und Niederwild
Deutscher Landwirtschaftsverlag, Berlin 1995
Ansitz und Pirsch auf Schalenwild
Landbuch-Verlag, Hannover 1996
Augenblicke der Bewegung - Manfred Schatz -
die neue Epoche der Wildtiermalerei
BLV Verlagsgesellschaft, München 1996

Wenn Weißkehlchen erwacht

Was reizt den Jäger, spät abends oder zu nächtlicher Stunde in fröstelnder Ergebenheit dem „weißen Marder" aufzulauern? Der Schuß ists nicht allein, auf den Zauber des Kommens, des Herannahens ist der Jäger aus, auf das, was der Jagd die Seele gibt, was sie unsterblich macht ...

Flink wie ein Kobold

Schneestille, nur unterbrochen vom plötzlichen Knarren froststarrer Äste. An der Hecke, dort, wo der Graben sich ins Feld verliert, muß etwas umgehen. Wie gedämpftes Springen hört sich's an. Oder doch nicht, war's eine Täuschung? Nein – jetzt ganz deutlich auf dem festen Schnee: hopp – hopp – hopp. Und da springt er heran, der heimliche Schweifer, der Kobold mit dem weißen Latz. Weit kann er nicht mehr sein.

Nun scheint er etwas zu bewinden, denn es ist wieder still in der Hecke. Aber schon setzt er seinen Weg fort – gleich muß er auf der freien Stelle auftauchen. Ein Satz und noch einer, und schon hat er den Schneefleck geschafft. Voller Unrast ist das graubraune Ding; mit krummem Rücken hastet es davon – weiter, nur weiter.

Will man den quirligen Poltergeist vor die Flinte bekommen, muß ihn der Jäger aus Hecke, Busch oder Gesträuch locken, in seinen Paß eine Umleitung mit Haltepunkt einrichten, wo es süße Sachen zu schnuppern gibt, denn Weißkehlchen ist ein Leckermaul. Ganz und gar im Freien, so vollends ohne Deckung darf die Kirrung aber nicht liegen. Dorthin kommt er nur in dunklen Nächten. Nächten, in denen der Jäger nichts ausrichten kann. Eine Bodenvertiefung sollte er sich zunutze machen, in die sich der Marder auch bei Schneelicht zu springen traut. Diese Vertiefung muß der Jäger einsehen können. Ob der Marder bei seiner Beschäftigung dann hockt oder sich langmacht, stets bietet er einen guten Zielpunkt. Was reizt den Marder, die Kirrung in kargen Zeiten stets und ständig – wenn auch zu unterschiedlichen Zeiten – zu besuchen? Vogelbeeren und Backpflaumen locken ihn, und ganz närrisch ist er auf getrocknete Weinbeeren. Nun streue man die „Götterspeise" nicht breitwürfig über den Platz wie die Kirrbrocken für den Fuchs, man verteile sie in kleinen Häufchen. Dann hockt sich Weißkehlchen hin, gibt so dem Jäger Zeit für gutes Abkommen. Muß er seine Beeren zusammensuchen, huscht er unruhig hin und her. Wer soll da noch sicher die zweieinhalber Schrote in das kleine, sich bewegende Ziel bringen?

Da der Marder nicht viel Licht verträgt, glitzernde Flächen meidet, sind die halbhellen Schneenächte die besten für den Marderansitz.

Einen guten Marderplatz hatte ich ausfindig gemacht: Liepes Ausbau. Ein verfallenes Anwesen zwischen Wald und Feld. Nußbaum und Linde, Kastanie und Obstbäume sind Zeugen der einstigen Hofstelle. Überm Weg, auf einer kleinen Anhöhe stand Scheune und Schuppen. Ödland jetzt; grad der rechte Ort für die Mardersippe und für den Ansitz auf die flinken Kobolde.

Illustration: K.H.Snethlage

Im alten Gemäuer

Oberhalb der Pflaumenbaumreihe, die ehemals Scheune und Scheuer zur Wiese hin abgrenzten, war mein Ansitzplatz. Kam der Marder aus den alten Gemäuern, hopste er im Schutze der Bäume, bis nichts mehr ihm Deckung bot, und nahm dann in raschen Sprüngen die paar Meter Wiese bis zum verwachsenen Tümpel des Vorwerks, um sich dort gründlich umzusehen. Steckte er irgendwo im Sandhang der Robinien, lief alles in umgekehrter Richtung ab; und dann wurde es spät, bis Weißkehlchen an der Wiese erschien.

Wollte man ihn abpassen, ging ohne Schnee so gut wie nichts. Im Spätherbst hatte ich's mehrmals probiert. Bei gutem Mondlicht ließ sich kein Marder auf den freien Grasflecken blicken. Kam einer der Sippe vorsichtig näher, drehte er noch im Schutze der Deckung wieder um. Bei zweifelhaftem Licht trauten sie sich zwar ins Freie, aber beim besten Willen bekam ich die kleinen Dinger einfach nicht zu fassen. So blieb mir nichts weiter übrig, Schnee abzuwarten. Und als er kam und bis zum Mond aushielt, rieb ich mir die Hände. Beim zweiten Viertel saß ich still und brav auf meinem Posten und war mir sicher, daß zwischen Dunkelwerden und Mitternacht etwas passieren mußte, denn die Backpflaumen fehlten stets am nächsten Tag. Der Mond spielte mit dem blauen Abendlicht, Rehwild zog ins Feld, und in der Schonung, die gleich hinter der alten Hofstelle begann, spektakelten Sauen. So verging Stunde um Stunde. Als der schwache Mond müde zu werden begann und auch mir die Augen nicht mehr gehorchen wollten, nahm ich mehr unbewußt ein Geräusch wahr, schreckte auf und sah, wie mit leichtfüßigem Springen ein Marder über den Wiesenzipfel eilte. Zu spät, um nach der Flinte zu greifen.

Er mußte also vor meinen schläfrigen Augen die Kirrung abgeräumt und sich dann, als habe er Angst vor den Folgen seines Stibitzens, aus dem Staub gemacht haben. Eben diesen Moment erfaßte ich.

Am Vormittag beim Kontrollgang dann die Bestätigung: Abgeräumt der Kirrplatz, ganze Arbeit hatte der Marder geleistet. Kein Wunder in der kargen Zeit. Also die Backpflaumen aus der Tasche, in Portionen verteilt und mit Schnee leicht überdeckt; so wird es gut sein für den Abend, dachte ich, und zog mit Sack und Pack spät nachmittags meinem Platz zu. Rehe kamen und gingen, Mümmelmann hoppelte den Robinienhang herunter, und oben am Sandloch kauzte Meister Rotrock. Soll er nur kommen, dachte ich, doch das Bellen verlor sich. All das gehört zum Winteransitz, macht ihn kurzweilig, gibt dem weißen, scheinbar ruhenden Land Leben.

Überlistet

Eben noch klang Reinekes rauhheiseres Bellen an mein Ohr, da kraspelte es neben mir in der Baumreihe. Ganz deutlich hörte ich das Hin und Her – der Marder kommt! Doch was war das? Er machte kehrt, sprang fort. So ein Pech, seufzte ich leise vor mich hin, lag es an mir, daß er die Flucht ergriff?

Drüben vom Hang kann ja ein zweiter Marder kommen, ein dritter ihm folgen, tröstete ich mich. Und wie ich so schwankte zwischen Enttäuschung und neuer Hoffnung, hopste mein Marder wieder heran. Zu sehen war er noch nicht. Jetzt mußte er sichern – und heraus sprang er. Mit raschen Sprüngen hastete er zu den Backpflaumen, hockte sich fest – das genügte mir.

Weghuschen sah ich's nach dem Schuß. Zu guter Letzt noch gefehlt, oder wollte ein zweiter, von mir nicht bemerkter vom Tümpel aus die Kirrung anlaufen? Aber da lag doch etwas. Nun aber raus aus der warmen Hülle. Groß war die Freude über den prächtigen Kerl mit dem tief gegabelten Latz.

Man muß schon in die Schneenächte und den graubraunen Kobold verliebt sein, um es immer wieder zu versuchen – wenn das Wetter paßt und der Ansitz viele Bilder für den Jäger bereit hält, versteht sich.

Rudolf MICHALSKI
Frühjahrsenten
Ölgemälde

Reinhold
Völkel

Hannover, Niedersachsen

Jahrgang 1925, freischaffender
Architekt in Hannover begann mit
der Jagd in frühester Jugend, die er
in Schlesien und Pommern ver-
brachte.
Er bevorzugt die Jagd- und
Tiererzählungen sowie die
Naturbeschreibungen.

Der Autor ist ein leidenschaftlicher
Jäger und Naturbeobachter. Mit
seinen Erzählungen will er für alle
Leser ein Türchen offenhalten und
einen Blick hinter den Zaun für
Jäger und Naturfreunde freigeben.
Er will deutlich machen, daß die
Jagd sich nicht nur auf das
Beutemachen beschränkt. Es ist
gerade in der heutigen Zeit wich-
tig, die „inneren" Seiten der Jagd
aufzuzeichnen.

Auswahl-Bibliographie
Der Wind verwehte Fährten, Spuren und Geläufe.
Hannover, Landbuch-Verlag, 1990
Fachbuchreihe:
„Jagdliche Einrichtungen selbst gebaut"
Band 2, 3, …, 9: 1975
Band 1, 4: 1976
Band 10, 11: 1977
Landbuch-Verlag Hannover

Nachtschatten

Langsam kroch die Dunkelheit durch den Forst und zog zwischen den Stämmen der Buchen und Eichen aus den Senken zu den Höhen. Immer undeutlicher wurden die Kronen der mächtigen Buchen und immer verschwommener hoben sie sich von dem zunehmenden Dunkelblau des Himmels ab.

Die Farben der Nacht legten sich auf den Waldboden und verschluckten zusehends die Einzelheiten.

Mit der Stille wurden die sonst leisen Geräusche des Waldes lauter.

Besonders stark vernahm man das Plätschern des unsichtbaren Quellbaches, der in monotoner Gleichmäßigkeit zwischen Steinen und Wurzeln im tiefen schwarzen Bachbett seinen Weg zog.

Es war Jagdzeit für das Raubwild, denn fast unsichtbar konnte es erfolgreich Beute machen.

Lautlos fielen sekundenschnell Schatten ohne Flügelschlag auf den Waldboden und die Fänge der Eulen umklammerten irgendwo eine Atzung.

Vom alten Steinbruch her schnürte eine Fuchsfähe nach Süden. Sie wollte zu der kleinen Kieferndickung, die im Sandboden stand und wo sich nachts auf Kaninchen leicht Beute machen ließ.

Ihr Balg war zottig, sie war fast bis auf die Knochen abgemagert. Das Geheck, die fünf Welpen, die sie im Felsenbau zurückgelassen hatte, gönnte ihr keine Ruhe. Sie saugten die letzte Kraft aus ihrem Körper. Schliefte sie aus dem Bau, jammerten die nimmersatten Jungen so erbärmlich, als würde sie nicht mehr zurückkommen.

Der aufsteigende Mond begann zuerst langsam die glatten Stämme der Buchen zu beleuchten, um danach die Wasserfläche des Quellbaches silbern erstrahlen zu lassen.

Die Fähe hatte in der Zwischenzeit den Quellbach erreicht. Als sie in das Altholz Schnüren wollte, hörte sie im Laub das Rascheln einer Waldmaus.

Ruckartig verhoffte sie, duckte sich ganz langsam, sprang aus dem Stand hoch, ein feines, klägliches Pfeifen durchbrach die Stille und die Zähne gruben sich in die Maus. Während noch ihre klagenden Laute zu hören waren, knackte und rauschte es unweit im Forst, durch den in der Dunkelheit eine Rotte Sauen zog. Die Fähe ließ sich von der Störung nicht beeindrucken, gierig schluckte sie den Rest der Beute hinunter.

Abermals rief ein Käuzchen, und es hörte sich an wie Töne aus heidnischer Zeit, und wieder drang ein gellender, verzweifelter Schrei eines Vogels durch die Nacht.

Wenn es Tag wird, werden die Rupfungen von erfolgreicher Jagd erzählen. Endlich hatte die Fähe die Kiefernschonung erreicht, prüfte lange den Wind und schlich in die vor ihr liegende Pflanzreihe.

Überall lag Losung, tief atmete sie den würzig strengen Kaninchenduft ein, der sie so berauschte, daß sie unwillkürlich die Zunge über die Lefzen schob.

Der Hunger trieb sie an, und so setzte sie vorsichtig Brante für Brante geräuschlos in den Sandboden und machte sich dabei immer kleiner.

Sie wartete wieder eine Weile.

Dann hörte sie die ersten Geräusche, die aus den seitlichen Pflanzreihen kamen.

Ruckartig bewegte sie den Kopf mal links, mal rechts, nichts -.

Plötzlich stand ein kleiner dunkler fast runder Haufen in ihrer Reihe, die zum Teil vom Mondlicht beschienen wurde.

Kaum hatte sie ihn wahrgenommen, war er verschwunden, um an anderer Stelle wieder aufzutauchen.

Mit einem Male war Hochbetrieb in der Pflanzung, denn zwei weitere runde Körper huschten von der rechten in die linke Reihe, ganz dicht, und da noch einer, er blieb direkt vor der Fähe sitzen, zum greifen nah, und der Wind kam gut.

Alle Muskeln waren bis aufs äußerste gespannt, die Fähe zitterte am ganzen Körper.

Sie versuchte sich noch kleiner zu machen, wenn möglich hätte sie sich in den Sandboden eingegraben.

Sie schob ihren dünnen Körper noch tiefer auf das Erdreich und Zentimeter für Zentimeter dem vorderen Kaninchen entgegen, das immer größer wurde.

Sie nutzte jede Deckung aus, auch das fast am Boden hängende Geäst der kleinen Kiefern. Ein Satz, und schon schnappte sie nach dem ersten dunklen Haufen. Mit aufgerissenem Fang hackte sie förmlich von oben auf die Beute herab. Die Überraschung war gelungen, das Kaninchen war für Sekunden wie gelähmt und versuchte sich erst dann aus der tödlichen Umklammerung zu befreien.

Die Haken durchbohrten den Balg und stachen tief in das zuckende Fleisch. Voller Verzweiflung strampelte das Kaninchen mit den Vorder- und Hinterläufen, wollte sich klein machen, klagte erbärmlich, aber die Fähe hielt ihre Beute fest im Fang, aus dem es keine Entrinnen mehr gab.

Mit einem leisen Knacken verstummte der Klagelaut und der nächtliche Jäger machte sich zufrieden auf den Rückwechsel.

Wieder am Quellbach angekommen, nahm sie erstmal eine Abkühlung. Sie stellte sich mit den Läufen in das Wasser und ließ auch Gesäuge und Unterleib vom frischen Naß bespritzen, bevor sie über die andere Böschungsseite verschwand.

Kurz vor Mitternacht erreichte sie ihren Bau.

Sie keuchte vom langen Traben und legte vorsichtig das Kaninchen ab, stupste es mit der Nase kurz an, als wollte sie sich überzeugen, daß kein Leben mehr in dem Balg war.

Dann machte sie sich über den Fraß her.

Als sie endlich den letzten Bissen geschluckt hatte, war es lange nach Mitternacht.

Der leuchtende Vollmond tauchte hinter einer Wolkenbank unter, und es wurde stockdunkel, als sie wieder in die Röhre zu ihrem Geheck einschliefte.

Herbert
PIRA

Remagen
Rheinland-Pfalz

Jahrgang 1932 in Bonn geboren.
Nach dem Besuch eines humanisti-
schen Gymnasiums in Bonn und
eines neusprachlichen Gymnasiums
in Ahrweiler, Studium der Medizin
in Bonn.
1959 Staatsexamen und Promotion.
Aufgewachsen und tätig nahe dem
Zusammenfluß von Rhein und
Ahr. Niedergelassen als Facharzt
für Allgemeinmedizin in Remagen.
Ab 1993 im Ruhestand.
Seit früher Jugend Sportfischer und
Jäger. Praktizierender
Naturschützer unter dem
Leitgedanken der ökosystemgerech-
ten Jagd.

Neigung zu Lyrik, Belletristik und
Malerei. Praktische Initiativen zur
Förderung und Pflege der Literatur
und Dichtung. z.B. Rainer Maria
Rilke, Ernst Jünger u.a.

Auswahl-Bibliographie:
Beiträge über Jagd und Fischerei (FAZ; Wild und
Hund, Regionalpresse)
Unveröffentlichte Gedichte und Kurzgeschichten

Am Weidenbach

Zehn Jahre lang mußte ich auf einen verregneten Sommer warten. Jetzt regnete es in Strömen und fast ohne Unterlaß. Selbst am Siebenschläfertag zogen die dunklen Wolken übers Land und entleerten ihre Last ungehemmt auf die Äcker. In der Landwirtschaft machte sich schon Mißmut breit. Der erste Schnitt der Wiesen kam zwar noch ordnungsgemäß ins Silo, die Rübenpflanzen aber standen unter Wasser und das Getreide sah einer ungewissen Zukunft entgegen.

Mir aber lachte das Herz im Leibe. Die kleinen Gewässer, die Heimat der edlen Bachforellen, hatten Hochwasser, glänzten gelb und boten den Fischen eine vielfältige Kost. Mein Lieblingsbach, der Weidenbach, schickte sich gerade an, seine Farbe wieder zu wechseln und ein wenig zurück zugehen. Gute Zeiten für die Bachangler an der Ahr aber, mußte die Fischweid ruhen. Die Fliegenfischer verwahrten ihre feinen, gespließten Ruten und die zarten künstlichen Fliegen in den Futteralen. Vergeblich versuchten die Graureiher an ihre Beute zu kommen, sie mußten hungern.

Grünlich - braun sprang das Wasser hastig über die Felsblöcke, rutschte in die engen Schüsse und überschlug sich in den tiefen Gumpen. Dorthin, wo die großen Bachforellen Hof hielten, trug es reichliche Nahrung, die es bei seiner Reise über die Wiesen von den Gräsern abgespült hatte. Die Fische mästeten sich schon tagelang an Raupen und Larven, Käfern und Fliegen. Sie wedelten nur noch träge mit der Schwanzflosse, um ihre Position gegen die Strömung zu halten; unsichtbar zwar für den Angler, aber keineswegs unerreichbar.

Beim Anblick dieses Paradieses überkam mich eine wilde Lust. Sie ließ mir das Herz schneller schlagen. Kaum war ich fähig, die kurze steife Kohlefaserrute zu montieren. Die Finger wollten nicht gehorchen, und ich hatte Mühe den braunen Gartenwurm auf den großen Haken zu ziehen. Stets nehme ich große Haken und Regenwürmer nur, wenn keine anderen zur Hand sind. Vom großen Haken läßt sich ein kleiner Fisch leichter abhaken und zurücksetzen, und Regenwürmer sind zu weich fürs rauhe Bachangeln. Sie halten die ungestümen Attacken der Forellen und die Luftfahrten ins Gebüsch nach den unvermeidbaren Fehlbissen nicht lange aus.

164

Als der Regen etwas nachließ, saßen wir noch im Auto und warteten. Gerhardus, mein alter Kumpan und hundertfacher Begleiter bei meinen Fischzügen, ist nach einer Operation ängstlich geworden und will keine Erkältung mehr riskieren. Seine Gesundheit, letztlich sein Leben, erscheint ihm, wie vielen ungläubigen Christenmenschen, als das höchste Gut. Endlich konnte ich es nicht mehr aushalten. Unterhalb der Dorfbrücke wußte ich einen Kolk, der eine magische Anziehungskraft auf mich besaß. Allein pirschte ich an den Kopfweiden und den üppigen Brennesselbüschen vorbei. Rechts und links von mir, den Wiesenblumen nur knappen Platz lassend, stiegen steile Eichen – und Buchenhänge auf, die Brunftplätze der Eifelhirsche.

Am gegenüber liegenden Waldrand, wo schon einmal das Rotwild am hellen Nachmittag äst, sah ich plötzlich eine einzelne Sau, die im Gras gemächlich nach ihren unterirdischen Leckerbissen brach. Ich hielt einen Augenblick inne und wieder stieg aus meinem Inneren das Bild des Keilers auf, den ich vor zwei Jahren bei der Pirsch erlegen konnte. Im unteren Ahrtal, mit Blick auf die Landskron, die ihren Namen zu Recht trägt, sie überragt nämlich die frühere Herrschaft der Grafen von Neuenahr, jagte ich auf Rehböcke. In den Basalthängen, den kargen Boden dieser klimatisch begünstigten Gegend nutzend, begann der diesjährige Rotwein langsam zu wachsen. Die Römer hatten ihn, wie so manche andere Segnung, vor zweitausend Jahren mitgebracht. Hier zu jagen und zu fischen wurde mir zu einem immer stärker werdenden Verlangen. Vor kurzem war es mir gelungen dieses liebenswerte Revier zu pachten.

Eine blau – grüne Wasserjumgfrau, die, einem fliegenden Edelstein gleich, am Bachufer vorbeitänzelt, bringt mich für kurze Zeit in die Wirklichkeit zurück. Ein paar Schritte weiter durch das hohe Gras holt mich die Erinnerung wieder ein.

An jenem Morgen im Revier, meinte es das Wetter gut mit mir, denn der Wind schluckte so manches Geräusch, das der Jäger auf seinem Gang nicht vermeiden konnte. Weitverzweigten nutzlosen Gedanken nachhängend, schlenderte ich ziemlich sorglos durch den lauten Bauernwald einer Suhle zu, die damals noch häufiger von Schwarzwild aufgesucht wurde. An eine Begegnung mit Sauen dachte ich wegen der weit vorgerückten

Morgenstunde nicht, hatte aber gewohnheitsmässig die Büchse gespannt und das Glas umgehängt. An der letzten Biegung des Pirschpfades angekommen, sah ich zwischen Hartriegel und Hainbuchen ein graues Stück Wild am Rand der Suhle stehen. Zuerst, ich weiß nicht warum, hielt ich es für ein Reh, dann begriff ich langsam, daß ich eine einzelne Sau, einen beachtlichen Keiler, am hellen Morgen vor mir hatte. Es dauerte eine kleine Weile bis die Überraschung es zuließ, daß sich meine Sinneseindrücke in substantielle Gedanken wandelten. Dann aber spulten sich vorgefertigte und gebahnte Reaktionen ab. Der Wind stand gut, die Büchse glitt ganz langsam von der Schulter. Während ich nach einer Möglichkeit zum Anstreichen suchte, selbst ein mickriges Stämmchen hätte mir gereicht, begann ein Feuer in mir zu wüten, das ich nur mühsam zügeln konnte. Der unbändige Wunsch diese Sau in Besitz zu nehmen und nicht gleich abspringen zu sehen, kämpfte gegen das Jagdfieber, das mich schütteln und letzten Endes lähmen wollte. Mit lautlosen Selbstgesprächen zwang ich mich zur Ruhe und schob mich mit winzigen Schritten, jede hastige Bewegung vermeidend, am linken Rand des schmalen Jägersteigs vor. Ich wußte natürlich, daß der Gesichtssinn des Schwarzwildes verkümmert, Witterungs- und Wahrnehmungsvermögen dagegen bis auf das Feinste gesteigert sind. Darauf setzte ich meine Karte. Der Wind stand weiterhin gut, meine Jagdkleidung war untadelig und hob sich kaum vom Bewuchs ab. Die Geräusche kleiner Pirschfehler wurden von der Luftbewegung verschluckt. Vom Pirschweg abzuweichen, einen Baum zu nehmen, um einen sicheren Schuß abgeben zu können, wagte ich nicht. Das Laub war zu trocken, es hätte den Bassen gewarnt. Ich faßte eine Birke ins Auge, bis dahin mußte ich kommen, denn ich traute mir erst den freihändigen Schuß aus allernächster Nähe zu. Das Jagdfieber, so fürchtete ich, könnte doch noch das Ziel meiner Wünsche mit einem Sprung aus dem Schlamm verschwinden lassen. Hätte ich doch nur, wie ich es schon immer wollte, irgendein Stück Holz lang und quer an einen günstigen Stamm genagelt, dann wäre der Keiler schon längst mein. Doch keine flotte Reue kann das Versäumte wieder gut machen. Aber tief brennt sich die Erfahrung, vor allem wenn sie leidvoll ist, in unser Gedächtnis ein und wird für vergleichbare Anforderungen bereit gehalten.

166

Gleichermaßen gilt das für jagen und fischen und für alle Facetten des Lebens.

Die Büchse im Halbanschlag zog ich mich millimeterweise näher. Fast war ich schon bis an meine Birke gekommen. Der Wind stand immer noch gut. Er blies stetig von Süden, quer zu meiner Zielrichtung. Das linke Licht der Sau konnte ich jetzt deutlich erkennen. Es schaute mich auf eine unwirkliche Art, die mir unangenehm war, an. Hier standen sich zwei ungleiche Gegner gegenüber. Mit einer Fernwaffe und einem überlegenen Verstand der eine, der andere mit einem minderen Sehvermögen, das es ihm nicht einmal gestattete, seinen Jäger zu erkennen. Aus dieser Sichtweise waren die Chancen der Sau ebenso schlecht, wie die der Forelle, die den Wurm gekonnt im trüben Wasser vorgesetzt bekommt. Endlich an der Birke. Diana hilf! Zweifel wollen aufkeimen, mischen sich in die Erregung. Langsam hebe ich das Gewehr und fasse das Blatt. Nein, auf den Teller will ich halten. Ich wundere mich, wie aus der Schwäche fast so etwas wie Übermut wird. Ruhig, ganz ruhig bin ich dann geworden Im Knall bricht der Keiler zusammen und liegt im Schlamm. Das linke Licht sieht mich noch immer ausdruckslos an. Da flutet die verdrängte Aufregung zurück und droht mich zu überwältigen. Erst allmählich weicht sie und ein tiefes Glücksgefühl bemächtigt sich meiner.

Aus meinen Erinnerungen auftauchend bin ich, den Bachwindungen folgend, dort angekommen, wo ich mein Glück versuchen willl. Rasch schlüpfe ich unter dem Stacheldraht durch und stehe schon fast bis zu den Knien im trüben Wasser hinter dem tiefen Gumpen. In Fließgewässern muß der Fisch immer mit dem Kopf gegen die Stömung stehen und kann deswegen nur nach vorn und nach den Seiten sichern. Also geht der Angler tunlichst von hinten an. Ich werfe den Haken mit dem Wurm dorthin, wo das Wasser in den Kolk sprudelt und zupfe den Köder leicht über den Grund stromabwärts. Nichts. Neuer Einwurf. Da, ein leichtes Rucken. Nein, der Fisch hat wieder losgelassen." Sie sind satt „, denke ich," es ist noch zuviel Nahrung im Bach." Ravitaillement pléthorique hatte ein französicher Angelfreund das genannt: Forellen - Völlerei. Wieder ein neuer Einwurf, sanft unter den tropfnassen Weidenästen nach vorn geschwungen. Was mag sich in diesen wenigen Kubikmetern grau-grünen Wassers verbergen. Anlaß zu den schönsten Träumen. Jetzt wieder ein Anbiß. Nach dem Anhieb, der nicht ins Leere ging, wechselt eine Bachforelle, gut für die Pfanne, in den Korb, der mit Huflattichblättern großzügig ausgekleidet ist. Aus Dicköpfigkeit noch ein Einwurf. Auf die tiefste Stelle im Kolk lasse ich den Wurm langsam rutschen. Wieder ein Anbiß, stabiler diesmal, fester als zuvor. Der Zug ist nicht so ruckartig, aber stetiger. Ich schlage an, und da beginnt ein Höllentanz. Die Rutenspitze kann ich nicht mehr steil halten und muß den Schnurfangbügel der Rolle öffnen, muß Schnur geben, bekomme aber dadurch die Rutenspitze hoch, gottseidank. Wenn ein starker Fisch in die gestreckte Schnur schlägt, zerreißt er sie unweigerlich. Jetzt versuche ich den Fisch vom Grund zu bekommen. Er schießt nach links, will unter eine Weidenwurzel flüchten. Gerade noch kann ich ihn bremsen, und nach Minuten, die mir wie Ewigkeiten vorkommen, gelingt es mir, ihn nach oben zu leiten. Die Wasseroberfläche kocht, ich sehe einen mächtigen grünen Rücken und kann ihn überraschend in flaches Wasser bugsieren. Abgekämpft liegt eine mächtige Forelle vor mir in der Brunnenkresse. Alles lasse ich fallen und schaufele sie mit beiden Händen hoch über die Uferkante auf die Wiese. In zwei Spüngen bin ich oben. Da liegt sie nun, die rotgetupfte Räuberin. Eine uralte Bachforelle von sechsundfünfzig Zentimetern Länge und vier Pfund Gewicht, wie sich später herausstellt. Mir wird es flau in der Magengegend, und ich spüre, wie ich die Farbe wechsle. Es ist die Bachforelle meines Lebens. Einen kleinen Augenblick streift der Hauch des Verlöschens mich an. Vorbei die Wirklichkeit. Vorbei die Illusion von Schönheit und Kraft. Zurück bleibt doch nur ein klagender Bestand von Gräten. Wo bleibt das Leben? Omegapunkt auch für Forellen, für alle Wesen der Schöpfung?

Dann aber übermannt mich die Freude an der außergewöhnlichen Beute. Zitternd gehe ich zum Auto zurück. Gerhardus unterdrückt einen Aufschrei. Sein Gesicht ist blaß geworden, und aus blutleeren Lippen stammelt er: „Petriheil!"

Heinz HAASE

Berlin

Geboren am 20. April 1930 in Seelow, am Rand des Oderbruches. Nach dem Besuch der 8klassigen Volksschule bis 1944 Lehre als Verwaltungsangestellter beim Landratsamt Seelow, damals Kreis Lebus, die ich nach der Evakuierung wegen der Kriegsereignisse bis 1949 fortsetzte.

Bis April 1952 war ich dort als Referent tätig, um danach den Dienst bei den bewaffneten Organen der ehem. DDR aufzunehmen. Meinen aktiven Dienst beendete ich 1980 als Oberstleutnant und stellvertretender Regimentskommandeur. Von 1980 bis 1990 war ich Zivilbeschäftigter im Ministerium für Nationale Verteidigung in Strausberg.

Von Oktober 1990 bis 1995 befand ich mich im Vorruhestand und bin seit 1995 Altersrentner.

Auswahl-Bibliographie:

Autor zahlreicher Beiträge zur Fischereigeschichte in Fachzeitschriften wie: „Deutscher Angelsport"; „BLINKER"; „Der Angler und Naturfreund"; „Der Märkische Angler".
Herausgabe eines Sammelbandes dieser 70 Beiträge unter dem Titel *Angeley und Fischerey historisch.* Berlin 1996 (Rohleinen-Bindung).
Autor der Ausstellung: *„Angeln und Fischen im Spiegel der Literatur aus sechs Jahrhunderten."*
Ausgestellt u. a. bei „JAGEN UND FISCHEN" 1991 in Erding bei München; „JAGD 93" in Leipzig-Markkleeberg; „Interjagd 94" in Berlin; Handwerksmuseum Berlin 1996; Deutsches Museum für Meereskunde und Fischerei in Stralsund 1997.
Initiator der Literaturausstellung „Angel- und Fischerei-Bücher aus fünf Jahrhunderten" 1994 in der Staatsbibliothek zu Berlin - Preußischer Kulturbesitz.

Pirschgang am Wasser

Die Wintersonne hatte mich zwar so manches Mal an den See gelockt, um dem geliebten Schuppenwild ohne Pause nachzustellen, aber dennoch packte mich mit jedem wärmeren Sonnenstrahl mehr die Sehnsucht, endlich wieder einmal in der Uferzone waten zu können, um Plötze oder Schleie zum Anbiß zu verleiten. Meine Geräte lagen schon lange zum Fang bereit. Die Wintermonate hatte ich gut genutzt. Die beiden Stationärrollen waren gründlich gesäubert und gefettet, die Spitzen der Ruten und das Netz des Keschers sorgfältig geprüft. Die gespließte Wurfrute, ein gutes Stück, wohl über 30 Jahre alt, hatte noch einmal zwei neue Ringe und Lack bekommen, doch sie wird mir wohl das letzte Jahr helfen, denke ich bei mir, dann hat sie ausgedient. Viele Male krümmte sie sich, lief die zum Zerreißen gespannte Schnur durch ihre Ringe und half mir, sicher geführt, manch schweren Fisch an Land zu holen. Und trotzdem: In all diesen Jahren war es mir nicht vergönnt, mit ihr einen echten „Kapitalen" zu drillen – einen, dessen Kopf wert gewesen wäre, als Trophäe präpariert zu werden. Nun wird es wohl kaum noch geschehen.

Der Frühling zog ins Land. Die Sonne stieg höher, die Luft erwärmte sich Tag für Tag mehr, und an den Bäumen und Sträuchern begannen die prallen Knospen aufzubrechen. Unruhe erfaßte mich, und aufmerksamer als sonst beobachtete ich Wolken und Wind. Schon tagelang kam der Wind aus Richtung Osten, und schließlich rät ein Anglersprichwort: „Kommt der Wind aus Osten – kann die Angel verrosten!" Halte ich auch sonst nicht viel von solchen Ratschlägen – diesen lasse ich gelten. Gar zu oft schon war ich bei Ostwind ohne Beute heimgekehrt.

Am ersten Sonntag im Mai hält es mich nicht mehr zurück. Das Wetter scheint günstig zu sein, um auf Rotfedern Jagd zu machen. Kaum eine Wolke zeigt sich am Himmel. Leichter Westwind bewegt die jungen, zartgrünen Blätter der großen Kastanie, die vor dem Haus steht. Versehen mit unterschiedlichsten Ködern und voller Hoffnung auf einen guten Fang, schwinge ich mich auf mein Stahlroß und trete kräftig in die Pedale. Die Räder surren über die breite Fahrbahn hinaus ins Land, das von einer Seenkette durchzogen wird. Hoch über mir zieht ein Bussard seine weiten

Illustrationen: Brigitte Tautenhahn

Kreise. Ich blinzele in den hellen Mittagshimmel und verfolge seinen Flug. Ein Jäger mit Flügeln, kommt es mir in den Sinn. Und ich, gehen meine Überlegungen weiter, bin ich nicht auch ein Jäger? Zwar keiner, der mit der Flinte versucht, Rehe oder Wildschweine zu erlegen. Nein, das nicht, aber ausgerüstet mit einer Angel, begebe ich mich auf die Pirsch, um mich zu prüfen, ob ich wohl imstande bin, den Fisch als Schuppenwild in dessen natürlicher Umgebung zu überlisten und weidgerecht zu erbeuten.

Von solchen Gefühlen getragen, packte mich jetzt ein regelrechtes Jagdfieber, und meine Gedanken eilen dem Weg voraus. Da ich den scheuen Rotfedern nachstellen will, die häufig an flachen Uferstellen mit Schilfgürtel anzutreffen sind, werde ich an der Fließmündung beginnen. Dort, an der aufgelockerten Schilfkante, hatte ich schon mehrmals Erfolg. Ich verlasse die Straße und befahre den schmalen Pfad, der sich von der Höhe herabwindet zum feuchten Wiesental, erneut ansteigt, an Feldern entlang führt und schließlich in der Nähe des Sees von den Kronen hoher Erlen überschattet wird. Die Uferzone hat mich aufgenommen. Hohe hervortretende Wurzelrücken zwingen mich, den Weg zu Fuß fortzusetzen. Warm und feucht ist die Luft. Es riecht nach faulendem Altlaub und frischen, grünen Blättern. Das ist der gewohnte Frühlingsduft am See. Ich gehe eine kleine Anhöhe hoch. Nur noch ein paar Schritte, und ich kann den See in seiner ganzen Länge und Breite übersehen. Von der Winterstarre längst erlöst, begrüßt er mich in seinem schönsten Frühjahrsschmuck. Ich gönne mir eine kurze Verschnaufpause. Mir ist beim Laufen warm geworden. Die Erregung, die mich, je näher ich dem Wasser kam, erfaßte, löst sich allmählich durch die Ruhe, die der See auf mich überträgt. Tief atme ich durch und fülle meine Lungen mit der würzigen Luft.

Endlich wieder am See!

Meine Augen wandern unruhig umher und wissen nicht, was sie von dem, was die Natur so plötzlich in aller Fülle bietet, zuerst erfassen sollen. Eine Bewegung links vor mir zieht meinen Blick an. Ein Entenpaar hat mich entdeckt und schwimmt lautlos, mich durch ständige Kopfwendungen im Auge behaltend, geschickt durch die Schilfhalme, die mit ihren jungen Spitzen wie Federhalter aussehen und kerzengerade in den Himmel zeigen.

Ich nähere mich dem Fließ. Behutsam führe ich das Fahrrad über die schmale Holzbrücke. Einen Moment verharre ich und lehne mich vorsichtig an das Geländer. Es ist oben angefault und zeigt auch sonst Spuren der Zeit. Ich verfolge den kleinen Wasserlauf. Silbrig glänzend schlängelt er sich, eingebettet in hohe, dicht bewachsene Uferböschungen durch das Gehölz. Nur noch wenige Schritte trennen mich von der Angelstelle, die ich mir ausgewählt habe. Vorsichtig, den Boden mit den Blicken abtastend, nähere ich mich ihr. Jeden Laut, jede Erschütterung des Bodens muß ich jetzt vermeiden. Besonders die großen Rotfedern sind recht scheu. Vielleicht wärmen sie gerade an dieser Stelle ihre dicken, dunklen Rücken. Ich bleibe stehen, beuge mich seitlich nach vorn und schaue durch das lichte Unterholz zur Fließmündung. Zufrieden bemerke ich, daß kein anderer Angler an dieser Stelle sein Glück versucht. Lautlos und geduckt, den Stamm einer Erle als Deckung nutzend, pirsche mich an den Uferrand. Mein Blick geht ins Wasser. Es ist ruhig und klar, und doch brauche ich eine ganze Weile, ehe ich Einzelheiten wahrnehmen kann. Direkt vor mir, unter einer kräftigen Wurzel, sehe ich die Scheren eines Krebses. Sie sind groß und lassen einen starken, ausgewachsenen Krebs vermuten. Ich beobachte die Schilfhalme. Sie stehen unbeweglich. Kein gutes Zeichen. Wären Rotfedern im Gelege, würden sie für Augenblicke zittern oder sich unter dem Druck der Fischkörper leicht zur Seite neigen. Stück für Stück des lichten Schilfgürtels suche ich nach diesen Zeichen ab, doch nichts tut sich.

Das Angelfieber hat mich gepackt. Vorsichtig gehe ich zu meinen Sachen zurück, ziehe Watstiefel an und montiere die Gespließte. Ich wähle 25er Schnur, man kann nie wissen. Als ich eine kleine Teigkugel am Haken befestigen will, läuft die Schnur ohne jeden Widerstand von der Rolle ab. Ich hatte in der Aufregung vergessen, sie in den Bügel einzulegen. Pech! Also – alles wieder abbauen und noch einmal von vorn. „Ruhe bewahren", sage ich mir. Dann ist es soweit. Langsam lasse ich meinen linken Fuß in das seichte Wasser gleiten. Der Grund ist fest. Ich setze den rechten Fuß nach. Vorsichtig führe ich die Rutenspitze über Zweige und lasse die Schnur durch die Finger gleiten, bis die Teigkugel kurz über der Wasseroberfläche schwebt. Ein lichter Schwung bringt Köder und Pose in das ausgesuchte Pflanzenloch. „Also, wenn da keine Rotfedern stehen, dann weiß ich nicht, wo sonst", denke ich und beobachte gespannt die Pose, doch das erwartete leichte Zuppeln mit dem sofort folgenden seitlichen Weggleiten bleibt aus. Nach einer Weile wechsle ich den Köder. Ich will es mit Sprock, der Larve der Köcherfliege, versuchen. Dieser Köder versagt nur selten, doch heute rührt sich auch damit nichts. Mir ist das unerklärlich. Überhaupt scheint mir die Schilfkante wie ausgestorben. Ich schaue zur Uhr. Schon eine Stunde mühe ich mich vergeblich.

Ein paar Wasserläufer eilen wie im Wettlauf irgendwohin. Am Strauchwerk eines Weidenbusches, der seine Zweige bis ins Wasser schickt, lugt ein dicker Wasserfrosch durch die langen, schmalen Blätter und blickt mich an. Von rechts huscht ein grauer Vogel vorüber und klammert sich ganz in meiner Nähe an einen Schilfhalm. Es ist ein „Rohrspatz", der Drosselrohrsänger. Unter seiner Last neigt sich der Halm zur Seite. Plötzlich entdeckt mich der fröhliche Sänger, und mit lautem, hartem „Kerre, kerre, kiet, kiet" fliegt er weiter. Ob ich es anderswo versuche? Doch ich bin kein Freund von häufigem Stellenwechsel. Mein Ausharren hatte sich schon oft ausgezahlt. Noch einmal will ich es mit Teig versuchen und dann zur Bucht an der großen Birke überwechseln. Vorsichtig ziehe ich Pose und Haken durch das Wasser. „Nur keinen Hänger fabrizieren", denke ich, doch ein alter, vertrockneter Schilfhalm gerät zwischen Schnur und Pose. Der Köder bleibt hängen. Auch das noch! Mißgestimmt versuche ich mit vorsichtigen, ruckartigen Zügen die Angel zu lösen. Vergeblich. Ich muß wohl etwas kräftiger zu Werke gehen. Ich sehe, verursacht durch das Ziehen an der Schnur, wie der Köder am kurzen Vorfach hin und her taumelt. Da! Einem klotzigen Pfeil gleich, schießt aus der dunklen Tiefe ein schwarzes Etwas an die Oberfläche, zeigt laut aufklatschend seine in der Sonne glitzernde Bauchseite und verschwindet ebenso schnell samt Köder, die Pose hinter sich herziehend. Ich stehe da wie gelähmt. Ein starker Ruck an der Rute, dem ich instinktiv mit dem Aufklappen des Rollenbügels begegne, bringt mich wieder zur Besinnung. Ein Hecht! Meine Hände und Knien zittern. Ruhe – Ruhe, nur die Ruhe bewahren. Noch zieht der Fisch die Schnur gleichmäßig ab. Jetzt müßte ich langsam Fühlung aufnehmen, aber wie? Der Bügel ist offen. Ich riskiere es und ziehe flink ein, zwei Meter Faden von der Spule, klappe ich im nächsten Moment den Bügel wieder um und verfolge gespannt die Schnur. Jetzt kommt es darauf an. Eigentlich müßte der Haken ja sitzen. „Na, mal sehen, mein Bürschchen", denke ich. Langsam strafft sich die Schnur. Jetzt! Ein kleiner, elastischer Anhieb. Ich konnte es nicht lassen, Macht der Gewohnheit. Der Haken sitzt. Vielleicht hätte ich mir den Anschlag sparen können, aber wer weiß das schon? Nun wird Esox rebellisch. Die straffe Schnur läuft hin und her und durchschneidet die Oberfläche. Der Zug ist kräftig, bleibt aber gleichmäßig. Die Rute ist gekrümmt. Ich versuche wieder, Schnur auf die Rolle zu bekommen. Vierzig bis fünfzig Meter sind schon abgelaufen, doch sofort reagiert der Hecht mit stärkerem Gegenzug. Ich muß aufpassen, daß mir die Schnur nicht reißt, und lockere die Bremse etwas. Wie wenn ich's geahnt hätte: Der Fisch beginnt zu toben. Durch eine kräftige Flucht nach links wird ruckartig die Schnur wieder von der Rolle gezogen. Im nächsten Moment schießt der Hecht aus dem Wasser und peitscht mit seiner Schwanzflosse die Oberfläche, daß es nur so spritzt.

Unerwartet hängt die Schnur durch. Entweder hat sich der Fisch bei seinem Luftsprung vom Haken befreit, oder er schwimmt schnurstrackts auf

174

das Ufer zu. Vorsichtig rolle ich Meter für Meter auf. „Das war's dann wohl", denke ich enttäuscht. Langsam hebe ich die Rute an. Ihre Spitze zeigt zu den weißen Wolken, die sich vor die Sonne geschoben haben. Die Schnur ziehe ich schon ganz in Ufernähe aus dem Wasser, da teilen sich plötzlich unmittelbar vor mir die Schilfhalme, Sand wird aufgewirbelt, das

Wasser brodelt, und mit einem jähen Ruck wird mir fast die Rute aus der Hand gerissen. Es kracht und splittert unmittelbar über der zweiten Hülse der Rute. Mit peitschendem Knall fliegt mir im nächsten Augenblick die Pose vor die Füße.

Aus!

Fassungslos starre ich in das trübe Wasser. meine Augen beginnen feucht zu werden. Ich weiß nicht – ist es Wut oder bittere Enttäuschung. Wie zum Hohn streicht mit seinem unverkennbaren „Kerre, kerre, kiet, kiet" der Drosselrohrsänger an mir vorüber. Unwillkürlich richten sich meine Augen auf den Weidenbusch mit den hängenden Zweigen, doch der Frosch ist untergetaucht.

Mit schleppenden Schritten stapfe ich zum Ufer, tausche die Wathose gegen Schuhe, löse die angebrochene Rutenspitze und betrachte sinnend die gute, alte Gespließte.

Das war er, der Fisch „ihres" Lebens.

Die Saison hatte begonnen …

Rudolf MICHALSKI
Der 66-Ender im Amte Biegen, 1696 erlegt.

Gouache-Gemälde, 1996. Veröffentlicht als Titelblatt in: Berliner Jäger, 1996, Heft Nr. 5

GEDANKEN ÜBER DIE JAGD

Concerto grosso Nr. 10

Concerto grosso Nr. 10 von Georg Friedrich Händel, Beginn des ersten Satzes

Walther PREIK,
Ziehende Wildgänse

Bronze
Standort: Waren (Müritz), Am Volksbad

Falk von
GAGERN

Wien

Geboren 1912 im Schloß Schön-
Briese, Schlesien, Besuch des humanistischen Gymnasiums in Oels,
Schlesien. Hiernach 5 Jahre Besuch
der Ritterakademie in Liegnitz.
Beeinflußt von der Literatur von
Stefan Zweig und Franz Werfel.
Studium der Politologie, Völker-
recht und Geschichte in Berlin.
1933-36 aktiver Motorradsportler.
Verschiedene Rallyesiege auf BMW
750 ccm.
1939-45 Kriegsteilnahme. Nach
dem Krieg Abschluß der Studien,
seit 1948 Journalist in Salzburg
(Salzburger Nachrichten).
Aufbau eines exportorientierten
mittelständischen Unternehmens
der Strickwarenindustrie in
Salzburg. Gleichzeitig außen-
politischer Korrespondent einer
Tageszeitung sowie als Jagdbuch-
autor tätig.
Verfasser der Jagderzählungen des
Prinzen Alexander zu Hohenlohe-
Waldenburg-Schillingsfürst als

„ghostwriter", die unter dem Titel
„Die großen Fünf" und „Tire haut"
als Bücher erschienen.

Auswahl-Bibliographie:

Die großen Fünf
Verlag Das Berglandbuch, Salzburg, 1959/60
Tire haut
Verlag Paul Parey, Hamburg, 1961
Mokric
Verlag Paul Parey, Hamburg 1962
Das Jahrbuch des Jägers
Bd.1, 2, Verlag Das Berglandbuch, Salzburg,
1962, 1963
Gunst der Stunde
Verlag Paul Parey, Hamburg, 1965

Falk von Gagern wurde in Würdigung
seiner Verdienste zur Förderung von
Jagdliteratur und Jagdkultur zum
Ehrenmitglied des
FORUM LEBENDE JAGDKULTUR e.V.
ernannt.
Bad Driburg am 24.04.1998   Jahrestagung 1998
FORUM LEBENDIGE JAGDKULTUR e.V.

Gedanken zum Urwesen der Jagd

Wer wie ich auf ein langes, bewegtes Leben zurückblicken kann, in dem so ziemlich alles, was sich ereignete, mit Jagd zu tun hat, der weiß, daß wir in den Aktionen und Methoden unserer Lebensführung pleistozänen Menschen gleich von einem Jagdschema mitbestimmt sind. Die Menschen, die mir begegneten, handelten methodisch als Jäger, in Kriegszeiten wie im selten sicheren Frieden; ich verfuhr ebenso.
Sind wir alle im Grunde Jäger geblieben?

Das Jagdbedürfnis als Anlage

Ein bekannter Humangenetiker und Mikrobiologe erzählte mir kürzlich, bei uns Menschen befinde sich der Bereich des Emotionalen, der in den älteren Arealen unseres Gehirn seinen Ort hat, in einem Zustande, der dem des frühen steinzeitlichen Menschen durchaus entspreche. Unsere Gefühlswelt hat sich also nur wenig, wenn überhaupt, über Jahrtausende entwickelt. Und plötzlich stand zwischen uns die Frage nach den Antriebsstrukturen der Jagd im Raume. Der Wissenschaftler fragte mich allen Ernstes: „Glauben Sie, daß es so etwas wie Jagdgene gibt?"

„Ich vermeine nicht nur ‚so etwas', sondern erwiesenermaßen ist das der Fall", antwortete ich. Denn sind Gene in ihren Strukturen einvererbte Informationsträger – wenn zu vergleichen einem Schlüssel, passgerecht für das Schloß des Zugangs in den Tresor der gespeicherten arteigenen Patente, dann wird man zuunterst dieser Patente jenes entdecken, an dem auch der Mensch sich hochgerangelt hat als beutender Jäger.

Wir sprechen immer vom Haben erworbener Eigenschaften. Falsch! Wir sind die Eigenschaften in ihren unserer Umwelt angepaßten Funktionen! Und wo für diese Eigenschaften ein offenbarer Notstand vorlag, wurde dieser durch den Zuwachs des Großhirns kompensiert. Das nun jedoch begabt war mir jener Phantasie, die dem eigenschaftlichen Fond ihren Juckreiz machte, dynamisch zu evolutieren. Die Bedeutung der Phantasie wird viel zu wenig beachtet gerade im Hinblick auf unser Empfinden von empfangenen Bildern. Vergeblich forderte Johann Wolfgang von Goethe für sie die Bestimmung als weiterer Sinn. Nur José Ortega y Gasset hat ihre

Bedeutung als Quasivernunft des frühen Jägers erkannt. Um ein Beispiel zu geben: Machen wir uns zu Führern einer Schulklasse von Kindern durch die Räume eines naturgeschichtlichen Museums, in dem sich die Knochengerüste der Wirbeltiere reihen. Mögen sich diese auch etikettiert vorstellen als Luchs, Wolf, Bär, Schaf usw.: Sie lassen die Kinder gelangweilt ihre Nasen an den gläsernen Wänden reiben. Das den Knochengerüsten inhaltlich Eignende fehlt. Führen wir die Kinder hernach in einen Zoologischen Garten mit den gleichen Wirbeltieren, sind sie emotionalisiert vom Empfang all des Eigenschaftlichen jeder dieser Arten, deren Knochengerüst für sie keine Rolle spielt. Nicht allein ihre Augen sind da lebendig, auch ihre Phantasie bei allen möglichen Assoziationen zum selbsteignenden Wesen. Wie der von mir angesprochene Juckreiz evolutiert hat, wird deutlich, wenn wir beobachten, in welcher Unbefangenheit die Kinder unterschiedlich reagieren. Was an Impulsen bei ihnen wach wird, nimmt sich identisch mit dem substantiellen eigenen Erbgut aus. Und nimmt der eine Bub den Bären wie gezielt aus Beuteverlangen ins Auge, der andere Bub ihn streicheln möchte, dann verschleiert solches scheinbare Liebkosen des Buben Begehren nach seinem Fell, seinem Pelz. Krallt der Bär am Baumstamm hoch, turnt der dritte Bub geistig mit ihm mit, und der „Petz" ist Meister. Leckt der Bär seine Pranken, sänftigt er das Gewissen eines wieder anderen Buben über das, was er mit seinen Pfoten angestellt hat.

Am gelebten und erlebten Beispiel läßt sich am besten zeigen, was in der Theorie gemeint ist. Das, was wir mit dem Begriff „genetische Information" verbinden, konnte ich in der Wirklichkeit der Natur an meinen beiden früheren ungarischen Pulihunden erleben und beobachten. Vier Wochen alt, hatte ich sie beide in einjährigem Abstand aus einem in Ungarn gelegenen Zwinger zu mir nach Ostermiething an der Salzach (ursprünglich Osteramunting) kommen lassen. Ich hatte dort 1959 eine am Rande des Dorfes gelegene geräumige Villa mit weitläufigem eingezäunten Areal gepachtet. Hier fanden meine Hunde einen ihrem Bewegungsbedürfnis entsprechenden Auslauf. Der erste Puli war ein Rüde, im Jahr danach folgte „Asta", eine Hündin. Ab und zu boten die Pulis in ihrer ungehinderten Bewegungsmöglichkeit mir und meinen Gästen ein tolles

Schauspiel. In der Mitte der großen Parkfläche befand sich ein Pool, umwachsen mit verschiedenen Wacholdern und Birken. Die Hunde hetzten im weiten Kreislauf um den Pool herum, vermieden es aber, einander einzuholen oder zu fangen. Während ihres Umherhetzens brachen sie ohne jeden erkennbaren Grund kurzfristig mal nach der einen mal nach der anderen Seite hin aus und schnappten dabei mit ihren Gebissen nach imaginären auffliegenden Käfern oder anderen Insekten, die freilich nicht existierten. Für dieses Scheinschnappen fanden wir zunächst keine Erklärung. Bei einem späteren Aufenthalt in Siebenbürgen erhellte sich's mir, als ich sah, wie dort die Pulihunde der Schafhirten ohne von den Hirten dazu veranlaßt zu werden gegen die Abende hin die Schafherden zu umkreisen begannen und bei immer enger gezogenen Kreisen die nicht folgsamen Schafe in die Hinterbeine zwickten, um sie zusammenzutreiben.

Sie schnappten genau so wie meine Pulis kurz mal dieses, mal jenes Schaf hinten rein, ihm Bewegung zu machen. So hatten meine Pulis eine imaginäre Schafherde in ihnen erblich gewiesener Weise beim Rundumhetzen auf der Wiese zusammengetrieben. Schafe hatten sie nicht gekannt, dort gar nicht kennen lernen können, weil es keine in und um Ostermiething herum gab.

Gibt es einen Jagdtrieb?

Der allen Organismen eigene Selbsterhaltungstrieb, besser, das System der Fortpflanzung, Selbstregulierung und Transformation als der genetische Motor im großen Drama der Evolution steht mit der Jagd strukturell und funktional, und unter dieser Voraussetzung auch kausal in wechselseitiger Verbindung. Die Permanenz der Arten steht in Wechselwirkung zur Jagd. Worum geht es? Nicht bloß für uns Jäger, für den modernen Menschen einer Hightech- und Informationsgesellschaft geht es darum, uns das Wie und Warum und die Gründe des Sich-Weiterentfaltens aus ursächlichen Zwängen des Frühzeitmenschen, nämlich beuten zu müssen, bewußt zu machen als das triebhaft in uns fortwirkende Agens in genetisch fixierter Konstante. Ohne mich dabei auf Hypothesen zur Frage nach der Abkunft des Menschen einzulassen, nehme ich das Thema vom Boden nüchterner Tatsachen auf. Hiernach haben wir an Hand einer Fülle von Materialien im

Frühzeitjäger bereits eine Art Alleswender im Bereich der Lebensarten der Genesis zu erblicken. Ohne sich darin von allen anderen Wirbeltieren zu unterscheiden, kommandiert den Frühzeitmenschen der Bauch. Wo es für ihn ums Beuten geht, hat er Rivalen, die ihm in Ausrüstung ihrer Eigenschaften überlegen sind. Nicht nur mit Angiffs- und Abwehrwaffen, in ihrer Wendigkeit und mit höher geschärften Sinnen zeigen sie ihre Überlegenheit; hinzu kommt ihre Vernetzung zu einem Nachrichtenverbund gegenseitiger Verständigung mittels eines Code der Verschlüsselung, der ihm, dem Homo s. sapiens, vorenthalten ist.

Er ist von ihnen darin ausgegrenzt, er steht für sich allein in seiner Art. Die Frage nach dem Warum seiner Ausgrenzung aus der Ordo des Lebens, aus der Gemeinschaft aller übrigen Arten: Viele darüber Denkenden hat sie beschäftigt, jedoch nie fand sie eine befriedigende Erklärung. Eine Antwort, wie ich sie mir darauf gebe, kann darum auch nicht verbindlich sein. Vorenthalten will ich sie trotzdem nicht.

Indem ich es für möglich halte, daß a priori die in der Umwelt des Frühzeitmenschen lebenden Tiere in seinem Erscheinungsbild dessen unwägbares Wesen erahnten und fürchten mußten; ja vielleicht in Antennen ihrer Vorahnung vermeldet bekamen. Unwägbar für sie, was ihn begabt, sich trotz seiner minderen Ausstattung an Mitteln zum Beuten behaupten zu können bei aufrechtem Gehen mit Preisgabe verwundbarer Blößen für seine Feinde. Wie den Menschen selber alles für ihn Ungewisse ein Fürchten macht, so verhält es sich auch für Tiere. Mehr will ich dazu nicht sagen.

Haben wir es mit dem Begriff Evolution zu tun, dann sollten wir erkennen, daß dieser Prozeß bezüglich des Menschen, ausgehend von der Potenz an Phantasie und List des Frühzeitjägers, seine Mutationen im Gehirn hat und somit ein Erkenntnisprozeß ist. Wir wissen nicht und werden es nie wissen, ob es Vergleichbares in den Millionen Jahren vor dem Jetztzeitmenschen gegeben hatte.

Zweifellos erwuchs dem Frühzeitjäger von seiner Erfahrung im Beutemachen mit den vorbenannten Jagdmitteln die Erkenntnis vom Zuwachs an Möglichkeiten für eine verbesserte Ressourcensicherung durch Mehrung von Energie.

Eine Ethik der Jagd gibt es nicht

Ethik: ein schrecklich belasteter Begriff. Und nicht nur von daher: Was hat sich ihr nicht schon alles geweiht! Die Moralität des Menschen hat offenbar apriorische Bestimmungselemente wie ähnlich auf andere Weise das tierische Instinktsystem. Den Instinkten mancher Tiere liegt für deren Verhalten mitunter so etwas wie ein über Jahre vorausorientierendes Barometer zugrunde, der ihnen ein Versprechen auf Lebenserwartung macht. Eine Maxime jägerischen Handelns, die von einer konkreten Jägerseele, also von dem Menschen schlechthin in einer angenommenen Einheit ausgeht, kann ich nicht erkennen. Deshalb stellen wir auch in verschiedenen Teilen der Welt unterschiedliche Ethosformen des Jägers fest. Wir begegnen einem ethischen Pluralismus. Ein Jägerethos läßt sich daher nicht generalisieren. Jedenfalls ist Ethik kein Lebensprinzip. Sie fand und findet zu ihren Bildern aus den Spiegelungen des Metaphysischen in die Gemächer der Seele. Sie möchte uns aus dem Staub der Dinge erheben. Aber wieviel irdischen Staubes haftet ihr dennoch an!

Diese Erkenntnis müssen wir auch auf unser jagdliches Verhalten anwenden. Jagd ist nach allgemeinem biologischen Verständnis eine Vitalkategorie, und damit ist sie etwas Naturales. Die Zwecke der Jagd sind die Zwecke der Natur. Führt der Mensch zwischen sie und seinem Handeln die Ethik ein, wird das Wildtier zum Objekt degradiert und erfährt eine ihm und seiner Natur nicht angemessene Umwertung mit dem Ziel, es auf jegliche Weise zu töten. Eine gründliche Verfälschung unter ethischem Aspekt, die ihrerseits den Jäger korrumpiert und ihn rückbezüglich als Befreier von Wolf oder Bär mit dem Fallschirm der Ethik zur sanften Landung auf den Boden der Jagd verhilft. Obendrein ist es ja immer vernünftig, aus dem Weg zu räumen, was einen anbiestert. Die alten Griechen hatten klüglich keine Göttin der Vernunft kreiert. Hat denn der Mensch eine noch andere Vernunft als jene, von der er in der Weise Gebrauch macht, wie wir es überall mit Abscheu und Entsetzen erleben?

Und Ethik? In ihrer imaginären Dimension: Ist sie nicht dort, wo immer sie der Mensch bei Waffengebrauch, absehend auf das Töten gleichviel von seinesgleichen oder Tieren, seiner Rechtfertigung beigebunden hat, mit viel mehr als nur dem Odium der Schamlosigkeit belastet? Holt sich der

Mensch die Ethik aus ihrem blauen Himmel herunter, um sie in Formen zu gießen, finden diese zu Bildern von Fassaden, Maskierungen oder Rezepturen als Schminke seines Gewissens Ausdruck und Gestalt. Ethik, verstanden als Frucht eines persönlichkeitsbildenden Prozesses wird darum auch von Mann zu Mann derer, die sich Jäger nennen, ihre eigene Note haben. Eine Ethik der Jagd aber gibt es nicht, sondern bloß das Ethos des Jägers. Es strukturiert und organisiert den normativen Grundrahmen für das Verhalten von Gruppenindividien, setzt Wertmaßstäbe und bildet Sinnvorstellungen aus. Die Prinzipien von Moral und Sitte gehen in ein Ethos ein. Im deutschsprachigen Raum findet das Jagdethos Ausdruck in der wunderbaren Vorstellung von Weidgerechtigkeit. Mit der Jagd an sich und mit Jagd allein hat auch ein Jägerethos nur insoweit zu tun, als das Wort Jagd die Bezugsebene angibt, auf die sich das Handeln bezieht.

Denn das Wort Jagd steht als plakativer Begriff für die Formen im Vollzug der Bereitschaft des Menschen, seinen Sinnen in ihren Reizen - wie diese ausgehen von Wild und Waffe – und vollkommen vereint im abgetragenen Greifvogel, jenen richtungsweisenden Spielraum zu geben, nach dem sie um willen ihrer Befriedigung verlangen. Insoweit ist Jagd eine Formsache, nicht anders als der Tanz, als das Turnier. Formsache in ihren weltweit verschiedenen und sich wandelnden Gewandungen. Mithin sich die Frage nach dem ethischen Gehalt an die Sinne zu richten hat, die den einzelnen zum Jagen motivieren. Darauf zu antworten streikt mein Kopf, weil ich in den mich zum Jagen motivierten Sinnen weitestentfernt von ethischem Flitter war.

landnahme

ich bummle
am saume der frühe
in deren faltenwurf
ein frühlingshauch sich genistet
wie drossel und hasel
mache ich einen kratzfuß der freude
auf der kuppe streife ich die fesseln des datums

   und schwerer sommerduft
   durch meinen tagtraum wie ein falter gaukelt
   ich glase die felder
   und stoße wie ein taggreif
   auf die vermessungspfähle der zubringerschleifen
   in die frühjahrsbraune krume gerammt

Erich Henn

Klaus
BÖHME

Bromskirchen, Hessen

Jahrgang 1949, verheiratet ein
Sohn. Abitur 1968; Wehrdienst bis
1970. Ausbildung an der
Verwaltungsfachhochschule des
Landes Hessen in Rotenburg
(Fulda). Abschluß: Diplom-
Finanzwirt.
Beruflich Tätigkeit:
Beamter des gehobenen Dienstes,
Betriebsprüfer.
Ehrenämter: Jugendwart und
Ausbilder bei der Deutschen-
Lebens-Rettungs-Gesellschaft
(1966-1977):
Schwimmtrainer; 1981-1984
Mitglied der Gemeindevertretung
Bromskirchen und seit 1983
Schiedsmann des Bezirks.
Seit 1995 Vorsitzender des
Fördervereins Gesamtschule
Battenberg.
Freizeit, Hobby: Archäologie, Vor-
und Frühgeschichte,
Paläoanthropologie

Auswahl-Bibliographie

1984 erste Veröffentlichung zur Jagdgeschichte in
einem Heimatkalender
1986 erste Veröffentlichung zur Jagdgeschichte in
der „Wild und Hund", seitdem knapp 30
Veröffentlichungen zur Jagd-, Vor- und Früh-
sowie zur Heimatgeschichte, außer in der „Wild
und Hund" auch in der „Pirsch" und in der
Regionalliteratur.
Arbeiten zur Karl-May-Forschung, darunter ein
Buchbeitrag zur Theorie der Namensgebung der
„Winnetou"-Figur für einen Sammelband (1989)

1990 Taschenbuch
Waidmannsheil im Steuerrecht - Steuertips für Jäger
1991 *Illustrierte Jagdgeschichte - Vom Steinwurf des
Vormenschen zum Waidwerk der Antike* (beide Bücher
erschienen im Verlag Neumann-Neudamm,
Melsungen)
1997 zwei umfassende Beiträge zur Vor- und
Frühgeschichte der Jagd im Katalogbuch der
Kärntner Landesausstellung 1997 *alles jagd... eine
kulturgeschichte* in Ferlach (daneben knapp 40
Exponatbeschreibungen und Mitarbeit in der
Ausstellungskonzeption)

Vom Werden des Jagens

Die Jagd als frühe Lebensform des Menschen

Die Frage nach dem Ursprung der Jagd

War die Jagd die erste oder nur eine der frühen Lebensformen des Menschen? Seit Jahrzehnten wird diese Frage in den Kreisen der Prähistoriker, der Archäologen und Anthropologen kontrovers diskutiert, denn zweifelsfrei ist die Geschichte der Jagd ein wesentlicher Teil der Kulturgeschichte der Menschheit, und darüber hinaus wurde die Entfaltung menschlicher Fähigkeiten und Eigenschaften während des größten Zeitraums der Evolution durch die Jagd entscheidend beeinflußt. Bedenkt man, daß seit mindestens 2,5 Millionen Jahren Menschen auf der Erde leben und erst vor etwa 10.000 Jahren mit Seßhaftigkeit, Domestikation von Tieren und Ackerbau der große Wandel der Lebensform einsetzte, dann ist zu erkennen, daß die Menschheit zu mehr als 99 Prozent ihres bisherigen Entwicklungsweges unmittelbar mit und von der Jagd gelebt hat. Schon dieses simple Zahlenspiel zeigt auf, daß die grundlegende Bedeutung der Jagd für die menschliche Evolution nicht ernsthaft bestritten werden kann.

Gleichwohl ist die Behauptung, daß die Jagd so alt wie die Menschheit - und somit die erste Lebensform des Menschen - sei, nicht ohne weiteres zu belegen, und es scheint, daß der Streit, ob die „ersten Menschen" bereits jagten, noch lange nicht ausgestanden ist.

Die Diskussionsgrundlagen erscheinen dabei jedoch häufig unklar und keineswegs ausreichend definiert. Um den Versuch zu machen, die Jagd als erste Lebensform des Menschen zu bestätigen oder eben auch zu verneinen, sind nämlich vorab – und dies wird zumeist unterlassen – zwei Fragenkomplexe zu beleuchten. Die erste Frage wäre, seit wann der Gattung Mensch zuzuordnende Wesen die Erde bewohnen und gerade hierzu klaffen die Meinungen oft weit auseinander oder prallen auch zuweilen aufeinander. Die zweite Frage wäre dann, was als jagdliche Betätigung zu verstehen ist und welche Kriterien sich für die Abgrenzung vom Sammeln anbieten.

Ein Ausflug in die Paläoanthropologie

Um der ersten dieser Fragen nachzugehen, ist ein kurzer Ausflug in die Paläoanthropologie geradezu unerläßlich. Vor rund 4,4 Millionen Jahren lebten, wie durch Fossilienfunde aus 1994 bewiesen werden konnte, in Ostafrika gemeinsame Urahnen von Mensch und Schimpanse, mehr als zwanzig Jahre zuvor waren dort bereits die etwa 3,4 Millionen Jahre alten Skelettreste eines zum aufrechten Gang befähigten, rund 1,10 Meter großen Exemplars der vormenschlichen Art Australopithecus ausgegraben worden, die allgemein als Vorläufer der ersten Menschen gilt und vor vier bis etwa 1,7 Millionen Jahren lebte. Manche Forscher sehen die jüngeren „Südaffen", wie Australopithecus zu übersetzen wäre, allerdings schon nicht mehr als solche an, sondern rechnen sie der Gattung Homo habilis, dem „geschickten" oder „fähigen" Menschen zu, der nach rund zwei Millionen Jahre alten Funden aus 1960 weit über zwei Jahrzehnte den meisten Wissenschaftlern als das erste Exemplar der Gattung Homo galt und mithin als das erste Wesen, das die Bezeichnung „Mensch" für sich in Anspruch nehmen konnte.

Neuere Funde lassen dieses Bild jedoch ins Wanken geraten. 1991 fand man in Malawi einen 2,4 bis 2,5 Millionen Jahre alten Hominiden-Unterkiefer; die Zähne deuten auf eine Mischnahrung mit höherem Fleischanteil (!) hin - im Gegensatz zur überwiegend pflanzlichen Nahrung der Australopithecinen - und aus der Größe und Form läßt sich ein Schädel mit einem Gehirnvolumen von rund 800 Kubikzentimetern, doppelt so groß wie das des Australopithecus afarensis, errechnen. Die Entdecker sind sich sicher, daß Homo rudolfensis, wie das Fossil genannt wird, auch bereits Steinwerkzeuge herstellte und eine gewisse soziale Organisation kannte.

Die erste der eingangs gestellten Grundsatzfragen kann damit in folgender Form beantwortet werden: Nach dem neuesten und gegenwärtigen Stand der paläoanthropologischen Forschung erschienen Individuen, die eindeutig und zweifelsfrei der Gattung Mensch zuzuordnen sind, erstmals vor mindestens zweieinhalb Millionen Jahren auf der Bildfläche der Evolution.

Die Jagd – Versuch einer Definition

Um nunmehr zu der zweiten Frage zu kommen, nämlich ob diese ersten Menschen auch bereits jagten, ist es unerläßlich, zunächst den Versuch einer Definition, die das Jagen auch gegenüber dem Sammeln abgrenzt, zu unternehmen. Zahlreiche Arbeiten, die sich mit der Frage eventueller jagdlicher Fähigkeiten der Vor- und Frühmenschen befassen, tragen Titel wie „Gewaltiger Jäger oder unbedeutender Aassammler?" oder „The Hunter or the Hunted? - Jäger oder Gejagte?". Ausführungen auf der Grundlage dieser vermeintlichen, in Wahrheit aber unsinnigen Alternative gehen jedoch, selbst wenn sie von renommierten Wissenschaftlern stammen, am Kern der Sache völlig vorbei und lassen oftmals ein unerklärliches, fast zwanghaftes Bemühen erkennen, den frühen Menschen die Fähigkeit zur Jagd abzusprechen. Auch heute noch darf sich nicht nur der „gewaltige" Hoch- und Großwildjäger als Jäger bezeichnen, dem Kaninchenjäger und Fallensteller steht das gleiche Recht zu - und die Gefahr, etwa bei mangelhafter Bewaffnung selbst zum Opfer großen Raubwildes zu werden, schloß und schließt auch bei historischen und rezenten Jägervölkern die jagdliche Betätigung doch keineswegs aus.

Was also ist eigentlich – hier einmal bewußt und vollkommen ungeachtet aller ethischer, psychologischer oder anderweitig höherer Aspekte – die Jagd? Um unter Verwendung mehrerer lexikalischer Begriffsbestimmungen eine Definition zu versuchen, bedeutet jagen zunächst das Aufspüren oder Aufsuchen von Wild, das sodann verfolgt oder dem in anderer Weise nachgestellt wird und dies alles mit dem erklärten Ziel, es zu töten und sich als Beute anzueignen. Mehr nicht - also Art, Größe und Zahl der Tiere spielen keine Rolle, irrelevant ist auch die Anzahl der Jäger und deren eventuelles Zusammenwirken und uninteressant ist letztlich, ob das Tier mit bloßen Händen gefangen oder mit einer Präzisionswaffe erlegt wird.

Tiere jedoch kann man auch sammeln, um sie zu töten und zu verzehren; die frühen Menschen werden sicher Schnecken, Käfer, und Würmer gesammelt haben, um sich zu ernähren, und auch das Aneignen von toten Tieren, selbst wenn diese vorher einem Raubwild „abgejagt" worden waren, ist keine Jagd im oben definiertem Sinn. Aber schon das Bemühen, etwa eine flinke Eidechse oder ein kleines Nagetier zu ergreifen, geht sicherlich über den Begriff des bloßen Sammelns hinaus und zur Abgrenzung bieten sich hier die Merkmale des „Verfolgens" oder des „Nachstellens in anderer Weise" an. Was sich sammeln läßt, braucht nicht erst verfolgt zu werden, um es zu ergreifen und am Fortlaufen zu hindern, ein Tier aber, dem man erst nachstellen muß, um es mit den Händen oder eben durch Gebrauch einer Waffe - und sei es nur ein Stock oder ein Stein - in seiner Bewegung aufzuhalten, kann nicht mehr durch bloßes Sammeln erbeutet werden, eine solche Beute muß „erjagt" werden.

Wann wurde der Mensch zum Jäger?

Die Untersuchung der Zähne von Australopithecinen, den direkten Vorfahren der ersten Menschen, erbrachte eine frappierende Ähnlichkeit mit den Zähnen von Schimpansen, die stärker hervortritt als im Vergleich mit Gorillas oder Orang-Utans. Dies beweist zum einen, daß Australopithecinen sich weitaus überwiegend von Pflanzen und Früchten ernährten, schließt aber zum anderen gerade nicht aus, daß sie gelegentlich auch Tiere zum Verzehr fingen und töteten.

Denn Schimpansen sind durchaus keine reinen Pflanzenfresser; schon vor über hundert Jahren entdeckten Zoologen die Vorliebe von Schimpansen für Ratten und auch Jane Goodall berichtet von regelrecht geplanten Jagden auf junge Paviane und kleine Baumaffen. Der bekannte Verhaltensforscher Desmond Morris weist hierzu auf eine im Hinblick auf die Evolution wichtige, oftmals verkannte Änderung des Sozialverhaltens im Zusammenhang mit jagdlichem Tun und Fleischverzehr hin: Während beim Sammeln von Früchten jeder Schimpanse nur an seinen Bedarf denkt und dies wegen der notwendigen Menge wohl auch tun muß, enden die Fleischjagden zumeist mit einem gemeinsamen Verzehr der Beute, bei dem auch diejenigen, die wegen Alters oder Krankheit nicht selbst jagen können, ihren Anteil bekommen.

Ob die Australopithecinen auch bereits derartige Jagden ausübten, läßt sich aus derartigen Untersuchungen natürlich nicht mehr ableiten, denn es darf vor allem nicht vergessen werden, daß die Schimpansen von heute ebenfalls eine weiterentwickelte Form darstellen und denen, die vor 2,5 Millionen Jahren lebten, keineswegs gleichzustellen sind. Sicher ist jedoch, daß sie bereits fleischliche Nahrung zu sich nahmen, und selbst bei nüchternster Betrachtungsweise kann nicht ausgeschlossen werden, daß sie auf kleine und ungefährliche Tiere einfachste Formen der Jagd anwandten, wie das Ergreifen mit den Händen und das Erschlagen mit einem Stein.

Wenn es denn so ist, daß Homo rudolfensis und Homo habilis bereits in der Lage waren, sich in Gruppen zu organisieren, um in ihrer Umwelt besser und effektiver bestehen zu können, dann müssen diese ersten wirklichen Menschen auch schon über solche einfachsten Jagdformen hinausgekommen sein. Denn der wohl wichtigste Faktor der Evolution ist das Lernen und der Lebensraum der frühen Menschen lehrte sie auch die Jagd. Sie sahen Löwen, die sich die Beute zutrieben, Hyänen, die kranke und schwache Tiere von der Herde abdrängten und Leoparden, die sich an Wasserstellen in den Hinterhalt legten; oft genug noch werden die Frühmenschen selbst die Beute gewesen sein, aber irgendwann werden sie Möglichkeiten gesucht haben, es den Raubtieren nachzumachen. Auf jeden Fall zeigen mikroskopische Untersuchungen ihrer steinernen Hackmesser und Faustkeile, daß diese Werkzeuge auch zum Schlachten von Tieren und zur Holzbearbeitung verwendet worden sind, und letzteres legt den Schluß recht nahe, daß die „geschickten Menschen" zumindest schon Stöcke anspitzten, die als primitive Lanzen für effektiveres Jagen gebraucht werden konnten. Hauptnahrungsquelle aber war die Jagd für diese frühesten Formen der Gattung Homo bei weitem noch nicht, und nur gelegentlich dürfte der ansonsten von Früchten und anderen Pflanzen bestimmte Speisezettel eine Bereicherung durch selbst beschafftes Fleisch, das wohl noch roh verzehrt wurde, erfahren haben.

Die eingangs gestellten Fragen aber lassen sich nun endlich beantworten: Die Jagd - in einfachster Form - ist ein evolutionärer Faktor und tatsächlich so alt wie die Menschheit, sie als die erste Lebensform des Menschen zu bezeichnen, würde jedoch der zunächst geringen Bedeutung der Jagd im Leben der ersten Menschen nicht gerecht. Über Millionen von Jahren hinweg entwickelte sich neben dem Sammeln von Pflanzen als hauptsächliches Nahrungsmittel die Jagd auf Tiere nur langsam und allmählich. Mit vollem Recht aber kann die Jagd, die im Fortgang der Evolution, in den sich über Hunderttausende von Jahren erstreckenden Epochen des Homo erectus, des Homo neanderthalensis und des Cro-Magnon-Menschen das Leben vollkommen, umfassend und nahezu ausschließlich bestimmen sollte, als eine der beiden frühen Lebensformen des Menschen angesehen werden.

LITERATUR

BÖHME, K., Illustrierte Jagdgeschichte - Vom Steinwurf des Vormenschen zum Waidwerk der Antike. Melsungen 1991.
BURENHOLT, G. (Hg.), Illustrierte Geschichte der Menschheit - Bd. 1: Die ersten Menschen, Bd. 2: Die Menschen der Steinzeit. Hamburg 1993.
ENGELN, H. u.a., Der lange Weg zum Menschen. In: Geo-Magazin, H. 1/1995, 12 - 60.
JOGER, U. u. KOCH, U (Hg.), Mammuts aus Sibirien. Begleitbuch zur Ausstellung im Hessischen Landesmuseum. Darmstadt 1994
JOHANSON, D. u. EDEY, M., Lucy - Die Anfänge der Menschheit. München 1982
LEAKEY, R. u. LEWIN,R., Der Ursprung des Menschen. Frankfurt 1993.
MANIA, D., Auf den Spuren des Urmenschen. Berlin 1990
MANIA, D., Urmenschen im Elbe-Saale-Gebiet. In: Archäologie in Deutschland, H. 2/1994, 22 - 27
N.N., Auf der Spur des ersten Menschen. Serie in: Der Spiegel, H. 42 - 44/1995.
SIEFER, W., Der neue Ursprung der Menschheit. In: Focus, H. 32/1994, 86 - 93.
SCHRENK, F., Die Frühzeit des Menschen: Der Weg zum Homo sapiens. München 1997

Rudolf *MICHALSKI*
Großtrappenbalz

Ölgemälde

Erich
HOBUSCH

Berlin, Friedrichshagen

Mitglied des Vorstandes im
FORUM LEBENDIGE JAGDKULTUR e.V.

Jahrgang 1927.
Lehre als Bankkaufmann,
nach Studium (Dipl. Pädagoge/
Geografie) im Schuldienst,
danach im Museumswesen in
Mecklenburg und Berlin tätig.

Ab 1980 freiberuflich:
Sachbuchautor.
Bereits seit 1952 Kreis-
Naturschutzbeauftragter.

Aktiver Jäger seit 1956.
Vorwiegendes Pirschen jedoch
durch das „Dickicht des
Blätterwaldes der Jagdliteratur".
Mitglied des „Aktivs für jagdliches
Brauchtum", Förderung der
Jagdkultur und Jagdliteratur in
Ost-Berlin.

Auswahl-Bibliographie
Fast 100 000 verkaufte Exemplare
*Das große Halali - Kulturgeschichte der Jagd und der
Hege der Tierwelt*
(in 10 Auflagen mit Fremdsprachenausgaben)
In alten Jagdchroniken geblättert; Leipzig,
Verlag Edition, 1990
2 Bände *Jagdhumor* mit Zeichnungen von Eugen
Gliege
*Auf Schleichpfaden - Schmuggleraffären und
Paschergeschichten,* Berlin 1988 sowie zahlreiche
Fachbeiträge zur Jagdkultur, zum Landschafts-
und Naturschutz in der DDR sowie zur regiona-
len Reiseliteratur (Reiseführer Mecklenburg,
Brandenburg usw.)

Erich Hobusch wurde in Würdigung
seiner Verdienste zur Förderung von
Jagdliteratur und Jagdkultur zum
Ehrenmitglied des
FORUM LEBENDE JAGDKULTUR e.V.
ernannt.

Bad Driburg am 24.04.1998   Jahrestagung 1998
FORUM LEBENDIGE JAGDKULTUR e.V.

Hasengericht

Protokolliert von E. Ho.

Ort der Handlung:
Sächsiches Erzgebirge
Hasensaal im churfürstlichen Lust- und
Jagdschloß Augustusburg

Auf den Trümmern der Burg Schellenberg ließ
1567 der sächsische Kurfürst August I. ein großes
Lust- und Jagdschloß, die Augustusburg, im
Renaissancestil durch Hieronymus Lotter errich-
ten. Zu den Hauptgebäuden zählten das Linden-,
das Sommer-, das Hasen- sowie das Küchenhaus.
Im Dezember 1572 vollendete der Dresdner
Hofmaler Heinrich Göding (1531-1606) die
Ausmalung des Hasenhauses mit 94 Wandbildern
eines Hasen-Bildzyklus von der „verkehrten Welt".
So überfallen die Hasen die Stadt der Jäger und
nehmen sie ein, die Hasen halten Gericht über
Hunde und Raubvögel und verurteilen Jäger und
Hunde, die sie in einer Bratpfanne schmoren.
Vor Freude tanzen die Hasen zur Blasmusik und
führen Prozessionen, Turniere und Festgelage
durch.
Leider sind nur noch 25 dieser Wandmalereien in
dem mehrfach restaurierten Hasenhaus erhalten.
Die Räume des erzgebirgischen Jagdschlosses wer-
den heute vom Museum für Jagdtier- und
Vogelkunde sowie für Ausstellungen zur Jagd- und
Hofhaltung genutzt.

Hasensaal - Detail der Kartuschenbilder an
den Portalen der Innentüren
(Hasenmaskerade mit Trommler)

Wien 1, Kärntner Straße 8 und 10
Das Hasenhaus des landesfürstlichen
Hasenbannmeisters zu Wien

Kaiser Maximilian I. ernannte 1509 Friedrich
Jäger zum landesfürstlichen Hasenpannmeister zu
Wien. Er war als zuständiger „Haspelmeister", also
Zeugmeister, für das Hasen-(zeug)amt, als Haspel-
Amt bezeichnet, zuständig und hatte die Nieder-
wildjagd auf Hasen in den Feldern um Wien zu
organisieren, das dazu benötigte Jagdzeug zu ver-
walten sowie die Hasen-Gärten zu unterhalten.
Als Verwaltungssitz des Hasenpannamtes wurde
das Haus an der Kärntnerstraße 8 und 10 festge-
legt. Es gehörte dem Kanzler Hanns Waldner, der
im Jahre 1502 Selbstmord verübte, weil er des
Hochverrates wegen Majestätsverbrechen angeklagt war. Das Haus wurde als landesfürstlicher
Besitz eingezogen und das Kaiserliche Hasenamt
im Hinterhaus, das zur Seilergasse lag, eingerich-
tet, wogegen das Vorderhaus als kaiserliches
Absteige-quartier reserviert war. Kaiser
Maximilian I., bestimmte mit dem Bestellungs-
dekret für den neuen Hasenbannmeister Friedrich
Jäger, daß das Haspelhaus zu bemalen sei. So ent-
standen von einem unbekannt gebliebenen
Künstler die Fresken mit den Darstellungen des
„Hasenkrieges" mit dem Siegeszug der Hasen
gegen ihre Todfeinde: Jäger, Hunde, Falken und
Habichte.
Leider sind keine Originalzeichnungen mehr
erhalten, da das Haus bereits während des
Stadtbrandes bei der 1. Türkenbelagerung Wiens
1525 beschädigt worden war. Im Renaissancestil
wurde das Haus durch den Vizehofkanzler
Leonhard von Harrach wieder aufgebaut und mit
Fresken reich geschmückt. Ab 1592 war Christof
Wolf Besitzer des Grundstückes und ließ das nun
Hasenhaus genannte Gebäude weiter ausbauen.
Vom Jahre 1749 stammen die noch heute vor-lie-
genden Darstellungen des Wiener Hasenhauses,
die der Augsburger Künstler Salomon Kleiner
schuf, (zwei Farbtafeln in Aquarell und
Deckfarben 60 x 82 cm), bevor das Gebäude end-
gültig abgerissen wurde. Auf den Zeichnungen
sind noch insgesamt 32 nummerierte Szenen des
Hasenkrieges dargestellt, die sich heute im
Bestand des Historischen Museums der Stadt Wien
befinden.

Gemälde von Salomon Kleiner, 1749 am Hasenhaus des Wiener Hasenbannmeisters. (Ausschnitt, Historisches Museum der Stadt Wien)

Hasenhaus
Jagdschloß Augustusburg:
Freyer, C.: Die einstigen Malereien in der Augustusburg, NASG, Bd.7, 1886
Gränitz,R.: Schloß Augustusburg,, 1963
Sieber,Fr.: Der Bildkreis des Hasenhauses der Augustusburg, In: Volk und volkstümliche Motivik im Festwerk des Barocks: Berlin 1960, (Veröffentlichung des Instituts für deutsche Volkskunde, Bd.21)
S.145 - 168
Schulze.T.: Schloß Augustusburg., 1997

Hasenhaus Wien:
Katalog zur Ausstellung: JAGDZEIT Österreichs Jagdgeschichte -Eine Pirsch-, Hermesvilla, Lainzer Tiergarten vom 28.06.1996 bis 16.02.1997, Historisches Museum der Stadt Wien, Wien 1996, S. 127-130;
Katalogbuch: alles jagd...eine kulturgeschichte, Klagenfurt 1997, S.659-660

Hasenhaus im Schloß Bucovice (Mähren)
Lejsková-Matyásová, M: Zur Thematik der Fresken des ehem.„Hasenhauses„ in Wien und der Deckenmalerei im Schloß Butschowitz in Mähren.
In: Öster.Zeitschr.f. Volkskunde, N.S. XIII, Wien 1959, S.211 ff.
Hasensaal im Schloß Oranienburg:
Rothstein, F. : Die Malerei im Hasensaal des Oranienburger Schlosses, In Kultur, Gesellschaft Heimat, Oranienburger Heimatzeitschrift, Jg. 1959, S. 13 ff.

Plädoyer
der Anklage:

„Krieg der Hasen gegen Jäger und Hunde"

ihre Seher wurden lichter:
„Heute sind wir Hasen Richter,
ja, wir Hasen klagen an,
dich, du wilder Jägersmann."

Ihr Jäger stellt mit Euren Netzen und Garnen uns unerbittlich nach.

Dazu verwendet Ihr etwa ein Meter hohe sogenannte **Hasengarne,** die auf 50 Meter Länge auf eine Haspel gewickelt wurden. Dieses Jäger-Handwerkszeug, sicherlich ein Werk des Jagdteufels, war ein hölzernes Gerät zum Ab- und Aufwickeln Eures Jagdzeuges. Diese spiegelig geflochtenen Hasenfanggarne waren aus festem Zwirn gefertigte Netze, die durch eine starke Rebschnur eingefaßt wurden. Sie wurden auf Stellstangen **busenreich** aufgerichtet und durch Holzhaken (Hefteln genannt) im Boden befestigt. So konnten wir flüchtenden Hasen, die durch eine Treiberkette ins Netz gedrückten wurden, nicht mehr unter dem Garn entweichen. Waren dagegen die Netze **prall** gestellt, also straff gespannt, so fing sich keiner unserer Artgenossen. Wir prallten zurück und liefen am Netz entlang weiter, bis uns dann aber doch noch Jäger mit dem bleiernen Schrot erlegten.

Eine Hasenangst entwickelte sich bei uns im Hasenvolk vor diesem Marterzeug, den Hasengarnen.

Deshalb sannen wir auf Rache und erklären Euch Jägern und Hunden einen erbitterten Krieg.

Mit Eurem Gemälde am Wiener, am Bucovicer, sowie am Augustusburger Hasenhaus habt Ihr bereits demonstriert, daß unsere Anklage gegen Euch Jäger sowie Eure mörderischen Hunde, Habichte und Falken gerechtfertigt ist. Hier nochmals einige unserer Anklagepunkte:

Per Dekret erteilte uns unser „**Hasen-König**" den Befehl, alle unsere Feinde unerbittlich zu verfolgen. Er reitet hoch zu Roß voran zur Treibjagd (Bild-Nr. 3). Seine Leibjäger stoßen einen Jäger nieder. Auch die Hunde fliehen ängstlich vor den angreifenden Hasen.

Auf Bild-Nr. 11 zeigen wir Euch unsere Folterkammern, damit wir dort die Geständnisse Eurer ruchlosen Taten festhalten können.

Das Bild-Nr. 12 demonstriert, wie Euch Eure gerechte Strafe auf dem Richtplatz vor dem Stephansdom ereilt. Ein geköpfter Jäger liegt bereits am Boden. Der nächste folgt sogleich.

Bild-Nr. 18.wie wir zum wohlverdienten Festessen nach der Jagd schreiten.

Aus der Vorratskammer werden die „Speisen der gekochten Jäger und Hunds-Wildprät" geholt und zur festlich geschmückten Tafel gebracht.

Wie wir mit Euren Falken, Habichten, Geiern und Raben umgehen werden, zeigt das Bild-Nr. 23.

Und schließlich führt das Bild-Nr. 29 anschaulich vor, wie Ihr auf den Prelltüchern vor Schmerzen brüllen werdet, sowie Ihr es mit unserem Gevatter Fuchs auf dem Wiener Prater immer getrieben habt.

198

Plädoyer der Verteidigung:

„Verkehrte jagdliche Welt"

Schluß mit Schlingen und mit Fallen,
Hundemeute, Habichtskrallen,
Frettchen, Flinten, Schrot und Blei
und der lauten Knallerei.

Hohes Gericht!
Sehr geehrter, gnädiger
Herr Hasenkönig!

In meinem „beständigen und wohlbegründeten Bericht, wie fern die Jagden rechtsmässig und zugelassen sind" habe ich bereits Anno 1560 versucht in meinem berühmten Werk „Der Jagteuffel"* näher zu begründen, warum die Jagd in der „jetzigen Zeit größenteils Gottlos, Gewaltsam, Unrechtmäßig und somit zu verdammen sei und derhalben unterlassen werden sollte".

Meinem heutigen Plädoyer vor diesem Hohen Sassengericht der Feldhasen möchte ich jedoch einen historischen Satz der Alten Römer voranstellen: **Gloria prima lepus** – mit heutigen Worten: „Euch Hasen gebührt der Ruhm!"

Deshalb bitte ich, Hohes Gericht, den hier angeklagten Jägern sowie ihren ständigen Begleiter, die Jagdhunde, Jagdfalken, Habichte und Frettchen, Gnade zu erteilen. Mit der Einführung der neuen Feuerwaffen und des verbesserten Jagdzeuges konnten sie die Fangmethoden vervollständigen und weitaus mehr Wild erlegen, als es vor dieser Zeit, der Renaissance-Periode der Menschheit, möglich war.

Wenn wir heute eine **„verkehrte jagdliche Welt"** vorfinden, wo Ihr Hasen die Jagd so ausübt, wie wir Jäger es bisher praktizierten, dann ist dies ein Ausdruck der realen Wirklichkeit aber einfach auf den Kopf gestellt.

Es ist das Gleiche, als würden wir Menschen sagen, wenn das Wasser brennt, löschen wir es mit Stroh!

Deshalb Hohes Hasengericht, laßt nochmals Weidmannsgnade walten und geht mit uns Jägern menschlich um!

Horrido & Hasendank

Richterspruch:

„Hasen verurteilen Jäger"

Auf einem roten Thron sitzender Hasenrichter des obersten Sassengerichtes verkündete dem vor ihm knienden angeklagten Jäger folgendes Urteil:

„Sollt, zur Strafe für seine Taten, ihn auch an seinem Spieße braten!"

Obwohl der Jäger seine Untaten bei der Jagd bereute, wurde dem Delinquenten das Urteil nochmals begründet. Der Angeklagte wurde mit seinen Hunden und Falken zum Tode durch den Strang verurteilt und anschließend hingerichtet.

Und die Moral
von der Geschicht...

Hans Sachs formulierte es im
„Strafgericht der Hasen an die Jäger"
am 25.04.1550 wie folgt:

Den jeger an eim strick aufzuegen
An eim paüm zw der strengen frag,
Wie vil er hasen all sein tag
Het vmbracht mit seinem waid werg
Allhie an dem waldigen perg.
Da pekent er: auf drithalb hündert,
Jden mit namen außgesündert..."

und weiter:

Der Herr, der treibt Tyrannei,
und baut seine Macht auf Schinderei,
der Untertanen bedrückt so weit,
daß sie ihn fürchten jederzeit,
daß jener sich muß fürchten viel.
Wenn er zu arg treibt sein Spiel,
hält man auch ihm einemal Gericht;
der hart gespannte Bogen bricht."

Das traurige Schicksal der Feldhasen war noch miserabler, als jede Fabel und Erzählung es vorausahnen konnte. Rigoros wurden sie gehetzt, gejagt, gefangen, gerissen, gefressen, geschmort, gebraten oder überrollt. Die Zahl der Jäger sowie der Räuber wurde immer größer und raffinierter. Fuchs, Habicht, Mäusebussard, Rabenkrähe, Steinmarder, Hermelin alle, alle fressen die Hasen.

Noch größer sind die Verluste durch Landwirtschaft und Straßenverkehr.

Wenn heute, nach 450 Jahren ein neuer „Hasen-König" einen „Kriegzug der Hasen gegen Ihre Feinde" proklamieren würde, müßte die Rache der Hasen gnadenlos sein, denn nie in der zweitausend jährigen Geschichte waren die Besätze der Feldhasen so bedroht, wie heute.

Welch eine „verkehrte jagdliche Welt"! -
trotzdem: Gloria prima lepus fordert auch der Chronist unserer Tage!

Quellen-Nachweis
Verkehrte Welt/ Hasengerichte:
Spangenberg, C.: Der Jagteuffel. Eisleben 1560, Nachdruck Leipzig 1977
Deutsches Jagdarchiv: „Hasengericht verurteilt Jäger", Braunschweig, Band IV, Bl.4
König, U.: „Verkehrte Welt", Dresden 1746
Hobusch, E.: Zwei ungleiche Brüder. NBI-Report über Feldhasen und Wildkanichen. In: NBI-Die Zeit im Bild, Berlin, 1981, Nr. , S. 28-32
Kisler, K.M.: Die Jagd in der Literatur. In: JAGD EINST UND JETZT. Schloß Marchegg 1978, S. 67 - 69
Hobusch,E.: Gemischte Strecke - gelegt von Erich Hobusch, gezeichnet von Eugen Gliege,
Jagdhumor, Heft 2, Wiederitzsch/Berlin 1989, S. 6 - 13

Günter Reinhold
KÜHNLE

Bonn, Nordrhein-Westfalen

Mitglied des Vorstandes
FORUM LEBENDIGE JAGDKULTUR e.V.

Jahrgang 1938, Besuch des humanistischen Gymnasiums in Lahnstein/Rhein, Studium der Philosophie (Hauptfach), Psychologie und Soziologie an der Rheinischen Friedrich-Wilhelms-Universität zu Bonn, Staatsexamen (Magister Artium). Außerdem Studium der Medizin und Rechtswissenschaft. Mehrjährige Tätigkeit als Publizist bzw. freier Journalist, Buchautor (Pseudonomata). Autor im Freien Deutschen Autorenverband (FDA), Schutzverband Deutscher Schriftsteller e.V. Mitgl. d. Börsenvereins des Deutschen Buchhandels e.V. Von 1972 bis 1978 in unternehmerischer Verantwortung Manager eines Industrieunternehmens. Bis heute dort in unternehmensberatender Position. Seit 1978 überwiegend publizistisch tätig mit Beiträgen in überregionalen Medien. Schwerpunkt Philosophie und Gesellschaftskritik, Anthropologie, Motivations- und Persönlichkeitspsychologie. Forschungsarbeiten im Bereich der philosophischen Anthropologie und Motivationspsychologie.

Auswahl-Bibliographie:

Leben und Töten
Mythos zur Jahrtausendwende, Ökologische Ethik verändert die Welt Avant-Verlag, München-Bonn 1989
Im Bannkreis der Jagd (Pseudonym: Hubertus-Maria Wilderich von Tahlheim)
Avant-Verlag, München-Bonn 1989
Die Jagd zwischen Leidenschaft und Vernunft
Avant-Verlag, München-Bonn 1993
Der Jäger und sein Ich
Avant-Verlag, München-Bonn 1994
Der Mensch im Spiegel des Urwesens der Jagd
Das Töten von Tieren als natürliches und kulturelles Phänomen. Untersuchungen zur Frage von Differenz und Identität am Beispiel von José Ortega y Gasset: „Meditationen über die Jagd"
Avant-Verlag, München-Bonn 1997

Die Jagd des Josef Rotanev

Regenfälle tränkten seit Wochen unablässig die Krume der Felder. Kleine grüne Inseln der Wiesen und Weiden reckten ertrinkend ihre Grasnarbe über das weitgespannte Netz des Flachsees, das nun die hochmoorige Landschaft überspannte. Im Sternkreis von Krebs und Löwe hatte der Himmel seine Schleusen geöffnet, bis die Jungfrau endlich dem düsteren Treiben Einhalt gebot und mit einem Wetterumschwung mild-warme Herbstluft wie einen heilenden Hauch über den schlüpfrignassen Boden verströmte. Bauern durchfurchten mit schwerem Gerät die den Pflug längst fordernde Stoppel. Die Sonne beschien wieder freundlich vom heiteren Himmel das bunte Wechselspiel einer von Wiesen und Wäldern, Feldern und Hecken, von Tälern und Höhen geprägten Mittelgebirgs-landschaft am Rhein. Ein goldener Oktober entwand dem verregneten Spätsommer das Zepter zum lustvoll launigen Herbst.

Josef Rotanev spürte eine von leichtem Unbehagen begleitete Unruhe, die ihn aus den Aktenbergen seines Verwaltungsimperiums zu verdrängen suchte. Er, der Exilrusse, der aus einer fernen Kaukasusregion nichts als seine Jagdpassion und den Willen zur Macht in die freien Wirtschaftsräume des Westens mitgebracht hatte, vermochte noch rechtzeitig genug vor der Wende und Michail Gorbatschows Perestroika dem Feindbild der freien Welt zu entfliehen, daß er in den Armen der Freiheit den Preis derselben umgemünzt zu erhalten erhoffen durfte. Wie all jene, die die Milch der frommen westlichen Denkungsart genossen und zum Beweis dafür aus den Krallen des Sozialismus geflohen waren, erhielt auch Josef bei seiner Ankunft in einer rheinischen Großstadt als Neubürger deutschen Geblüts die wirtschaftlichen Aufbauspritzen des verheißenen Landes.

Aus der Tiefe seiner Seele erhob sich immer mächtiger ein starkes Gefühl der Sehnsucht nach vorübergehender Abkehr von den Jagdfeldern seines Verstandes, und ein elementares Bedürfnis drängte ihn, das in uns allen auf-bewahrte vitale Handlungsschema, das Jagdschema, nicht bloß auf den Feldern der modernen Wirtschaft im Netzwerk einer ausgeklügelten In-formationsgesellschaft mit seinen High-Tech-Beutezügen als Strategie des Selbsterhaltungs- und Nahrungstriebes anzuwenden, sondern Jagd im ursprünglichen Sinne als eine besondere Form des Glückserlebens des modernen Kulturmenschen zu erfahren. Wildtierjagd, wie er sie in den Urwaldregionen seiner früheren Heimat oft ausgeübt hatte trat in den Mittelpunkt seiner Wünsche.

Aus dem hohen Turm des Bürogiganten heraus suchte er einen Telefonkontakt mit dem Lehrer Werner Grünlinks, seinem Freund, der auf die Einlösung eines Versprechens wartete, bei angenehmem Jagdwetter mit ihm ins Revier ziehen zu dürfen. Werner, ein engagierter Tier- und Naturschützer, der die Attitüden einer sonst mit ideologischem Eifer und dem Absolutheitsanspruch eigener Sichtweisen auffälligen Schützerge-meinschaft auf angenehme Weise vermissen ließ, begegnete Josef bisher mit Argwohn, wenn es darum ging, die Freude an der Jagd als eine Ver-mittlung menschspezifischen Glücks, näherhin als eine Möglichkeit der Vermittlung des Erlebens der menschlichen Natur überhaupt zu begreifen und zu fühlen. Schon oft gelang es Josef Rotanev, Neugierde und Aufmerksamkeit seines Freundes mit dem Hinweis zu erwecken, die Kluft zwischen Mensch und Tier liege vor allem auch auf der Ebene des Erlebens lebendiger Sinneserfahrung und gegebener Gemütszustände. Das Tier lebt und erlebt. Der Mensch lebt und erlebt nicht bloß, sondern er erlebt sein Erleben. Dies könne man am besten bei der Jagd und der Liebe erfahren.

Was die Liebe anbetrifft, hatte Werner seine guten Erfahrungen und bestätigte bereitwillig die Sicht des Jägers. Die Jagd aber empfand er eher als ein fast martialisch rohes Vergnügen im Sinne des Thomas Morus, das mehr tierischem Lustvollzug ähnelte als es mit menschlicher Leidenschaft vergleichbar zu sein schien.

Mit einer Stimme, die das mühsame Zurückfinden ins Wachbewußte aus dem Mittagsschlaf verriet, meldete sich Werner am Telefon. Josefs Vorschlag, ihn ins Revier zu begleiten löste bei dem Freund sofort Hoch-stimmung und Begeisterung aus. Schnell verabredeten sie Zeit und Treffpunkt und befanden sich schon bald auf dem Weg ins Revier. Dort stellte Josef das Fahrzeug im Sichtschutz einer halbkreisförmig gewachse-nen Weißdornhecke ab. Die Abendsonne mischte die rot-braun-gelb-grüne Farbenpalette des gegenüberliegenden Eichenwaldes im Spiel ihres schon mattweichen Lichtes auf. Die von Wald und Schlehenhecken umgebenen

Wiesen und Weiden wirkten in ihrem schattigen Grün bereits dunkel. Über den wuchtigen braunen Schollen der angrenzenden frischgepflügten Felder lag der Brodem aus regengetränkter Erde und bannte die Jäger mit seinem moderwürzigen Duft in den Dunstkreis, den er über die herbstliche Landschaft mit ihren Lebewesen breitete.

Josef beschloß, eine Ricke mit Kitz anzupirschen, die am Bestandsrand etwa 500 Meter weit von den Jägern entfernt ausgetreten war und sich äsend zügig auf die zwischen Jäger und Wild liegende Wiese zubewegte. Sonst regte sich nichts auf Wiesen und Feldern.

Doch plötzlich preschen von hinten aus einem von Ginster und Hecken bestandenen Ödland zwei Rehe keuchend in rasender Flucht an den Freunden vorüber. Sie hasten mit federnden Läufen über die vor ihnen liegende Wiese dem Eichenwald entgegen. Ein reifer Bock treibt eine spätbrunftige Ricke. Schon ist der weite Horizont der Jäger von einer seltsamen Elektrizität geladen. Er bewegt sich, öffnet und verengt sich, er wird elastisch. Und es bricht jetzt mit Macht das orgiastische, dionysische Element herein, das auf dem Grunde eines jeden Jagens flutet und kocht.

Schnell wie erschienen verschwand der Spuk. Werner beobachtete von Anbeginn die Ricke und ihr Kitz, Josefs erklärtes Jagdwild. Das Verhalten des Wildes bannte seine Aufmerksamkeit.

„Verdammt neurotisch, deine Rehe", flüsterte Werner dem Jäger ins Ohr. „Die sind ja so nervös, daß sie mehr sichern als äsen", stellte er verhaltenspsychologisch fest.

„Unsinn", reagierte Josef fast ärgerlich, „du verstehst nichts von der Natur und willst ihr Schützer sein? Für Wildtiere der Beutearten ist der Jäger immer gegenwärtig, auch dann, wenn er konkret und körperlich nicht in der Nähe ist. Existenzangst und Vorsicht sind die Überlebensstrategien ihres Instinkts. Deshalb ist Jagd eine Form des Aufeinandertreffens zweier Instinktsysteme. Nicht zufällig kommt die Jagd über das Tier, sondern der Jäger ist schon im tiefen Schoß der Natur des Beutetieres vorgesehen."

Vom sprichwörtlichen Erkenntnisblitz getroffen, fielen dem Tier- und Naturschützer die Schuppen von den Augen und er begriff: Der Mensch kann nur in die Natur zurückkehren, wenn er vorübergehend seine Tiernatur in sich wachruft. Das gelingt ihm vor allem durch die Jagd, durch die Einsfühlung mit der Seele des Wildes.

Josef schenkte im Nachhall dieser Gedanken, dessen Faden auch er weitergewoben hatte, den jetzt nahe den Freunden äsenden Rehen eine Weile nur wenig Aufmerksamkeit. Unmerklich für die Jäger schlich der Wind in ihren Rücken und trug dem Wild Witterung von Gefahr und Verderb entgegen. Die Ricke warf auf, ihre angsterfüllten Lichter wirkten in dem hocherhobenen Kopf unnatürlich groß. Die Lauscher spielten wie feine Sensoren im Abendwind. Der weitgefächerte Spiegel signalisierte Gefahrbewußtsein des Wildes und ließ das Kitz näher an die Mutter rücken. Zunächst unschlüssig, mit steifen, gespreizten Vorderläufen, bewegte sich die Ricke mal nach links, mal nach rechts, als wolle sie mit ihren Schalen den Boden abtasten, um ihrem Umfeld eine Botschaft zu entlocken, die ihre Sinne offenbar noch nicht zuverlässig zu vermitteln vermochte! Die natürliche Angst ergriff jetzt den ganzen Leib des Tieres. Die Angst des verfolgten Tieres ist wie ein leerer Raum, in den alles hineinstürzt, was um ihn herum ist. Die Angst, die das Wild fliehen läßt, saugt die ganze Landschaft auf, saugt sie aus und zieht sie hinter sich her. Dem Jäger, äußerlich kühl und ruhig, klopft das Herz schneller und stärker in der Brust. Ob er will oder nicht, der Jäger ist eingebunden, ist Akteur in dieser majestätischen Symphonie der Natur. Der Seinsmodus des Beutetieres verwandelt auch den Menschen im Bannkreis der Natur in einen Jäger. Deshalb ist die einzig passende Antwort, die natürliche Vorgabe für ein Wesen, das ganz in der Besessenheit lebt, wie das Wildtier, ein Erbeutetwerden zu vermeiden, der Versuch, sich seiner zu bemächtigen. Dieses Schema hat die Natur in der zoologischen Hierarchie den Lebewesen eingeboren und dieses Schema ist die Jagd in der Natur, im Aufeinandertreffen, im Wettstreit von zwei Instinktsystemen.

Mit der Büchse im Anschlag wartete der Jäger ab, bis das Kitz breitstehend auf etwa 60 Gänge ein sicheres, schmerzlos tötendes Erlegen zuließ. Der rauhe Knall des Schusses durchbrach die friedliche Feier der Natur und zerriß die erhabene Stimmung, die das letzte Abendlicht der am westlichen Horizont sich verabschiedenden Sonne über die Landschaft legte. Getroffen stürzte das Wild zu Boden und wurde leblos, stofflich, gewandelt vom Leib zum seelenlosen Körper, eng verbunden nun mit der Erde, die eine Zeitlang seine Existenz getragen und erhalten hatte. Wie gebannt verharrte die Ricke wenige Schritte neben dem erlegten Kitz. Erneut peitschte der Schuß aus Josefs Büchse die herbstliche Abendluft, und der Schall rollte in grollendem Knall zum Eichenwald hinüber. Dicht nebeneinander, wie sie im Leben verbunden waren, ruhten jetzt beide Körper im feuchten Gras der Wiese. Ein Kauz näherte sich von einer Randkiefer am Eichenwald, umkreiste schaukelnd Jäger und Wild. Werner verspürte nicht mehr wie früher den Zwiespalt seiner Gefühle, wenn er bei Jagderzählungen seines Freundes in dessen glückstrahlende Augen sah, die ihn zur Mitfreude anzustacheln schienen. Ihm, dem so leidenschaftlichen Natur- und Tierschützer war an diesem Abend, in diesem Augenblick eine tiefere Einsicht in die Gesetze der Natur vergönnt als er sie in all den Jahren zuvor bei mannigfaltigen Initiativen und Naturaufenthalten zu gewinnen vermochte. Ganz ohne Mißbehagen ergriff Werner deshalb fast stürmisch die Hand des Freundes und verlieh so seiner Sympathie mit dem Erlebten begeisterten Ausdruck. „Weidmannsheil, Josef, ich freue mich mit dir. Ich weiß jetzt, was uns Jäger und Tierschützer miteinander verbindet. Um die Natur unserer menschlichen Natur in der Natur zu erleben, bedarf es nicht unterschiedlicher Kapellen, in denen wir beten."

Werner erkannte die Jagd als die Vermittlungsebene der Bedingung der Möglichkeit menschlichen Glücks. Die meisten Jäger erleben dieses Glück nicht als evidente Erkenntnis, die ihnen ein auch intellektuelles Gefühl vermittelt, sondern als eine dunkle, aber gewißmachende Ahnung von einem faszinierenden Geheimnis der Natur des Menschen. Das ist auch der Grund, weshalb so viele Jäger nicht konkret zu sagen vermögen, weshalb sie jagen. Werner und Josef zogen die erlegten Rehe zu einer nahegelegenen Feldholzinsel. Dort versorgte Josef das Wild, brach die Stücke auf und erklärte dabei seinem Freund die Erfordernisse der Wildbrethygiene. Über ihnen am Firmament funkelten unruhig einige Sterne. Ab und zu konnte man einen Satelliten bemerken, der wie ein feuriger Götterbote zwischen den Gestirnen seine Bahn zu ziehen schien. Das kalte, fahlgelbe matte Licht des zunehmenden Mondes wirkte abweisend und fremd in diesem heiteren Spiel am Firmament.

(Auszug aus einem Essay)

Herbert
ROSENSTINGL

Vestenötting, Niederösterreich

Geboren 1946 im Niederösterrei-
chischem Waldviertel, wohnhaft
mit jagdgeprüfter Frau (Tochter
lebt schon außer Haus) und
Bayrischer Gebirgsschweißhündin
in einem winzigen Dorf namens
Vestenötting bei Waidhofen an der
Thaya, überlieferter Hausname:
„Le Coeur de la Chasse".
Täglicher Berufspendler nach
Wien.
Beruf: Lebensmitteltechnologe;
beschäftigt als Referatsleiter für
tierische Lebensmittel an der
Bundesanstalt für Lebensmittel-
untersuchung und -forschung
Wien.
30 Jagdkarten, frühzeitige Jagd-
pachtbeteiligung, Jagdleiter einer
Genossenschaftsjagd,
Stellvertretender Hegeringleiter,
Jungjägerausbilder. Obmann und
Oberschützenmeister der mehr als
400 Jahre alten Jäger- und
Schützengilde Waidhofen an der
Thaya sowie Chevalier des König-
lichen Belgischen Hubertusordens
in Saint-Hubert.

Auswahl-Bibliographie

* 1974 erste populärwissenschaftliche Arbeiten
* mehrere Jahre Monatsleitartikel für „Anblick",
  Graz und „St.Hubertus", Wien
* populär-jagdwissenschaftliche Artikel zum
  Thema Ethik, Jagdausübung, Wildbrethygiene,
  Wildkrankheiten, Friedrich von Gagern, Jagdmuseen und jagdkulturelle Sammlungen
* jagdliche Kurzprosa
* erste Wildbrethygienebroschüren Österreichs
  für die Jungjägerausbildung
* Co-Autor (Hygieneteil) des Österreichischen
  Jagdprüfungsbehelfes
* 5 Jahre Redakteur, Herausgeber und Verleger
  einer lokalen Jagdzeitung
* Erarbeitung und Durchführung mehrerer jagd-
  kundlicher Ausstellungen

Über die Confrerie der Montgolfiers

Eine Begebenheit aus dem Waldviertel in Österreich, genau nach der Natur erzählt, in Erinnerung einer wahren, beispielhaften Begebenheit am 8. des Heumondes anno Domini MCMXCII des Abends spät nach der Dorfglocke in der Nähe des nach der Vestung Nettichen genannten Ortes im Bereich der ehemaligen Herrschaft derer v. G. bei W.

Geduckt liegen zwei Orte – und nicht nur diese – eingebettet in die Nordwaldviertler Landschaft, sie schmiegen sich beidseitig der Thaya einander gegenüber in das Flußtal, das hier in die hügelige Umgebung sanft eingeschnitten ist.

Einzig markanter Punkt ist die von der gräflichen Familie erbaute Kirche, deren Turm, obschon kein eigenes Kirchspiel, wie ein Finger auf eine übergeordnete Institution zeigt, aber die danebenstehenden Fichten nur um weniges überragt.

Fast genau unter diesem Finger lebt der Erzählter in einem Haus, dessen Bausubstanz auf das 18. Jahrhundert zurückgeht, auf Zeiten, zu denen der herrschaftliche Brot- und Arbeitgeber seinen Bediensteten und Löhnern die Gelegenheit bot, sich hier für die damalige Zeit fast großartige Heimstätten zu errichten. Und noch bis ins 20. Jahrhundert ermöglichte der ehemalige Grundherr den Erwerb von Gärten für die Häuschen der Häusler, die dann zwar keine mehr waren, aber oft noch in seiner Forst- und Landwirtschaft Lohn und Brot fanden.

Heute leben in den zwischen Berghang und Thayabogen liegenden Wohnstätten Arbeiter, Angestellte, Pensionisten und Freiberufler, und auch das Schloß fällt in seinem Ensemble wenig auf, es fügt sich in die gegebenen Verhältnisse.

Dieser völlig dem Flußtal folgenden und an der einzigen Straße, die in wechselnder Breite auch noch zwischen Berg und Fluß Platz gefunden hat, aufgefädelten Häuserreihe gegenüber, auf der anderen, flachen Flußseite, liegt der zweite kleine Ort, ein bäuerlicher, von dessen früher, relativer Selbständigkeit die schönen, wohlhabenden Bauernhöfe Zeugnis ablegen. Aber auch diese Anwesen fügen sich harmonisch in die Ausläufer der sanft aufsteigenden Hügel der Äcker und Wiesen.

Wenn jetzt noch von den bis an die Küchengärten herangrasenden, pardon: äsenden Reh- und Häslein erzählt wird, von den Rebhühnern, den Fasanen und Enten, den Kiebitzen, den Uhus, Füchsen, Weihen, Reihern, Mardern, Fischottern, Habichten, Bussarden draußen im Revier und von den Wildtauben, die herein in den Ort kommen und sich vertraut unter das glückliche Hausgeflügel mischen, ist die Idylle der Romantik fertig, der Kitsch ausgewalkt, wie der rohe, noch klebrige Teig für die berühmten Mohnstrudel der Gegend („weich-krustige Hülle mit sanfter Fülle").

Doch die Idylle wird, wie es zu dieser Art Erzählung gehört, dramatisch gestört, und das geschieht so:

Von Zeit zu Zeit gibt es in diesem romantischen Haus-, Hof-, Tier-, Garten-, Wald-, Wild- und Feldkirtsch eine wunderbare Erscheinung, besonders in den frühen Morgen- und späten Abendstunden, wenn alles Leben erwacht oder sich zur Ruhe begeben will, eine Erscheinung, die gleichsam wie ein Geist das eintönige Herrschaftsleben im Schloß, das ruhige Dorfleben „belebt". Leuchtend bunt gefärbte, fast kugelrunde Gebilde überschweben (nein, sie überfahren!) die beschriebene Landschaft!

Hoch oben, so richtig zwischen Erde und Himmel, vielleicht den Schäfchenwolken nahe (wie hoch schweben wohl diese, oder fahren sie auch?), da wären diese farbigen Kugeln als Punkte schön, man könnte an Lampions eines lauen Sommerabends oder an eine frühe Sommersonnenaufgangsstunde denken, ihre Existenz erfreute die Menschen tief unter ihnen, nachblicken könnte man ihnen, wie sie seltenen Vögeln gleich ins Paradies entschweben.

Dem Hahn auf dem Misthaufen aber erstirbt das Krähen im Hals (oder hat er auch einen Stingel?) frühmorgendlich oder spätabendlich, wenn er nach dem Signal des Geläutes aus dem Glockenturm sein Hennenvolk zur Pflicht rufen will.

Fauchend und pfauchend steht plötzlich eine riesige Kugel wenige Meter über dem Hof. Flammen schlagen während dieses Lärms in die Kugel hinein, doch diese brennt nicht.

Besagender Hahn bringt noch ein heiseres Krächzen aus seinem Schnabel, ehe er sich (man muß ja an sich zuerst denken, wenn man der einzige Mann auf dem Hof ist, und was möchten all diese Hennen ohne ihn tun?), also:

ehe er sich im nahen Hühnerstall auf die allerhöchste Sitzleiste flüchtet (so hoch wird das Ungetüm ja nicht fliegen?!) – und das Hennenvolk, seinem Beispiel folgend, in wirrem Haufen, drängend und stoßend (man weiß als Mann ja, wie Frauen so sein können) die Restplätze besetzt.

Mit ängstlichem Fiepton möchten die beiden Kitze ihre Mutter auf die riesige farbige Kugel aufmerksam machen, die plötzlich aus dem Flußtal aufsteigt und die Rehe zu überrollen scheint. Die Geiß wäre fast allein geflüchtet, doch ihre mütterlichen Instinkte treiben sie zurück, aber auch zu dritt scheint es kein Entrinnen vor der alles überragenden, platzergreifenden, alles einnehmenden Erscheinung zu geben. Wirr stolpern die drei über die Wiesen, doch dort gibt es keine Deckung vor der heranrollenden Kugel, sie fliehen ins Getreide, aber dessen Halme sind zu kurz, um die Kugel nicht mehr sehen, ihr Pfauchen nicht mehr hören zu müssen, der Weg zum Wald ist abgeschnitten, und der Kukuruz bietet nur scheinbaren Schutz, bis, ja bis auch dort die Kugel fauchend über ihnen liegt und Panik alle erfaßt, die Kitze, die älteren Rehe, die Hasen, die Rebhühner sich vergeblich drücken, die Enten verzweifelt Landeplätze suchen, die Fasane aufstieben; nur die Tauben haben's gut, sie verschwinden pfeilschnell am Horizont, haben aber ihre Post vergessen, die das Vorgefallene dort draußen, außerhalb dieser Kitsch-Idylle, jemanden erzählen könnte.

Und so habe ich es erzählt.

Dieser Aufsatz basiert auf sich immer wieder wiederholenden Naturstörungen durch absichtlich äußerst niedrig über das Gelände fahrende, den Höhen und Tiefen der Landschaft folgende Heißluftballons.

Werner Heinz Albert KLOTZ

Bad Driburg, Nordrhein-Westfalen

Als Sohn eines staatl. Forstbeamten in Forsthaus Gradberg bei Bad Driburg am 14. 05. 1931 geboren. Abitur, Kaufm. Lehre zum Industriekaufmann,
Studium am Holztechnikum Rosenheim, Abschluß als staatl. anerkannter Holztechniker.
Als Betriebsleiter, Prokurist zuletzt als Gechäftsführer in der holzverarbeitenden Industrie tätig.
Seit 1990 in den Frühruhestand.
Verheiratet - 3 Kinder.
Jäger seit 1962 und ab 1987 Leiter der Schwarzwildhegegemeinschaft Egge-Ost.

Auswahl-Bibliographie:
Sauen- Sauen - Sauen.
Melsungen, Verlag Neumann-Neudamm,
1. Aufl. 1989; 2. Aufl. 1996
Lebenskeiler fallen nicht vom Himmel.
Wien, Österr. Agrarverlag, 1998
Verschiedene Abhandlungen über Schwarzwild in PIRSCH.

211

Jagd zwischen Gestern und Heute

Wie Sie meiner Biographie entnehmen können, bin ich seit frühester Jugend auf Wald und Wild geprägt worden. Mein Vater als Forstbeamter hatte ein relativ großes Revier zu betreuen. Und dieses alles seinerzeit zu Fuß, begleitet von seinen beiden Teckeln. In der Frühe ging es bewaffnet mit Rucksack und Drilling in das ziemlich bergige Revier.

Als ich noch nicht zur Schule ging, begleitete ich ihn oft. Wie gerne machten wir Vesper am Lagerfeuer der Waldarbeiter. In der Regel hatten sie einen Kanten Brot, ein Stück Speck oder Wurst und eine Zwiebel dabei. In der Kohle des Feuers wärmten sie ihren Kaffee auf.

Hier bestand also, es war in den dreißiger Jahren, ein enger Kontakt zwischen Mensch, Wald, Jagd und Wild. Einfach eine echte Symbiose. Irgendwie waren die vier Komponenten von einander abhängig, und jeder gab sein Bestes.

Oft hatten wir guten Anblick von Rotwild und Sauen. Der notwendige Abschuß erfolgte tagsüber über Kimme und Korn. Uns lief einmal ein abgestoßener Frischling entgegen. Diesen wickelte ich in den Lodenmantel meines Vaters und nahm in mit nach Hause. Dort wurde er gehegt und gepflegt, und wie ich schon in einem meiner Bücher geschrieben habe, entfloh er etwa einjährig in den nahegelegenen Wald. Nicht nur die forstliche und jagdliche Hege, sondern auch die Kommunikation zwischen den seinerzeit lebenden wenigen Menschen war manifestiert, eben anders als in unserer heutigen Gesellschaft. Staatlich verpachtete Reviere oder Pirschbezirke gab es nicht. Schon allein dieses trug dazu bei, daß unser Wild tagaktiv war. Man machte Strecke über Kimme und Korn. Ein Abschußplan hatte nur wenig Bedeutung, denn wer kannte seinen Wildbestand besser als der Förster. Eine rühmliche Ausnahme bildete das Rotwild. Als Zenit einer forstlichen Laufbahn gab es den sogenannten Pensionshirsch. Wenn ich daran zurückdenke, wie oft ich die Wickelgamaschen meines Vaters von Kletten und sonstigem Grünzeug gereinigt habe, anschließend trocknete und wieder schön sauber aufwickeln mußte, kann sich manch älterer Leser in diese Zeit zurück versetzen. Vom Abführten der Sauen bis zum

Aufstellen von Fangeisen für Füchse, hatte ich täglich meine Zeit einzuteilen. Der damalige Forstbeamte konnte von seinem geringen Gehalt kaum leben. So kamen die Erträge aus der 33 Morgen großen Landwirtschaft und die vielen Fuchsbälge dazu.

Man war mit der Natur und dem Wild eng verbunden. Als ich ungefähr zwölf Jahre alt war, durfte ich dann als Belohnung, auch ohne Jagdschein, mit meinem Kleinkaliber am Fuchsbau ansitzen, oder sogar schon einmal einen Hase erlegen.

Ich möchte Ihnen nicht meine Biographie aufdrängeln. Aber jüngere Leser würden sonst den Gegensatz von Jagd Gestern und Jagd Heute nicht verstehen. An diese wenigen hier geschilderten Erlebnisse mit Naturgewalten, dem Wald in seinen vier Jahreszeiten, dem Wild und dem Jäger erinnere ich mich gern. Diese Zeilen sollen die unkomplizierten Dinge der Hege und Jagd der damaligen Zeit widerspiegeln. Aus der heutigen Perspektive gäbe es noch viel positives zur Jagd von Gestern zu berichten.

Der heutige Revierbeamte mit Auto, Handy und PC, hat großflächige Forsten zu betreuen. Dabei verbringt er die viel Zeit in seinem Auto. Er wurde zum Wirtschaftsmanager. Er kann jetzt nicht mehr intensiv abfährten um die Wilddichte richtig zu bemessen.

Die meisten aus den Ballungsgebieten anreisenden Jäger kennen ihr Revier nur an den Wochenenden oder aber bei Vollmond.

Zeit heißt heute das wichtigste Wort!

Es gab also eine Wende um 180 Grad. Die Deutschen Jagdgesetze sind mit Sicherheit die besten in Europa. Da, wie man so sagt, Papier geduldig ist, so finden die vielen Erlasse im Dschungel der Paragraphen nicht mehr den richtigen Stellenwert. Sie verklingen wie ein Halali in der Ferne ohne den Ansprechpartner richtig erreicht zu haben. Leider gelangen sie nicht mehr bis an die Basis, vor Ort in das Gedächtnis der Jäger.

Als Vorsitzender der Schwarzwildhegegemeinschaft Egge-Ost muß ich von einem dornenreichen Weg sprechen, um auf freiwilliger Basis eine SHG aufzubauen. Die erhoffte Unterstützung durch die Jagdbehörden war gering.

Meine überregionalen Referate mit dem Titel: Schwarzwild bewirtschaften und bejagen oder bekämpfen? sprechen eine deutliche Sprache. Die ausgearbeiteten Analysen für die jeweiligen Kreisgruppen geben Anlaß, um gerade über die Bejagung unseres Schwarzwildes nachzudenken.

Weil man im Jahre 1934 bei der Verabschiedung des Reichsjagdgesetzes noch der Meinung war, das unstete Schwarzwild nicht in einem Abschußplan erfassen zu können, so wurde unsere letzte wehrhafte Wildart bekämpft. Wissenschaftliche Erkenntnisse zeigen auf, daß Sauen in Familienverbänden ein ausgeprägtes Sozialverhalten zeigen. Die streng voneinander lebenden Verbände haben nur einen Aktionsradius von ungefähr sieben Kilometern. Fragt man seinen Jagdnachbarn, er kennt die gleichen Rotten, die auch in meinem Revier ihre Fährte ziehen.

Wild kennt keine Grenzen!

Wir brauchen für Schwarzwild einen Abschußplan. In einer Jagdzeitschrift lese ich soeben, daß Polen wiederum so einen Abschußplan ausarbeitet. Ich denke einmal, daß der dort lebende Jagdwissenschaftler Prof. Pielowsky hierzu entscheidene Argumente vorgebracht hat.

Obwohl der Gesetzgeber den Unterschied zwischen einer Fütterung und einer Kirrung klar definiert hat, sieht es vor einigen Hochsitzen in unserem schönen Deutschen Wald „saumäßig" aus. Ich bin mir bewußt durch diese Feststellung manchen „sogenannten Jäger" zu vergrämen.

In Deutschland entfallen auf rund 10000 Einwohner 10 Jäger. In Frankreich, z.B. sind es 30. In den meisten Kreisgruppen wandern jährlich ungefähr 10 Weidgesellen in die ewigen Jagdgründe. Zum gleichen Zeitpunkt machen ca. 50 Jungjäger ihr „grünes Abitur". Es stellt sich die Frage, wo bleibt das Gleichgewicht der Kräfte?

Die immer stärkere Nachfrage nach Jagdmöglichkeiten ist schon allein dadurch programmiert. Das haben auch die Verpächter gern positiv aufgenommen. Jagdpächter, welche oft in mehreren Generationen ihr Revier und das freilebende Wild kannten, mußten leider aufgrund höhere Preisangebote, aufgeben. Ich kenne Fälle, wo Staatsforstverwaltungen ihre Jagdgebiete versteigert haben. Niederwildreviere mit Schwarzwild als Wechselwild. Allein dieser Zusatz treibt die Preise in die Höhe. Weil der schwierige Holzabsatz zu schlechten Preisen die Forstverwaltungen in die roten Zahlen bringen, geht dieses auf Kosten der Kreatur.

Auch die Großgrundbesitzer splitten ihre Forsten in 75 ha Pachtreviere.

214

Es wird für unser Wild eng im Deutschen Wald!!

Bei meinen Analysen für meine Referate ermittelte ich einmal eine Schwarzwilddichte von 8,0 Stück je 100 ha Wald. Wissenschaftliche Erkenntnisse lassen bei dieser Wildart aber nur einen Bestand von 2,5 Stück je 100 ha Wald zu. Die Sauen reagieren auf diese Überpopulation entweder durch die Schweinepest oder aber durch Abwanderung in sonst Schwarzwildfreie Gebiete. Hier stehen nun die Landwirte und Jäger vor neuen Problemen. Wie leicht kann es doch zum Abschuß einer Leitbache kommen. Die Folge ist die Zerstörung der Sozialstruktur, unterschiedliche Rauchzeiten und damit verbundenen höheren Wildschäden.

Sie als Leser machen sich aufgrund meiner bisherigen Ausführungen sicherlich Gedanken, wie es um die Deutsche Jagd steht. Als Autor und Jäger habe ich die wenigen schwarzen Schafe, welche es in jeder Gesellschaftsform gibt, heraus gepickt.

Ich denke es ist dringend notwendig, daß besonders bei der Bejagung unseres Schwarzwildes ein Umdenkungsprozess erfolgen muß!

Unser Schwarzwild ist nachtaktiv geworden. Was nun? Optische Geräte mit Leuchtabsehen mußten her, um angeblich einen sicheren Schuß abgeben zu können. Durch Lockerung der Bewertungskriterien bei allen Wildarten kann man ja eigentlich rein theoretisch kein „falsches Stück Wild" mehr erlegen. So schreibt doch schon Hermann Löns: „das Schießen allein macht den Jäger nicht aus".

Dazu kommen aus der Sicht der Umwelt die noch vermeidbaren Streßbedingungen, wie z.B.Jogger, Mountainbiker, Reiter etc. Das Resumee lautet: wo bleibt da die Rücksichtnahme auf Wald und Wild durch uns Menschen? Der Lebensraum unserer freilebenden Wildtiere ist mehr als eingeschränkt. Seit der Öffnung des Waldes für echte >Naturliebhaber< (ungefähr 10 % der Bevölkerung, welche dazu zählen, sieht es um die Jagd nicht rosig aus.

Mehr Öffentlichkeitsarbeit ist dringend von Nöten. Das sehr gut gestaltete Heftchen des DJV- JAGD HEUTE- kann nur einen Bruchteil von Menschen erreichen.

Es ist höchste Zeit, daß wir Jagdautoren eine Aufklärungspflicht übernehmen.

Und dieses ist durch die Bildung unseres neuen - FORUM LEBENDIGE JAGDKULTUR- zu erreichen. Nach dem Motto „was Du schwarz auf weiß besitzt" kannst Du getrost mit nach Hause nehmen, wollen wir alle gemeinsam versuchen, auch den jüngeren Menschen, nicht nur den Jäger, zum umdenken zu bringen.

Wir alle leben vom Wald als Lebensfaktor Nummer eins und auch von dem darin lebenden Wild.

Ausgewiesene Naturschutzgebiete sind sicherlich sehr hilfreich, wenn sie richtig genutzt werden.

Nach dem Sie alles aufmerksam gelesen haben, könnte der Eindruck entstehen, hier habe ich es mit einem Sauenpapst zu tun. Da liegen Sie sogar richtig.

Meine mehr als vierzigjährigen Erfahrungen mit dieser Wildart, waren der Anlaß, warum ich gerade bei den nicht im Abschußplan enthaltenden Sauen, mich für diese besonders engagiere.

Wir Jäger tragen wesentlich zum Erhalt der freilebenden Tierwelt und ihrer Lebensräume bei. Dieses kommt auch der Allgemeinheit zugute. Darüber hinaus ist die Jagd ein wichtiger Wirtschaftsfaktor, der weit über die jagdlichen Kreise hinaus wirkt. Der Begriff der Ökosystemgerechtigkeit ist ohne Zweifel ein wertvoller Beitrag, um die Aufgabe der Jagd und die Einstellung der Jäger zu verdeutlichen. Weil er jedoch den Gesamtbereich dessen, was Weidgerechtigkeit meint, scheint der Begriff „jagdliche Ethik" doch den Vorzug zu verdienen. Sicher gibt es noch Jäger, die ein solches Bemühen um eine ökologische und ethische Fundamentierung der Jagd nur mit Unbehagen hören und alles beim alten lassen möchten. Aber sie verkennen den Ernst der gegenwärtigen Situation.

Angesichts der tatsächlichen Bedrohung der Schöpfung wird unsere Gesellschaft immer sensibler für alle wirklichen oder vermeintlichen Gefährdungen der Umwelt. Politische Umstrukturierungen in unserer Demokratie können rasch dazu führen, daß man die Jagd verteufelt und eine Mehrheit in den Entscheidungsgremien gegen die Jagd einnimmt. Die Jagdverbote in anderen Ländern sind eine ernste Warnung. Darum ist es unverzichtbar, die Jagd in ihren ökologisch-ethischen Werten stärker als früher durch geeignete Literatur herauszustellen und gegebenenfalls manche traditionellen Argumente zugunsten der Jagd und manche jagdliche Gewohnheit aufzugeben.

Lassen Sie mich bitte zum Ende meines Beitrages ein Zitat von Gagern anführen:

Jagd ist schauen,

Jagd ist Sinnen,

Jagd ist Ausruhen,

Jagd ist Erwarten,

Jagd ist Dankbarsein,

Jagd ist Advent,

Jagd ist Vorabend und

Jagd ist Bereitung und Hoffnung.

Ein Anblick, der erfreut.
Wenn wir ihn auch morgen noch erleben wollen, müssen wir heute handeln ...

Hans
BEHNKE

Beldorf

Wildmeister Hans Behnke,
Jahrgang 1912, in Hamburg auf
St.Pauli geboren, in „St.Michel"
getauft, in Schleswig-Holstein als
Berufsjägerobmann, hirschgerechter
Jäger und reviergestaltender
Wildmeister seit Jahrzehnten ver-
dienstvoll gewirkt.
1954-1974 Geschäftsführer des
LJV-Schleswig Holstein.

Bereits 1974 mit dem DJV-
Kulturpreis ausgezeichnet
Sein Freund, der bekannte
Ornithologie G. Niethammer
benannte sogar eine neuentdeckte
Drossel nach dem Wildmeister,
Monticola solitarius behnkei, einer
Drosselart des seltenèn Steinrötel,
die vereinzelt noch in einsamen
Felsregionen vorkommt.

Auswahl-Bibliographie:
Neugestaltung des berühmten Standardwerkes von
F. v. Raesfeld: *Die Hege,*
Jagdliche Betriebslehre. 3.Aufl. 1976,
Hamburg und Berlin, P. Parey-Verlag.
Gemeinsam mit Reinhard Behrent:
Jagd und Fang des Raubwildes
11. Aufl., 1977, Hamburg und Berlin,
P. Parey-Verlag.
Hege und Jagd im Jahreslauf
7. Aufl., 1994, München, BLV.
Fasan und Rebhuhn
Biologie, Hege, Aufzucht.
7. neubearb. Aufl., 1997, Berlin P. Parey

Hans Behnke wurde in Würdigung
seiner Verdienste zur Förderung von
Jagdliteratur und Jagdkultur zum
Ehrenmitglied des
FORUM LEBENDE JAGDKULTUR e.V.
ernannt.
Bad Driburg am 24.04.1998   Jahrestagung 1998
FORUM LEBENDIGE JAGDKULTUR e.V.

Benedicimus oder
Das Kreuz mit der Jagd

Der Abt saß vornübergebeugt in einem breiten, derben Stuhl hinter dem langen Tisch und las in einer Aufrechnung. Die Septembersonne schien durch die hohen Fenster in den saalartigen Raum mit den vielen Regalen voller Folianten. Eine Tür öffnete sich, und ohne anzuklopfen, was im Kloster üblich war, betrat ein Mönch in der schwarzen Kutte der Benediktiner zögernd den Raum.

Als der Chronist diese Einleitung zu Papier gebracht, fügte er folgende Anmerkung hinzu: Natürlich ist es eine Lust, soviel handliches Fleisch am Gerippe einer Chronik zu genießen. Aber bliebe der Chronist bei derartig lustvoller Beschreibung von Details, so wären die schlichten Notizen ein dicker Roman. Belassen wir es also bei den Knochen der Tatsachen, die immerhin ahnen lassen, welche runden Formen sie einst umlebten. „Was gibt es, Bruder Kellermeister?" fragte etwas ungehalten der Abt.

Wilpret geht zur Neige

„Verzeiht, ehrwürdiger Vater, aber das Wildpret geht zur Neige, und ich bitte darum, den Jäger Hubert ausrüsten zu dürfen. Die Hirsche schreien jetzt, das Wild ist unaufmerksam, und er würde ein paar Kälber erbeuten können."

„lst denn im Bergkeller noch genügend Eis vom letzten Winter, um frisches Wildpret darauf zu lagern? Sind wir so knapp an Fleisch, daß Ihr zu dieser neuen Maßnahme gezwungen seid, bevor wir auf den Teichen wieder Eis sägen können?"

„Ehrwürdiger Vater, horcht hinaus, habt Ihr noch Hirsche schreien hören in den kühlen Morgenstunden? Von Jahr zu Jahr wird das Wildpret weniger, und jetzt ist es am besten zu finden. Selbst von weit her kommen Jäger, um hier zu jagen, weil es in den niederen Landen kaum noch Wild gibt. Und es ist niemand da, der es ihnen verwehrt; denn wehrlos sind unsere armen Ritter zwischen Maas und Mosel, ihr Geld, ihre Söhne und Knappen zogen gegen die Sarazenen. Oder" – Bruder Bodo legte eine Kunstpause ein – „wollt Ihr nur von Fastenkarpfen leben, und die Patres sollen Schweine und Kühe hüten anstatt zu lernen und zu lehren? Wir Benediktiner?"

„Bruder Bodo", lachte der Abt und betrachtete liebevoll die nicht sehr große, aber sehr umfangreiche Gestalt seines Kellermeisters, „laßt ihn ziehen, aber gebt ihm zwei Knechte mit, damit er auch reichlich rotes Wildpret einbringe."

Der Klosterjäger Hubert war in den Bergen der Ardennen zu Hause und kannte sein Handwerk.

So zog er denn, gut ausgerüstet, mit vier Knechten, vier Packpferden und zwei Hundsleuten samt ihrer Meute hinaus in die Wälder. Es war sein zwanzigster Ausritt in neun Jahren, und erstmals führte auch er eine dieser neuen Bolzenschleudern aus den Schwyzerlanden.

Es war ihm zu früh im Jahr, aber immerhin, von den Tälern der Semois, wo er hoffte, noch genügend Wildpret zu finden, bis in Bodos Keller müßte es in einem Tag-und-Nacht-Ritt zu schaffen sein, ohne daß das Wildpret verdürbe. Und Bodo hatte recht - das Wild war jetzt in der brunstigen Zeit leicht zu finden.

Das wußten auch die Reichen laus den Bürgerburgen, den Städten, die am Wildpret Gefallen gefunden hatten.

Und tatsächlich, schon bald außerhalb des klösterlichen Bannwaldes, in der Nähe der großen Straße zum Kloster Bouillon trafen sie auf eine zur Jagd ausgerüstete Gesellschaft.

Mit Packpferden, aber ohne Meute. Es waren keine adligen Herren, keine fürstlichen Jagdknechte oder Klosterjäger, aber es waren hochmögende Herren, zwar ohne Wimpel und Wappen, aber mit guten und griffbereit gehaltenen Stech-, Hand- und Bolzenwaffen, gekleidet in Lederwams mit Jagdkappe statt Hut.

Unter den finsteren Blicken dieser Leute war Hubert froh, daß seine Packpferde noch leer liefen. Hubert und seine Männer verhielten hinter der Meute, und die Hundsleute zupften die Riemen und ließen die Meute gefährlich blaffen.

Nur einer der Fremden hatte ihren Gruß erwidert, als sie kurz gehalten, dann trabten sie weiter, Hubert atmete auf und bekreuzigte sich still.

Wildleere Wälder

Die Wälder waren wildleer, wo sie zugänglich waren, und nur des Huberts langjährige Kenntnis aller Einstände brachte ihnen rotes Wildpret derart in Anblick, daß sie es kreisen und mit den Hunden stellen konnten. Hubert nahm sich vor, den Kellermeister zu bitten, auch für jeden der Jagdknechte eine Armbrust, wie man die neuen Bolzenschleudern nannte, anzuschaffen. Damit konnte man auf achtzig Gänge töten, und die Meuten mit ihrem großen Aufwand würden überflüssig, jedenfalls für die simple Wildpretjagd.

Als sie zwei Tiere und zwei Kälber erlegt hatten - die Hirsche ließen sie, denn sie schmeckten nicht in dieser Jahreszeit -, scheute Hubert sich jedoch, zwei Pferde und zwei Knechte allein zum Kloster zurückzuschicken. Noch zweimal hatten sie Jäger beobachtet und gemieden, da ihnen ihre Zahl und Bewaffnung nichts Gutes verhieß. So verteilten sie das Wildpret auf die vier Packpferde und ritten zurück, immer auf der Hut vor Begegnungen. Hubert nahm sich vor, wie bisher im Sommer und Herbst wohl dann und wann ein Stück frisches Wildpret zu erlegen, die Einlagerung im Eiskeller aber weiterhin im Winter vorzunehmen, wenn die Ardennenwälder tief verschneit sind, das Wild sich in den Tälern meutengerecht einstellt und Fremde nicht eindringen in die Berge.

Ja, wenn es in Zukunft überhaupt noch genügend rotes Wildpret gab. Immerhin hatte sein Bericht an den Bruder Bodo einen ernsten Vortrag dieses Paters vor dem Abt zur Folge.

Sie saßen im Refektorium, und Bruder Bodo hatte den Abt gebeten, auch den Bruder Fischmeister und den Vorsteher der Stallungen teilnehmen zu lassen. Die herbstliche Blütenpracht des Innenhofes und ein Probebecher der letzten Rotweinsendung von ihren Brüdern aus Bouillon unterstrichen die Beschaulichkeit der Klostersiedlung. Schließlich waren sie Benediktiner.

Bruder Bodo gab den Bericht des Jägers wieder: Neue Siedlungen in den Bergen, deren Menschen weder in den Kreis der Burgen, Schlösser noch Klöster gehören, das Schlimmste aber, das Wildpret ist selten geworden. Immer häufiger trifft Hubert auf Jagdgesellschaften, besser ausgerüstet als er und seine Knechte, ja, sie wirken bedrohlich wie Krieger und Räuber. Sie jagen ohne lärmende Meuten, haben nur ein paar stumme Packer am Leder, aber jeder Mann trägt eine dieser gefährlichen Bolzenschleudern.

„Wir müssen das Wild vor diesen rücksichtslosen Verfolgern schützen, wenn Patres und Scholaren nicht Schweinehirten und Kuhtreiber werden sollen, oder wir uns nur noch von den Karpfen aus unseren Teichen nähren müssen. Von allen reisenden Brüdern höre ich ähnliche Klagen von den Höfen und aus den Klöstern rundum. Die neuen Waffen, allen Bürgern zugänglich, töten das Wild - et vitam ventun saeculi-", schloß er würdevoll und fügte hinzu: „Schließlich sind wir Benediktiner, sollen lernen und lehren." Wie um seine Worte zu unterstreichen, tönte aus dem Rescriptorium ein Vortrag herüber und aus dem Wandelgang angenehmes Flötenspiel. Man war sich einig, daß nur eine Bulle generalitas Seiner Helligkeit des Papstes hier für Ordnung sorgen könne, die ihre klösterliche Ruhe in Zukunft sichere.

Und der Abt setzte einen Brief an der Papst auf und schickte ihn an seinen Ordensbischof. Der las ihn mit große Erheiterung und schickte ihn, versehen mit einer bestätigenden Bemerkung, an den zuständigen Kardinal, da mit Seine Heiligkeit ihn im Original erhalte.

Der Brief lautete:

Eure Heiligkeit

Gerne bewirten wir Benediktiner alle Scholaren und Patres, die zu uns kommen, um unser Wissen zu löffeln, aber auch unsere Suppen. Unser Jäger Hubert kann nun nicht mehr alle verdreschen, die ihm das Wildpret streitig machen. Wir aber sind geistige Esser und wollen nicht Schweinehirten und Kuhtreiber werden aus Leibesnöten. Oder sollen wir nur von Fastenkarpfen leben? Und wie sieht es auf Eurem Tische aus? Das Wildpret hat uns der Herr stets in Fülle wachsen lassen, um unsere Lehre ohne Leere im Magen zu betreiben. Unser Jäger Hubert aber sagt, es sei ein Kreuz mit dem Wilde, und es muß eine Bulle eurer Heiligkeit her, weil schon jeder aus niederem Volke mit den Schwyzer Bolzenschleudern rotes Wildpret, diese Gottesgabe, auf ganz und gar unwürdige Tische bringt.

Ich beuge mich und küsse den Ring, Heiliger Vater.

Heinrich Abt der Benediktiner in den Ardennen

Darunter als Anmerkung des Bischofs:

Eure Heiligkeit … et cetera, et cetera … Als Bischof dieses braven Abtes aus den Ardennen, der sein Recht sucht gegen das herumstromernde Volk, das Wildpret tötet, unterstütze ich seine Bitte. Nur Kapaun und fettes Vieh verderben den Geist der Frömmigkeit Wir brauchen Wildpret vom Tisch des Herrn.

Ich beuge mich und küsse den Ring Bischof … et cetera, et cetera …

Und der Kardinal verfuhr ähnlich: Eure Heiligkeit – ich küsse den Ring … etc., etc …. Der Jäger Hubert und sein Abt haben das Kreuz gesehen über dem Wildpret, das unseren Tisch ziert. Schützt es durch ein Recht, wie Eure Heiligkeit es auszusprechen belieben.

Kardinal … et cetera, et cetera …

Drei Päpste schmunzelten über diesen Brief, denn es war gerade die Zeit der häufigen Papstwechsel, in der die lebensfrohen italienischen Städte und einige liebesfrohe, schöne Frauen ihre Heiligkeiten ein wenig durcheinanderbrachten. Immerhin fand Benedikt wie sich dieser Papst benannte, ein eifriger Jäger vor dem Herrn, was zur Erledigung beigetragen haben mag, die Zeit und die Gnade, den Brief des Benediktiners zu beantworten und - mit allen Siegeln Roms, des Vatikans und des päpstlichen Bullamtes versehen - auf den Dienstweg zu schicken.

So erhielt eines Tages der Bischof aus den Händen des Kardinals die Antwort mit dem Zusatz des letzteren: Auch dem klugen Abt der Benediktiner in den wilden Bergen wird diese Bulle gefallen. Genau sechs Jahre, nachdem der Abt des Ardennenklosters seinen Brief an den Papst auf den Weg gebracht, bekam er die päpstliche Antwort in die Hand und ärgerte sich als Benediktiner natürlich darüber, daß wieder die Dominikaner, die Domini canes, die Haushunde des Papstes, wie er sie gerne nannte, über allem standen. „Na laß", dachte er, „für Ordnung werden sie sorgen, und ich werde alles dazutun, damit dieser Text der Bulle rasch in aller Hände kommt, zumal in einem Anhang ich selbst und der Jäger Hubert, der als erster bemerkte, welches Kreuz es für uns ist mit dem roten Wilde, lobend erwähnt werden."

Und so lautete der Text der Bulle: Im Namen des Herrn … etc ….

Nur die Träger kirchlicher Würden und die weltlichen Fürsten sollen das rote Wild erjagen und ihrem Hofe zuführen. Wer anders sich an diesem edlen Wildpret vergeht, ist unter Pein zu Tode zu bringen. Die Dominikaner werden Inquisition sein.

Der Heilige Vater ... etc., etc., ... Ein Brief mit den sieben Siegeln.

Der Jäger Hubert war tot. Der Bolzen eines Wildpretschützen hatte ihm Lederwams und Brust durchschlagen. Schon nach den ersten öffentlichen peinlichen Befragungen von Wildschützen in den umliegenden Städten durch die Dominikaner war es mit dem Jagen von jedermann auf das Wild der hohen Herrschaften, das nun hohe Wild, vorbei. Das Rotwild nahm rasch wieder zu, und nicht selten kamen die adligen Herren oder ihre Jäger und brachten dem Abt des Ardennenklosters Geschenke und wollten den in der Bulle benannten Jäger sehen. Bruder Bodo hatte seit Huberts Tod dessen Grab gepflegt, auf dem nun, nach Eintreffen der päpstlichen Order, vom Kloster ein besonderes Kreuz errichtet worden war. Letztlich kamen sogar Würdenträger mit Geschenken von weit her, und der Abt sandte in Dankbarkeit mit einem Sonderboten die zehn wertvollsten an Seine Heiligkeit nach Rom. Schneller als üblich hatte er eine Antwort des päpstlichen Schatzamtes in Händen mit der Weisung, eine Kapelle der Verehrung für den Jäger Hubert zu errichten, der das Kreuz über dem Wilde gesehen.Der Bischof regte sogar an, der Kardinal möge die Heiligsprechung des Klosterabtes ins Auge fassen. Aber die Dominikaner waren dagegen und meinten, vor allem weltliche Fürsten würden Verehrung und Geschenke freudiger einem heiligen Klosterjäger entbieten. Und so geschah es denn. Die Heiligsprechung wurde eingeleitet, und achtzig Jahre später wurde der Klosterjäger Hubert als „Heiliger Hubertus" in die Reihen der Anzubetenden gestellt.

Beginn der Hege

Damit begann die Hege, wie man Jahrhunderte später es überall gern zu erwähnen beliebt, nachdem so mancher Grünrock den Tod des Hubert durch Wildererhand erleiden mußte, bis endlich die hohe und niedere Jagd mit vielerlei Reglement Allgemeingut der hegenden Jäger geworden sind.

Die Jahrhunderte der Verehrung und die Fortentwicklung in der

Würdigung einer für das Wild segensreichen Tat schufen einen Heiligen, wie er anbetungswürdiger für uns heutige Jäger nicht sein könnte. Benedicimus et in terra pax hominibus.*

Hans Behnke

* Benedicimus- wir preisen dich et vitam venturi saeculi - und das Leben der zukünftigen Welt et in terra pax hominibus - und auf Erden Friede den Menschen

Waldsuhle – eine Revierskizze

Dämmerschatten, Harzgeruch,
gestürzter Ellern Wurzelbruch,
die Kronen halb versunken.
Sonne fällt von Blatt zu Blatt,
und aus den Binsen tönet matt
U-unk, U-unk der Unken.

Hohes Schlingkraut, Adlerfarn,
Struppgebüsch und Vogelwarn
des Waldes stillsten Winkel hüten.
Zwischen scharfen Schwerterblättern
blaue Himmelsfalter klettern
an dottergelben Lilienblüten.

Goldhähnchen tropfen durchs Geäst,
Schwanzmeisen schaukeln frei am Nest,
in der Blätter Lichterflirren
braune Waldlibellen schwirren,
von des Kleibers Hackeblöckchen
fällt ein feines Rindenbröckchen,
jagt ein schwarzbraun Mäuschen –
husch – ins tiefe Häuschen.

Vom glatten Moderstubben rutscht
ein welkes Blatt, und darauf kutscht
ein Goldlaufkäfer - nein,
wie fährt es sich doch fein!
Im Moose an den Wurzeln
muß er sich überpurzeln;
die Fühler wedeln heiter,
bedächtig kriecht er weiter.

Das Wollgras an der Suhle neigt
sich eines Vogels Schwingenstreich;
Die Taube kommt zur Tränke
an stiller Waldesschänke.
Vorsichtig umgeguckt –

hurtig und schnell geschluckt,
klapp, auf den Erlenast
zur Sonnenrast.

Im tiefen Fichtendüstern
die Waldalraunen flüstern.
Sie trappeln, spielen Haschen
und scheinen was zu naschen –
sieh, rotes Kleidchen, gelbe Schnur -
ach, Eichhornvater ist es nur,
er schmatzet, ganz versunken,
von Rauschepilzen trunken.
Jetzt ärgert ihn die Fliege – schwapp.
Die kam just aus dem Aronsstab,
war drum, wie er, nicht nüchtern
und kitzelte ihn schüchtern.

Baumpieper drin im Beerenkraut
drückt sich aufs Nest, und überlaut
pocht ihm das Herz in Sorgen;
wenns Nest auch gut verborgen,
was muß der Troll hier hüpfen,
die Jungen wollen schlüpfen.

Knack - die kleine Welt erstarrt -
ein Laubfrosch nur verstohlen quarrt.
Mit schiefem Kopf der Tauber lauscht,
hör, wie die Buchenjugend rauscht –
Aus dunkler Zweige Bogen
kommt Wild gezogen
auf schmalem Pfad
zum Suhlenbad.

Hans Behnke

227

JAGD & KUNST

„Weichet nur, betrübte Schatten", Kantate Nr. 202
von Johann Sebastian Bach, Beginn des Adagio

im jahr der braunelle

tiere sollen
die rechte der menschen bekommen
der rothirsch könig der wälder
ist zum schädling der forsten erklärt
das rind zum allesfresser gemästet
stürzt unter europas tödlichen schocks

die veganer töten den wolf
in den menschlichen genen
und drängen vor gabriels pforte
die fluren getränkt
mit dünger und gift
bieten dem hasen
kein kräutlein mehr
er reproduziert sich
in mythos und milka
nach fernöstlicher sitte
datieren wir
nach dem namen seltener tiere

Erich Henn

Erich
Henn

Gimbsheim, Rheinland-Pfalz

1945 in Gimbsheim/Rheinhessen geboren. Nach dem Abitur Studium der Germanistik und Geschichte. Er unterrichtet diese Fächer am Gymnasium zu St. Katharinen in Oppenheim.

Die Jagdpassion liegt seit Generationen in der Familie. Der Autor löste 1961 seinen ersten Jahresjagdschein und ist seit 1975 Mitpächter im heimatlichen Revier.

Seine Leidenschaften zur Literatur und Jagd ließen ihn zum Verfasser von Natur- und Jagdgedichten werden. Alle seine Texte suchen den kürzesten Weg zur Aussage.

Dabei werden die Elemente der traditionellen Lyrik aufgegeben, und es bleibt die Wortlyrik, die Momentaufnahme.
Auf diese Weise will der Autor das Naturverständnis der heutigen Menschen definieren. Er möchte klarmachen, daß die Rettung der Naturlandschaften nicht ohne die Mithilfe der Jäger gelingt. Die Notwendigkeit der Jagd werde aber von der Gesellschaft weiterhin nur akzeptiert, wenn die Menschen sich von der Natürlichkeit jägeri-schen Tuns überzeugen lassen.

Auswahl-Bibliographie
Mit Feder und Flinte.
Natur- und Jagdgedichte.
Berlin, Verlag Frieling & Partner, 1996

Weitere Gedichte s. S. 16, 152, 186

231

Rudolf MICHALSKI
Gams im Hochgebirge
Ölgemälde

Rudolf
MICHALSKI

Berlin

Jahrgang 1940, in Breslau geboren;
seit 1950 in Berlin(West) ansäßig.
Wollte Musik studieren, entschloß
sich aber mit „wenig Begeisterung"
zu einer Laufbahn im öffentlichen
Dienst.
Seit 1968 passionierter Jäger.

Zielstrebig und mit viel Ausdauer
hat er sich seit 1970 die Grund-
züge der Malerei als Autodidakt
selbst erarbeitet. Sein Vorbild war
der Harzer Tier- und Landschaftsmaler Fritz Laube.
Seit 1988 als freier Jagd- und
Tiermaler in Berlin tätig.

Auswahl-Bibliographie

Seit Oktober 1979 Titelgestaltung und
Illustrationen zum monatl. erscheinenden
Mitteilungsblatt „Berliner Jäger"
(Landesjagdverband Berlin e.V.)

Illustrationen für folgende Jagdbücher:
Wolfgang Mex: ...„und hab´ ein weit Revier", Berlin
Wolfgang Mex: ...„und denk so gern zurück",
BerlinGünter Huth: „Heiterkeit auf grünen Seiten",
BLV München
*Ausstellungen u.a. in Schweden, Holland, Belgien,
Italien und Luxemburg.*

Weitere Gemälde s. S. 28, 42, 72,
102, 158, 176, 194

233

Liebe zum Detail

Der Holunder, das Kornfeld, die Wiese, die Kräuter am Wegesrand ...
Alle Pflanzen in der Landschaft sind im Detail wiedergegeben,
sind bestimmbar, sind mit viel Liebe ins Bild gesetzt.
Das setzt Artenkenntnis voraus und ein hohes Maß an Beobachtungsgabe.
Mit viel Gefühl für Farbe erleben wir das Tier in der freien Wildbahn,
verfolgen Schnepfenflug und Birkhahnbalz, sind stiller Beobachter
eines schleifenden Auerhahns.
Liebevoll und doch bestimmend wird auf die vielen
kleinen Schönheiten aufmerksam gemacht,
die die Natur für uns bereithält.

Pinsel, Stift und Zeichenblock sind bei den Reviergängen seine ständigen
Begleiter.
Jagen und Malen sind untrennbar miteinander verbunden.
Alles das Gesehene, Erlebte festzuhalten, ist der ständige Wunsch.

Sollte er einmal eine Leidenschaft den Vorrang einräumen müssen,
so würde wohl der Maler den Jäger besiegen.

Rudolf Michalski ist in vielen Revieren zu Hause.
Befragt nach seinen liebsten Motiven, antwortet er spontan:
„Immer wieder faszinieren mich die Sauen".
Aber auch das so unscheinbare Federwild, die Birkhähne,
das Auerwild und damit die vielschichtige Welt der
Berge haben es dem Maler Michalski angetan.

Aus: Rudolf Michalski - Jäger und Jagdmaler. H.W. (Heike Wenke)
In: unsere Jagd, 2/91, S. 48/49

Rudolf MICHALSKI
Sauen in der Schorfheide

August 1993, Ölgemälde

Klaus-Peter REIF
Wintergams
Aquarell-Mischtechnik

Klaus-Peter
REIF

Albrechts, Thüringen

Jahrgang 1944 – verheiratet – drei
erwachsene Söhne.
Erlernter Beruf – Jagdgewehr-
graveur. Seit der Kindheit von der
Natur und ihren Tieren fasziniert,
begann ich auch zeitig mit dem
Zeichnen, Malen und Modellieren.
Alles, was mit der Jagd zu tun hat,
interessiert mich – ich jage aller-
dings das Wild nur mit der
Kamera und dem Teleobjektiv, was
für meine Tätigkeit als
Wildtiermaler sehr hilfreich ist.
Viel Spaß macht mir das
Illustrieren von von
Jagdgeschichten. Meine Techniken
sind Tusche, Radierungen,
Aquarell-Mischtechnik,
Öl und malen mit selbst gesuchten
Erden.

Buchillustrationen:

Mit ganzem Herzen Jäger sein
(Autor Bernd Prüger) Neumann-Neudann 1991
Hoppla, hier kommt Hampel Waldwicht
(Autor Günter Huth) Neumann-Neudamm 1991
Ein Jägerjahr
(Autor H.-D. Willkomm) Landbuch-Verlag 1992
Ansitz und Pirsch auf Schalenwild
(Autor H.-D. Willkomm) Landbuch-Verlag 1995
Ostpreußischer Forst- u. Jagdgeschichten
(Autor Helmut Mattke) Wage-Verlag 1996

Desweiteren gibt es 4 Kalender und 3 Kalender-
bücher mit meinen Bildern.
Von Zeit zu Zeit erscheinen Illustrationen in
Jagdzeitschriften. Jährlich habe ich mehrere
Ausstellungen – meist bei jagdlichen
Veranstaltungen.

Weitere Gemälde s. S. 44, 71, 134,
246, 262, 269

Vera LWOWSKI
Entengruppe im Kurpark
Bronze, Thermal-Kurort Badenweiler, südlicher Schwarzwald

Vera
LWOWSKI

Windeck-Dattenfelde, Nord-
Rhein-Westfalen

1923 im oberen Siegtal, nähe
Bonn, als Italienerin geboren. Ihre
Familie stammt väterlicherseits aus
Palermo/Sizilien, mütterlicherseits
aus Deutschland. Sie wuchs auf
dem Lande, in der Burg Dattenfeld
auf. Das Landleben prägte sie ent-
scheidend. Durch den engen
Kontakt zu Wald und Wild wurde
der Grundstein für ihre tiefe Liebe
zu Tieren und ihre fast innige
Naturverbundenheit schlechthin
gelegt. Stets war es ihr Wunsch,
Tiere zu zeichnen und plastisch
nachzubilden. Mit 18 Jahren
begann sie ihr Studium in der
Bildhauerklasse an der Kölner
Werkhochschule, studierte
außerdem in Bonn und Siegburg
Bildhauerei (Prof. Wolfgang
Wallner, Köln), Porträtieren
(Ingeborg von Rath, Bonn) und
Holzschnitzerei (Otto Schörghofer,
Siegburg). Von 1952 bis 1973
lebte die Künstlerin mit ihrem
Mann sowie ihren drei Kindern in
Bonn, anschließend in Brüssel von
wo die Familie 1983 wieder nach

Deutschland in ihre alte Heimat
zurückkehrte. Auf zahlreichen
nationalen und internationalen
Einzel- und Gruppenausstellungen
wurden ihre Kleinplastiken
gezeigt, u.a. in: Aachen,
Antwerpen, Bielefeld, Bonn,
Brüssel, Budapest, Düsseldorf,
Frankfurt, Hamburg,
St.Hubert/Belgien, Kiel, Köln,
London, Luxemburg, München,
Nürnberg, St.Moritz/Schweiz,
Paris, Schloß Kißlingg/Allgäu,
Schloß Springe b.Hannover,
Tervuren/Belgien, Worpswede,
u.a.O. Der Künstlerin wurden
zahlreiche hohe deutsche und aus-
ländische Ehrungen zuteil, so
erhielt sie u.a. 1988 den
Kulturpreis des Deutschen
Jagdschutz-Verbandes e.V.

Vera Lwowski und ihre Tierplastiken[1]

Von Jugend an mit Wald, Wild und Jagd vertraut, war der Wunsch Vera Lwowskis, Tierbildhauerin zu werden, früh erwacht. Aus alter Jägerfamilie stammend, sammelte sie bereits als Kind Erfahrungen in der Aufzucht und Hege von Jungwild. Der Wunsch nach eigener Gestaltung der in ihrem Umfeld lebenden Tiere wurde durch ihrem Vater, den Forst- und Landwirt Waldemar Caminneci, verständnisvoll gefördert.

Von 1941 bis 1944 besuchte sie die Meisterklasse der Bildhauerei (Prof. Wallner) in Köln und erlernte das Ziselieren von Bronzen von Grund auf. Ihrem Ziel, ihre Skulpturen ausschließlich in Bronze gießen zu lassen, ist sie bis heute treu geblieben, ebenso dem Wunsch, im aufwendigen Sandgußverfahren und in nur geringer Auflagen Plastiken herzustellen.

Die Künstlerin, die lange Jahre in Brüssel lebte, arbeitet am liebsten in der freien Natur, in Wildparks oder zoologischen Gärten mit direktem Kontakt zu ihren Modellen, aber auch nach Zeichnungen und Fotografien.

Ihre besondere Liebe gilt den Wildtieren, hat sie doch ein Leben lang das Wild in seiner natürlichen Umwelt belauscht, was der Kenner beim Betrachten ihrer bis ins letzte anatomischen Detail stimmenden Werke auch sofort feststellt. Ihre Klein-

Kleiner Fuchs, sichernd
Bronze, 1996

[1]Gert G.v.Harling: Bronzen aus Künstlerhand ... In: WILD UND HUND 21/19888, S.48-49

plastiken aus Bronze (häufig Gruppendarstellungen) vermitteln den Eindruck von Lebendigkeit, der auf dem ersten Blick überzeugt. Der naturalistisch-impressionistischen Stilrichtung ist die weit über Europas Grenzen hinaus bekannte Tierbildhauerin seit dem Entstehen ihrer ersten Kunstwerke (1946) treu geblieben, und zahlreiche Preise und Ehrungen zeugen von der Anerkennung der künstlerischen Arbeiten Vera Lwowskis.

Fünf Überrläufer im Kessel

Bronze, 1996

Walther PREIK
Fuchs

37 cm, Bronze, 1975
Standort: Stralsund, Zentrum

Walther
PREIK

Waren/Müritz, Mecklenburg-
Vorpommern

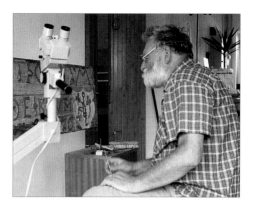

WALTHER PREIK

Jahrgang 1932; Nach Besuch der Grundschule in Waren, 1942-45 Kadett in Berlin-Spandau.
1947-50 Lehre als Steinmetz mit anschließendem Besuch der Fachschule für Angewandte Kunst Wismar bis 1953 danach der Hochschule für Bildende Künste in Dresden bis 1958. Abschluß als Dipl. Bildhauer.
Seitdem freischaffender Bildhauer in Waren(Müritz). Mitglied im Verband Bildender Künstler der DDR dann Bund Bildender Künstler/BBK.
Beide Söhne haben ebenfalls die Ausbildung als Steinmetz und Restaurator in Dresden abgeschlossen.
Seit 1958 Falkner und seit 1965 Jäger, langjährig mit Naturschutzaufgaben von der Jagdgesellschaft betraut.
Zahlreiche Werke der baugebundenen Kunst, Brunnen und Tierplastiken von Walther Preik stehen in deutschen Städten oder befinden sich in privatem und öffentlichem Besitz.

Seit über 40 Jahren Ausstellungsbeteiligungen im In- und Ausland.

Weitere Plastiken s. S. 10, 64, 88, 128, 140, 178

AUF FERNWECHSEL

„Lieder eines fahrenden Gesellen" von Gustav Mahler
Beginn des Liedes „Die zwei blauen Augen ..."

Klaus-Peter REIF
Schwedisches Wild

Studienblatt - Aquarell - Mischtechnik

Goede
GENRICH
(Pseudonym)
Ludwig
DÖRBRANDT

Eschede, Niedersachsen

Jahrgang 1912, in Mirow (Mecklen-burg-Strelitz) geboren. Besuch der Mirower Volksschule bis 1923 und anschließend das Realgymnasium Carolinum. Ausbildung als Anwär-ter des gehobenen Forstdienstes im Freistaat Mecklenburg-Strelitz, 1938 zweites Staatsexamen mit sehr guter Note abgeschlossen. Beförde-rung vom Revierjäger zum Revier-förster in Cammin (Kreis Rostock), dort 1938 geheiratet, eingezogen zum Jägerbataillon bzw. Infanterie-Regiment 27 Rostock, als Leutnant schwer ver-wundet, danach bis 1945 im Forstdienst tätig.

Vom 30. 4. – 5. 8. 1945 im Revier in einer Erdhöhle mit seiner Frau, unter unsäglichen Bedingungen – Hunger, Nässe, Dreck, Fehlen war-mer Mahlzeiten – verborgen und nach 98 Tagen über die Zonen-grenze nach Niedersachsen geflüch-tet. Dort 30 Jahre im Forstdienst tätig. 1974 zum Forstamtmann befördert, seit 1975 im Ruhestand.

Auswahlbiographie

Erstes Buch „*Silbergrauer Satan*" entstand Mitte der 50er Jahre, benötigte sechs Jahre, ehe es von einem Verleger herausgegeben wurde. Heute in der 4. Auflage noch immer im Handel (Neumann-Neudamm 1994. Nach der Pensionierung erschienen bisher 13 Bücher und über 500 Beiträge in Fach- und Tageszeitungen, u.a. *So lebten und so jagten wir,* Mecklenburg-Strelitz – ein faszinierendes Abenteuer. 2. Aufl. Hannover, Landbuch 1990. *Oh, diese Jäger,* Heitere Geschichten von Jägern und Jungfrauen, von Schelmen und Schabernack. 2. Aufl. Hannover, Landbuch 1988. *Forsthaus und Fischerkate.* Roman aus dem Mecklenburgischen, Hannover Landbuch, 1995.

Goede Genrich wurde in Würdigung seiner Verdienste zur Förderung von Jagdliteratur und Jagdkultur zum **Ehrenmitglied** des FORUM LEBENDE JAGDKULTUR e.V. ernannt.

Bad Driburg am 24.04.1998   Jahrestagung 1998

FORUM LEBENDIGE JAGDKULTUR e.V.

Nur jagdliche Erfahrung
genügt nicht mehr

Von den Hochsitzen in meinem Revier schätze ich besonders die Teichkanzel. Nicht die Strecke ist es, die sie mir reizvoll macht – nur einen Bock und ein Schmalreh schoß ich hier im Laufe der Jahre –, ihre idyllische Lage ist es, die mich immer wieder verzaubert. Abends geht die Sonne hinter dem in einer Wiese gelegenen Teich unter. Der Schatten des dahinter befindlichen Kiefernaltholzes legt sich langsam über den leise verdämmernden Spiegel des Wassers, das eben noch silberfarben alsbald bleigrau erlischt. Graureiher fallen am Ufer ein und verharren regungslos am Schilfrand. Frösche lärmen und unterstreichen mit ihrem Konzert doch nur die Stille dieses Herrgottwinkels. Ein Fuchs schürt am Ufer entlang. Ein Hase, ich kenne ihn seit Jahren, mümmelt geruhsam einen langen Blütenstengel des Löwenzahns. Es belustigt mich zu sehen, wie der Stengel zwischen seinen Zähnen kürzer und kürzer wird, fast als inhaliere er ihn, bis auch die Pusteblume selbst verzehrt ist und Mümmelmann wählerisch nach einem nächsten Blütenstengel greift.

Noch nie bin ich auf meiner Teichkanzel leer ausgegangen. Noch immer nahm ich von hier etwas Bereichenderes, etwas „Merkwürdiges" mit, etwas, das es lohnt, sich einzuprägen, es in seinem Gehalt zu erkennen, um es dem stets zu dürftigen Wissen einzuverleiben. Neben der Kanzel steht eine alte Eiche. Seit vielen Jahren glaube ich sie zu kennen, ihr seltsam hängendes Geäst, ihre tief eingeschnittenen Blätter, ihre Fremdartigkeit inmitten der Heidelandschaft und natürlich auch ihren Namen, den ich in der Literatur unter der Bezeichnung „Sumpfeiche" (Querus palustris) fand. Unmittelbar unter der Krone haften ihrem Stamm mehrere Konsolen eines Baumschwamms an. Auch das ist mir seit Jahren bekannt. Doch was weiß ich über den Baumschwamm selbst, über seine Entstehung und über den Schaden oder gar Nutzen, den er verursacht?!

Es bedrückt mich, über ihn nicht mehr zu wissen, als für mich als Forstmann nötig ist, um ihn in seiner Nutzholzschädlichkeit bekämpfen zu können. Müssen wir es als Jäger und Forstleute nicht immer wieder als bedrückend empfinden, nicht besser mit den vielen Rätseln und Wundern unserer Umwelt vertraut zu sein? Dürfen wir noch unwissend bleiben in einer Zeit, in der dem Naturschutz das große Wort geredet wird, wenn es doch zumeist nur geringer Mühe bedarf, uns mit den Dingen vertraut zu machen?

Mit welcher Überzeugung könnten wir uns als Jäger vor der Öffentlichkeit profilieren, besäßen wir einen wirklich reichen Fundus an Wissen auch um das, was außerhalb unserer jagdlichen Aufgaben in der Natur vor sich geht! An Selbstsicherheit würden wir gewinnen und damit, neben der Freude uns mitteilen zu können, auch an Aufmerksamkeit all jener, deren Durst nach Wissen und Erfahrung groß ist. Nehmt sie, nehmt eine Schulklasse mit in den Wald, zeigt ihnen einen Baumschwamm – als nur eines von vielen Beispielen –, teilt ihnen mit, was wir alles über diesen vermeintlichen Schmarotzer wissen, und glaubt mir, die Jungen und Mädchen werden uns, wie jeder andere, umso mehr respektieren, je verläßlicher wir ihnen über die Geheimnisse der Natur zu berichten wissen!

Da ist also der Baumschwamm:

Im Wald und in Obstgärten beobachten wir gelegentlich auffällige konsolenförmige Gebilde an älteren Bäumen unterschiedlichster Art. Es handelt sich hierbei um die Fruchtkörper der Polyporazeen, der schmarotzenden Löcherschwämme.

Die zähen, lederartigen, im Kern korkigen Konsolen sind von vieljähriger Dauer; Jahr für Jahr bilden sie eine neue Schicht korkartiger Röhren. Von ihnen aus verbreiten sich die Sporen, die Fortpflanzungskörper des Pilzes auf benachbarte Stämme, in deren Bastschicht sie durch offene Ast- und Splintholzwunden eindringen. Aus den Sporen entwickelt sich dann das Myzel, der eigentliche Pflanzenkörper des Pilzes, der sich vorwiegend in den Jahresringzonen des Kernholzes alter Bäume ansiedelt.

Östlich der Elbe tritt besonders stark der Kiefernbaumschwamm (Trametes pini) auf, der das Kernholz starker Kiefern zersetzt. Das von ihm angegriffene Holz findet nur noch beschränkte Verwendung, z.B. als totes, nicht mehr arbeitendes Blindholz für Furniermöbel oder als Rammpfähle für Schiffsländen (Anlegeplätze) in Seehäfen. Seiner Verbreitung begegnet man durch den Aushieb aller befallenen Bäume zumindest in den 50- bis

70jährigen Kiefernbeständen. In Obstgärten sollte man die Konsolen der von Polyporus befallenen Bäume abstoßen und die Wunden mit Holzteer bestreichen, um ein Übergreifen des Pilzes auf gesunde Bäume zu verhindern.

Noch im 18. Jahrhundert verwendete man die Konsolen der verschiedenen Polyporazeen als Zunder für die Erzeugung von Feuer. Heute bedienen wir uns dafür elektronischer Feuerzeuge und haben darüber längst vergessen, daß erst im 19. Jahrhundert das Streichholz erfunden wurde. Hergestellt wurde es unter Verwendung von weißem Phosphor, dessen hochgiftige Dämpfe den Arbeitern bei der Fabrikation schwere gesundheitliche Schäden zufügten. Durch das Reichsgesetz vom 13. Mai 1884 wurde die Verwendung weißen Phosphors verboten. 20 Milliarden Zündhölzer wurden um die Jahrhundertwende in Deutschland jährlich hergestellt.

Bereits vor 200 Jahren beschäftigten sich Wissenschaftler mit der Entwicklung von Feuerzeugen. 1780 erfand der Deutsche F. Fürstenberger ein elektrisches Feuerzeug, das unter Verwendung von Zink und verdünnter Schwefelsäure Wasserstoff erzeugte und durch den Funken eines Elektrophors entzündet wurde. Das entzündete Gas brachte den Docht einer Kerze zum Brennen. Döbereiner, ebenfalls ein Deutscher, entwickelte auf chemischem Wege unter Verwendung von Schwefelsäure, Zink, dem daraus entstehenden Wasserstoffgas und Platin eine Zündmaschine. Berthollet entdeckte. daß sich brennbare Körper durch ein Gemisch von chlorsaurem Kalk und zersetzender Schwefelsäure leicht entzünden lassen. Die aus diesen Erfindungen hervorgegangenen, recht umständlich zu bedienenden Zündgeräte wurden wertlos, als die ersten Zündhölzer auf den Markt kamen.

Die Bekanntschaft mit dem Feuer hat der Mensch bereits auf sehr niedriger Kulturstufe gemacht. Nach der griechischen Mythologie erfand Pyrodes (daher Bezeichnungen wie Pyrolatrie = Feuerverehrung, Pyromanie = Brandstiftungstrieb, Pyrometer = Hitzemesser usw.) die Kunst, Feuer aus einem Kiesel zu schlagen. Zum Auffangen des Funkens soll Prometheus das Mark der Ferula, des Steckenkrautes, benutzt haben. Bereits Plinius erwähnt in diesem Zusammenhang im ersten Jahrhundert n.Chr. trockene

Baumschwämme (Fungi) als hervorragenden Zunder. Nach dem Veda, dem ältesten Teil der indischen Literatur, verehrten die indogermanischen Völker die Flamme als Gott Agni, der mittels zweiter aneinander geriebener Hölzer zur Erde herabgerufen werden konnte.

Noch in unserem Jahrhundert bedienten sich manche Naturvölker zur Feuererzeugung eines Stück Holzes, in dessen Vertiefung die Spitze eines mit beiden Händen oder mit Hilfe einer Schnur in quirlende Bewegung gebrachten Holzgriffels gesetzt wurde. Bei entsprechender Auswahl der Hölzer, insbesondere aber eines geeigneten Zunders, gelingt es in wenigen Minuten ein Glimmfeuer zu erzeugen. Als bester Zunder galt in Deutschland die zerkleinerte Konsole des echten Feuer- oder Buchenschwamms (Polyporus formentarius). Wo diese fehlte, griff man auf die Konsolen anderer Laub- und Nadelholzschwämme zurück, deren Wert als Zunder jedoch weniger hoch eingeschätzt wurde.

Mit der Nutzung als Zunder fanden die verschiedenen Baumschwämme nicht ihre einzige Verwendung. So wurden noch im vorigen Jahrhundert die Konsolen des Feuer- oder Buchenschwammes unter der Bezeichnung Wundschwamm (Fungus chirurgorum) von Ärzten als blutstillendes Mittel eingesetzt. Auch war den Ärzten die drastisch purgierende Wirkung des Lärchenschwammes (Boletus laricis) bekannt, dessen intensiv bitterer Geschmack ihn auch für die Herstellung von Likören begehrt machte.

Vom Baumschwamm profitieren auch die Höhlenbrüter unter den Vögeln; in dem vom Schwamm zersetzten morschen Holz der Bäume bauen Specht und Kleiber ohne großen Kraftaufwand ihre Nisthöhlen.

So hat alles sein Für und Wider, und immer kommt es auf die Perspektive an, aus der wir die Dinge betrachten.

Seit ich mich mit dem Baumschwamm, mit seiner Geschichte und seinem Umfeld ein wenig bekannt gemacht habe, ist mir die Eiche neben der Teichkanzel nicht mehr nur einer der vielen Bäume meines Reviers; wir sind einander näher gekommen, und die Bekanntschaft mit ihr hat mich reicher gemacht.

Kürzlich saß neben mir auf der Kanzel einer jener unvoreingenommenen jungen Menschen, die selbst nicht jagen, den Jägern aber durchaus nicht ablehnend gegenüberstehen. Ihm erzählte ich, was ich hier beschrieb. Ich tat es – noch beglückt von dem, was ich erfahren hatte – mit einiger Begeisterung. Die Antwort, die ich von meinem jungen Begleiter erfuhr, nahm voraus, was ich mit meinem Beitrag anzudeuten versuchte:

„Wie reich doch Ihr Leben als Jäger ist! So viele Dinge, die sich Ihnen als Jäger offenbaren, bleiben uns Städtern fremd. Als Jäger sind Sie hier draußen zu Hause. Wer könnte besser als die Jäger mit ihrem vielfältigen Wissen um das Wirken und Werden in der Natur dieses Haus bestellen! Ich glaube, ich muß das Bild, das ich mir von den Jägern gemacht habe, korrigieren. Hört man Ihnen zu, begreift man, daß mehr als die Waffe Erfahrung und aus der Erfahrung geborene Verantwortung den Jäger ausmachen."

Ich habe zu dieser Äußerung meines jungen Begleiters geschwiegen, wenngleich ich lange Zeit über sie nachdachte. Beschämt von dem Umstand zu wissen, wie wenig ich noch weiß, und wie unerläßlich es doch ist, unser Wissen als Jäger zu erweitern, nahm ich mir vor, diesen Beitrag als einsichtige Erkenntnis für uns alle zu schreiben.

Horst
GABRIEL

Spangenberg, Hessen

Jahrgang 1925 – drei Jahre Soldat – Dienstgrad Oberfähnrich – dreimal verwundet. Mai 1945 von Bayern in nächtlichen Fußmärschen zurück in die oberschlesische Heimat. Dort verfolgt, in die Wälder geflüchtet – vier Monate in Erdhöhlen gehaust – durch Wildern überlebt.
Herbst 1945 wieder nächtlicher Rückmarsch in den Westen. Forstliche Ausbildung fortgesetzt. Revierleiter in mehreren Hessischen Forstämtern. Bis zur Pensionierung im Jahre 1990 im Hessischen Forstamt Spangenberg.

Auswahl-Biographie

„Sauen-Hirsche-Hundesgeläut" Verlag Neumann-Neudamm,
„Solang noch was zu Jagen gibt" Verlag Neumann-Neudamm,
„Eigentlich wollte ich Förster werden" nimrod-Verlag, 1998
Beiträge in Jagdzeitschriften u.a.:
„Wild und Hund": *Such verwund, mein Hund, Im Visier – Reaktionen und noch vieles mehr*
Pirsch:
Blasius Steuber – das Schlitzohr!
Eine haarstreubende Nachsuche
Weltweit jagen:
Die Dachkornära
Jäger:
Ein bleihaltiger Abend, Es geht um die Wurst, Der ungeliebte Jagdpächter, Der wildernde Jagdpächter, Viele Sauen waren Wotans Tod, Grenzschwierigkeiten, Bora – eine jagdliche Niete.

Auch Hunde können weinen!

Unmittelbar nach Kriegsende 1945 verbrachte ich vier abenteuerliche Monate im Forstrevier meines Vaters in meiner oberschlesischen Heimat. Dort hauste ich zusammen mit fünf versprengten deutschen Soldaten inmitten einer großen Kieferndickung in Erdhöhlen und konnte nur durch Wildern überleben. Wie es dazu kam, habe ich bereits in meinem Buch „Sauen-Hirsche-Hundsgeläut" (Neumann Neudamm Verlag) unter dem Titel „Als Jäger und Gejagter in Oberschlesiens Wäldern", berichtet. Alle meine Waldgenossen waren des Jagens völlig unkundig. Bis zu unserem Zusammentreffen hatten sie noch keinen verwertbaren Abschuß aufzuweisen, obwohl sie auf ihren täglichen Streifzügen zum Zwecke der Nahrungsbeschaffung jedes sichtbar werdende Wild mit den jagdlich unbrauchbaren Maschinenpistolen unter Beschuß nahmen. So wurde ich für diese, bereits recht verwildert aussehenden Gestalten, mit meiner angewölften Jagdpassion, der bereits genossenen jagdlichen Erziehung und Ausbildung ein herzlich willkommener Lagerkamerad. Auch mein Seelenleben erfuhr in Gemeinschaft mit Menschen der geschundenen Kriegsgeneration einen heilsamen Aufschwung. Das bisher alleinige Vegetieren in dem großen Waldkomplex mit all seinen lauernden Gefahren für alles was deutsch war, hatte auch nicht gerade zur Stärkung meines Gemütszustandes beigetragen.

Von nun an jagte ich den ganzen Tag, vom Morgengrauen bis zur Dunkelheit. Eine Mauser-Repetierbüchse mit der Kaliberstärke der deutschen Militärkarabiner war wenige Tage zuvor auf abenteuerliche Weise in meinen Besitz gelangt. Die überall umherliegende Munition dazu wurde fachgerecht mit viel Sorgfalt in jagdliche Geschoße umpräpariert. Meine ständigen Begleiter auf den Pirschen waren Josef und Herbert. Ihre Aufgabe bestand zunächst ausschließlich in der Absicherung meiner Person, indem sie etwa 50 Meter hinter mir blieben und mir so bei eventuellen Zusammenstößen mit polnische Soldateska oder sonstigem Gesindel zur Seite stehen konnten. Nach einer Wildpreterlegung übernahmen sie den Transport und ich dann deren Absicherung. Bald bildeten wir ein eingespieltes Team und die Versorgungslage besserte sich zusehends.

Eines Abends beobachteten wir in der Nähe des Forsthauses Eleonsgrün einen Hund beim Hetzen eines laufkranken Rehes. Der Dunkelheit wegen konnte ich weder Reh noch Hund genau ansprechen. Mein Eindruck war, daß es sich bei dem Verfolger dem Habitus und Stummelschwanz nach um einen Vorstehhund handeln mußte. Minuten später klangen aus der Dickung die markerschütternden Klagelaute des Rehes. Jetzt hatte er es gepackt. So war es wohl auch, denn Sekunden später gingen die Todesschreie in gurgelndes Röcheln über und verstummten bald gänzlich. Zunächst wollten wir in die Dickung eindringen, um dem Hund die Beute abzujagen. Aber drinnen sahen wir wegen der inzwischen eingesetzten Dunkelheit kaum die Hand vor den Augen. Auf dem Weg zum Lager erzählte mir Herbert, daß sie in der Nähe vor etwa einer Woche ein Reh mit der Maschinenpistole beschossen, aber nur die „Beine" getroffen hätten. Es sei dann humpelnd abgehauen. Somit standen die Urheber dieser Hetzjagd wohl fest. Am nächsten Morgen zog es mich wie magisch zu der Stelle des gestrigen Dramas hin. Beim Durchstreifen der Dickung fanden wir unschwer den Kampfplatz. Vor uns lag eine zerfledderte Ricke mit hohem Vorderlaufschuß. Geräusch, Gescheide und der größte Teil einer Keule waren gefressen, der Rest des Stückes durch verstreuten Panseninhalt unappetittlich verunstaltet. Trotzdem schälte ich die noch brauchbare Keule heraus, um sie mitzunehmen. Natürlich hatte die Ricke geführt. Das war am prallen Gesäuge festzustellen. die Jungens hatten davon keine Ahnung, bei ihnen ging es nur ums Überleben, und das war in dieser grausamen Zeit allzu verständlich.

Diesmal führte uns der Pirschweg unmittelbar an der Försterei vorbei. Vorsichtig schlichen wir näher und beobachteten lange Zeit das Haus. Die Fenster waren eingeschlagen, Spuren einer versuchten Brandstiftung überall erkennbar, alles machte einen ausgeplünderten, verwüsteten Eindruck. Hier schien niemand mehr zu wohnen. Und doch hatten wir uns getäuscht. Beim Näherkommen erhob sich vor der zersplitterten Haustür des Forsthauses recht schwerfällig ein Jagdhund und versuchte, ängstlich um die Hausecke zu verschwinden. „Heiliger Hubertus, das ist doch Axel, der treue deutsche Deutschdrahthaar vom Förster Bernhardt", rufe ich entsetzt aus! „Axel, kennst Du mich nicht mehr – komm her und laß Dich streicheln!" Bei der Nennung seines Namens bleibt er stehen, wendet mir seinen Kopf zu und blickt mich mißtrauisch an. Ich locke weiter mit zärtlichen Worten, gehe dabei in leichte Vorderbeuge, klopfe mit der Hand auf die Knie und versuche so duch zusätzliche Gestik sein Vertrauen zu gewinnen. Langsam, ganz langsam kommt er auf mich zu, verhält sich wieder zweifelnd. Als ich ihm entgegengehen will, weicht er zurück. Diese Prozedur wiederholt sich noch zweimal. Dann trete ich bei seiner Annäherung zurück. Er folgt mir, ist jetzt an der Stelle, an der ich eben gestanden bin. – Da geschieht etwas Seltsames. Mit einem unartikulierten Freudengeheul stürzt der Hund mir entgegen. Der Ansturm ist so spontan und heftig, daß es mich bald umgerissen hätte. Ungestüm setzt Axel seine Vorderläufe auf meine Brust und ohne Unterbrechung der akustischen Wiedersehensarie leckt er unaufhörlich meinen Hals, meine Hände und sogar mein Gesicht. Ich kann mich kaum wehren, drücke ihn an mich und fühle die nächsten Sekunden ein unheimliches Glücksgefühl in mir hochsteigen. Endlich kann ich ihn niederdrücken, streichle den zuckenden Körper, blicke in seine Augen. Was ich darin sehe, krampft mir das Herz zusammen, läßt mich mit einem Schlag den ganzen Jammer dieser gequälten Kreatur erfassen. Sie schwimmen in einem Meer von Tränen, und diese rinnen unaufhörlich in seinen sauerkrautähnlichen Bart hinein. Noch nie in meinem Leben hatte ich einen Hund weinen sehen, auch später nicht. Vielleicht waren es bei Axel auch die eitrigen Entzündungen seiner Augen, die dieses Sekret im höchsten Freudentaumel absonderten. Ich hielt es jedenfalls für echtes Weinen. Tief in meinem Inneren verankert löst jede gequälte Kreatur, ob Mensch oder Tier ein unbeschreibliches Gefühl der Solidarität aus. Längst hatten sich auch meine Augen mit Tränen gefüllt. Ich schämte mich nicht und ließ ihnen freien Lauf. Meine Kameraden Herbert und Josef, die zur Absicherung etwas abseits Stellung bezogen hatten, konnten dieses Wiedersehensdrama mit ansehen und diese hartgesottenen Krieger waren ebenso erschüttert wie ich. Axel war in einem erbarmungswürdigen Zustand. Das Fell struppig, der ganze Körper übersät mit Eiterbeulen, Schorf und Ungeziefer, ungepflegt und total verwahrlost. Er war es auch, der am Vorabend die laufkranke Ricke gehetzt und gewürgt hatte. Sein prall gefüllter Bauch und der penetrante Geruch von

Panseninhalt am ganzen Körper waren ein sicherer Beweis dafür. Am liebsten hätte ich ihn gleich in unser Lager mitgenommen. Sein Mitleid erregender Zustand, sein flehender Blick, seine unendliche Sehnsucht nach Liebe und Geborgenheit, das alles wühlte mein Innerstes bis an den Rand des Erträglichen auf. Aber es ging nicht. Meine euphorischen Gefühle mußten meiner und der Kameraden Sicherheit wegen verdrängt werden. So mußte ich alle seelische Kraft aufwenden, um Axel energisch auf seinen Platz vor der Haustür verweisen. Er schaute mich ungläubig und entsetzt an. Nie werde ich den unendlich taurigen Blick in seinen Augen vergessen, ehe er müde und enttäuscht meinem Befehl gehorchte. Aufgewühlt und überhastet rannte ich davon, gefolgt von meinen Begleitern. Unterwegs zermarterte ich mir den Kopf, machte mir Vorwürfe wegen meiner Hartherzigkeit. Vielleicht hätte ich Axel durch einen Schuß von seinen seelischen und körperlichen Qualen erlösen sollen.

Für die nächsten Tage war er versorgt, denn er würde sicher den Rest der gerissenen Ricke verputzen. Dann wollte ich wieder nach ihm sehen und tat es auch. Im Lager angekommen, drängten mich meine Kameraden, ihnen die Geschichte meiner Freundschaft mit Axel zu erzählen. Dazu mußte ich vier Jahre zurückgreifen. Damals war ich in der Obersekunda, in der Oberschule in Mathe eine ziemliche Niete. Walter, der Sohn, unseres Nachbarförsters Bernhardt aus Eleonsgrün gab mir während seines Genesungsurlaubs, den er nach schwerer Verwundung in seinem Elternhaus verbrachte, während meiner Sommer- und Herbstferien fast täglich in Mathe Nachhilfeunterricht. Axel, der damals etwa zwei Jahre alt war, erwartete mich jedesmal sehnsüchtig am Hoftor. Wir wurden dicke Freunde. Daran muß sich der Hund in dem Augenblick, als er meine volle Witterung aufnahm, erinnert haben. Nun mußte ich ihn so sehr enttäuschen. Mein Nachhilfelehrer Walter wurde nach seiner Genesung auf der Zugfahrt zur russischen Front von polnischen Partisanen überfallen und zusammen mit der ganzen Zugbesetzung getötet.

Von unserem Verbindungsmann Sylvester Schmolke, mit dem wir inzwischen einen gut florierenden Tauschhandel – Wildpret gegen Brot, Butter, Eier usw. – betrieben, erfuhren wir Näheres über das Schicksal der Försterfamilie und Axel. Bernhardts mußten Hals über Kopf vor den anrückenden Russen flüchten. Den Hund konnten sie nicht mitnehmen und übergaben ihn an den treu ergebenen Waldarbeiter Perschau. Kurze Zeit später wurde dieser von den Russen erschlagen, als er Frau und Tochter vor Vergewaltigungen schützen wollte. Nun war Axel herrenlos, bezog wieder Quartier im Forsthaus und sein Wilderer- und Zigeunerleben begann.

Seit unserer Begegnung hatte ich stets das Gefühl, daß sich mein vierläufiger Jagdfreund immer in unserer Nähe aufhielt. Die Aufbrüche von geschossenem Wild waren größtenteils schon am nächsten Tag gefressen. Sohlenabdrücke verrieten oft den Konsumenten. Als ich eines Vormittags nach anstrengender Morgenpirsch vor meinem Erdbunker lag und fest eingeschlafen war, fühlte ich ein leichtes, schleimiges Lecken an Gesicht und Händen. Wie von der Tarantel gestochen fuhr ich hoch und griff instinktiv nach der neben mir liegenden Pistole. Es war Axel, der krank vor Sehnsucht schien und gleich wieder in ein Freudengeheul einstimmen wollte. Schnell mußte ich dies, der Sicherheit wegen verhindern. In stundenlanger Kleinarbeit entfernten wir gemeinsam Zecken, Flöhe und behandelten seine Wunden mit Jod und Salben aus unserer Apotheke. Nachts brachte ich ihn ins Forsthaus zurück. Die Unruhe und Unsicherheit, die er im Lager verbreitete, zehrte zu sehr an unserem ständig angespannten Nervenkostüm. Als ich ihn einige Tage später im Forsthaus aufsuchte, war sein Platz vor der Haustür leer. Auf mein Rufen kam er mit schleppender Hinterhand aus dem Holzstall gekrochen. Zwei Kugeln hatten seine Keulen zerschmettert. Noch einmal drückte ich ihn an mich, strich über seinen Kopf. Dann setzte ich ihm den Lauf der schweren Pistole an ein von Dreck und Ohrenzwang verklebtes Ohr und drückte ab.

Ernst-Georg
RENDA

Mainz, Rheinland-Pfalz

Dr. phil. Ernst-Georg Renda, Dipl.- Päd., Akademischer Direktor am Fachbereich 11 Philosophie/Pädagogik der Johannes Gutenberg-Universität Mainz.
Lehr- und Forschungstätigkeit, Landesvorsitzender des Fachverbandes Philosophie, Mitglied der Fachdidaktischen Kommission Philosophie des Ministeriums für Bildung, Wissenschaft und Weiterbildung Rheinland-Pfalz; zahlreiche Veröffentlichungen im Bereich Pädagogik/Philosophie/Ethik

Corrida de toros

Schon vom Alten Orient her kennen wir die kultische Verehrung des Stieres als Symbol von Göttern aufgrund seiner Stärke, Wildheit und Zeugungskraft. Im alten Iran stand die rituelle Tötung des Stieres im Zentrum nächtlicher Opferfeiern, die in der Spätantike dann im Mithraskult tradiert wurde. Stierblut wurde in den Mysterien (Kybele, Alma mater, Magna mater) zum Taufritus verwendet. Der Stier galt auch in Syrien, Kleinasien und Mesopotamien sowie im kanaanäischen Bereich des Alten Testaments als bevorzugtes Opfertier. Hier ist auch an die bereits Ende des 19. Jahrhunderts von dem Berliner Zoologen Eduard Hahn entwickelte These einer opferkultisch, religionspolitisch motivierten Domestikation der Rinder zu erinnern: Danach wurden die Auerochsen eingefangen und gehalten, um für Opferzwecke stets einen Bestand der Tiere zur Verfügung zu haben. Der religiöse Akt stand im Vordergrund, eine emotionale Handlung, bei der die Tiere zuerst aufgrund ihrer symbolischen Verbindung zur Religion domestiziert wurden. Es liegt die Annahme nahe, daß sich das Tieropfer aus bestimmten Jagd- und Beuteritualen entwickelt hat, vielleicht wurden aber auch Menschenopfer durch Tieropfer ersetzt (Abraham und Isaak). So haben die Menschen den Tieren stets angetan, was sie einander anzutun pflegten.

Das menschliche Handeln richtet sich nicht allein nach dem Gebot des Augenblicks. Vielmehr wird das Leben von sich wiederholenden Verhaltensmustern bestimmt, die entweder von einem Individuum, häufiger aber von einer Gruppe oder einem ganzen Gesellschaftssystem verinnerlicht worden sind. Diese Muster werden als Rituale oder rituelles Handeln bezeichnet; ihnen kommt eine wichtige Rolle im alltäglichen Zusammenleben von Menschen zu.

Im Werk Ernest Hemingways fällt auf, daß die Protagonisten sich immer wieder Situationen aussetzen oder ausgesetzt werden, die eine stark ritualisierte Handlungsvorgabe besitzen. In diese Kategorie fällt, neben dem Krieg und der Jagd – vor allem der Großwildjagd – die Corrida, der Stierkampf. Im Rahmen dieses (spanischen) Rituals tauchen die Männerhelden Hemingways in eine von Männern für Männer geschaffene

Welt ein, deren Abläufe rituell und traditionell stark geprägt und reglementiert sind. Die Begegnung mit dem Mikrokosmos der Corrida findet aus ganz unterschiedlichen Lebenssituationen der Helden heraus statt: Der jeweilige Matador kann als Sieger oder Verlierertyp die Arena betreten, und sie als Geschlagener, als Unbesiegter oder als gefeierter Held verlassen.

Was die Matadore in der Arena vorfinden, nennt Lothar Fietz in seinem Aufsatz „Hemingway - The Sun Also Rises" „einen thematischen Kontrast zur Darstellung des Lebens außerhalb der Arena..."[1] Allerdings ist es in keinem Falle, auch nicht bei den Kurzgeschichten, zutreffend, daß die Corrida als Lebensalternative dient; sie bildet einen Gegensatz zu den dargestellten Lebensrealitäten. In ihr spiegelt sich die Welt um die Arena und sie reagiert auf den Stierkampf auf ganz unterschiedliche Weisen. Es wird deutlich, daß die Corrida ein künstlich geschaffener Mikrokosmos ist, in dem die rituelle Ordnung auf den Raum der künstlerischen Darstellung beschränkt ist.

Der Stierkampf selbst ist die Corrida de toros. Es ist anzumerken, daß Corrida de toros nicht wörtlich Stierkampf heißt, da dieser Begriff im Spanischen nicht existiert: „The Spanish word corrida means in English the running of bulls...There is no Spanish word for bull fight."[2] Die Gruppe der Männer, die dem Stier in der Arena gegenübertreten, nennt sich Toreros: „Torero: professional bullfighter. Matadors, Banderilleros, Picadors are all Toreros."[3] Der Matador ist der unberittene Stierkämpfer, der dem Tier am Ende des Rituals den Degen zum Todesstoß zwischen die Schulterblätter setzt. Er ist derjenige, der den Stier nach den Regeln der Kunst tötet: „[He is] a formal killer of bulls."[4] Der Banderillero arbeitet für den Matador in dessen Team, der Cuadrilla, er hilft dem Matador, den Stier zu führen und spickt den Nacken des Tieres mit den spitzen Banderillas. Der Picador ist der berittene Torero.

Die Corrida ist geprägt von rituellen Handlungsabläufen, sie selbst ist ein Ritual. Der Ritualbegriff hat sowohl eine religiöse als auch eine soziologische Komponente: ursprünglich bezeichnet Ritual einen religiösen Ritus, also einen Handlungsablauf, der mit religiöser Zielsetzung genau festgelegten Regeln folgt und deshalb als identisch wiederholbar erscheint. Riten sind der ordnungsgemäße, kultische Brauch, wie er sich im Laufe der Tradition herausgebildet hat.

Soziologisch betrachtet ist ein Ritual eine besonders ausdrucksvolle und standardisierte individuelle Verhaltensweise, die besonders in Angst- und Entscheidungssituationen der Verhaltensstabilisierung dient. Die Grenzen zwischen dem rein soziologischen und dem religiösen Aspekt des Ritualbegriffs sind fließend. Religiös-rituelles Handeln findet ebenso Eingang in das weltliche Leben wie rein profane Rituale für die Praktizierenden eine religiöse Bedeutung erhalten können.

Der Corrida als Ritual kommt eine Zwitterstellung zwischen religiöser und weltlich-heidnischer Prägung zu: In und mit ihr werden sowohl religiöse Werte zelebriert als auch heidnische Überlieferungen gefeiert. Der Stierkampf in seiner Bedeutung kann ebenso als Tradition gelten wie als Kompensation der Widrigkeiten des Lebens, als Ruhepol ritueller Ordnung in einer aus den Fugen geratenen Welt.

Die Annahme liegt nahe, daß der Stierkampf eine Katalysatorfunktion einnimmt, und zwar für den jeweiligen Matador und/oder einen Teil der Zuschauer. Das bedeutet, der Stierkampf würde Prozesse und Reaktionen in den Beteiligten auslösen, selbst aber als Institution und vom Ablauf her unverändert bleiben, während die betroffenen Personen einen Wandel durchlaufen.

In „The Undefeated" ist die Corrida nicht allein ein stur nach rituellen Mustern festgelegter Handlungsablauf in der Arena, sondern ihr Stellenwert richtet sich nach dem Verhältnis, in dem der jeweilige Mensch zum Stierkampf steht.

Der Erzähler begibt sich in die unterschiedlichsten Perspektiven, aus denen heraus man die Corrida betrachten kann, sei es die der Toreros, die des Geschäftsmannes oder die der Zuschauer. Dadurch erhält der Stierkampf für die Geschichte selbst nicht nur eine Bedeutung, sondern die mögliche Bedeutung muß vielmehr im Zusammenhang mit dem jeweiligen Menschen und dessen Gruppenzugehörigkeit gesehen und verstanden werden.

Die wahre Faszination scheint für den Matador Manuel in dieser von Männern für Männer gemachten Welt der Corrida mit ihren berechenbaren Abläufen zu liegen, die einen Mann entweder töten oder zum Helden machen kann. Manuel scheint eine derartige Zugehörigkeit zu dieser Welt zu empfinden, daß es ihm schier unmöglich ist, den Schritt in ein normales Leben zu wagen. Er hat die Corrida bewußt gewählt, um sein männliches Selbst zu finden und zu bestätigen. Die sich abzeichnende Niederlage anzunehmen ist Manuel nicht bereit. Der Kompromiß für den alternden Matador wäre die Aufgabe beim Kampf, die Preisgabe seiner Berufsehre und das Ende seiner Karriere. Er wäre als „The Defeated" gezwungen, sich mit einer Welt zu arrangieren, die nicht die seine ist, mit einer Welt, die keine klaren Werte besitzt und in der die Menschen ihre Ideale längst verloren haben. Manuel allerdings opfert sich selbst nicht anstelle seiner Ideale, sondern für sie. Sein Handeln ist ein bewußter Akt, der es ihm ermöglicht, die fragwürdigen Werte genau der Welt hinter sich zu lassen, in der er nicht existieren kann und will. Während des schweren Tötungsaktes in der Arena, der so oft mißglückt, verflucht der Matador den Stier und die Menschen, die versuchen, ihn zu demütigen, indem sie Manuel ausbuhen und mit Gegenständen nach ihm werfen. Es scheint beinahe, als töte er nicht den Stier allein, sondern ebenfalls die Welt um sich, die er so verflucht, um am Ende - vielleicht auch an seinem eigenen Ende - nur noch sein unverfälschtes Selbst zu finden.

Die Geisteshaltung, die ein solches Handeln ermöglicht, ist eine ganz besondere Auffassung von Ehre, genannt Pundonor; dieser Begriff bedeutet Mut, Selbstachtung, Ehre, Stolz und Aufrichtigkeit in einem Wort.

Pundonor ist das Maß der Dinge im Zusammenhang mit dem Stierkampf. Anhand dieses Begriffes werden die Helden Hemingways gemessen, er ist das Wasserzeichen, ist Lebenseinstellung, Wert, Geisteshaltung und ein Charakteristikum der spanischen Identität Manuels und all derjeniger, die, wie er, im traditionsreichen Spanien dem allmählichen Verfall der überlieferten Werte ebenso trotzen wie der eigenen Unzulänglichkeit.

Die Corrida ist kein sportlicher Wettkampf, sondern, wie Hemingway es in „Death in the Afternoon" definiert: „Rather it is a tragedy; the death of the bull, which is played... by the bull and the man involved and in which there is danger for the man but certain death for the animal."[5]

Doch soll der Kampf, den Manuel auf sich nimmt, nicht allein der Form nach eine Tragödie sein. Vielmehr hat die Corrida in „The Undefeated" auch die Funktion, durch das tragische Element den Matador zum Helden zu erheben, da dieser die Größe bewiesen hat, die ihn letztendlich einer solchen Auszeichnung würdig macht. Manuel überwindet bei der Corrida alle Widrigkeiten, die sich ihm in den Weg stellen. Er trotzt Schmerz, Angst und Erniedrigung - und er ist der Matador als tragischer Held par excellence, dem selbst der Tod keine Niederlage ist.

Die Corrida hat für Manuel die Funktion eines Katalysators, indem sie einen Entwicklungsprozeß in ihm auslöst, allerdings als Institution unverändert bleibt. Sie ist Trägerin der Illusionen des alternden Matadors und Refugium in einer Welt, mit deren Werten er sich ganz offensichtlich nicht identifizieren kann.

In dem Roman „The Sun Also Rises" wird der Stierkampf im Rahmen der Fiesta in Pamplona dargestellt. Was den Tod und die Stiere angeht, so vertritt hier der Matador Romero eine Auffassung, die ihn klar von einem ‚Bullenschlächter' abhebt. „‚I know it,' Romero said. ‚I'm never going to die.'" (155) Hat man einen Beruf, bei dem man dem Tod nahezu täglich ins Auge blickt, ist dies eine kühne Behauptung. Doch Romero scheint die Problematik um Leben und Tod in der Arena recht pragmatisch zu sehen: Will er leben, muß der Stier sterben; doch die Stiere selbst bezeichnet er nicht als seine Feinde, sondern als seine Freunde. Romero zollt der Corrida und den Stieren Respekt und scheint sich gleichzeitig durch die Herausforderung des Todes unsterblich zu fühlen.

Hemingway selbst beschreibt das Phänomen der Herausforderung des Todes in „Death in the Afternoon" folgendermaßen: „Once you accept the rule of death thou shalt not kill is an easily and naturally obeyed commandment."[6] Ein Mann wie Romero allerdings fordert den Tod ständig und mit Hingabe heraus, indem er ihn ‚gibt', ihn zufügt. Er wirft sein eigenes Leben in die Waagschale und scheint für sich das ewige Leben innerhalb des rituellen Tötens erreichen zu können. Dies ist eine Art zu töten, die beinahe schon wie ein religiöses Opfer anmutet, das in einem fest vorgeschriebenen Rahmen erbracht wird. Hemingway geht hier auf das Phänomen des im Töten wie Gott sein Wollens ein: „But when a man is still in rebellion against death he has pleasure in taking to himself one of the Godlike attributes; that of giving it."[7] Der Matador Pedro nimmt den Kampf mit dem

264

Tod um seiner selbst willen auf, aus freien Stücken; primär will er damit niemandem imponieren, auch wenn er seine Stiere im großen Kampf seiner Geliebten widmet. Für ihn ist die Corrida das, was ihm Größe gibt und ein Teil seines Lebens, den keine Macht der Welt - auch nicht die Liebe - von ihm trennen kann.

Der Stierkampf in „The Sun Also Rises" ist alles, was die Suchenden in ihm sehen, was die Ignoranten niemals finden können, er ist eine Größe, die Unsterblichkeit repräsentiert und – zumindest für den Augenblick – empfinden macht. Er ist althergebrachtes Ritual und Tradition und hat Gültigkeit in einer Welt, in der die Nachfolger der sogenannten Lost Generation heute völlig verloren erscheinen. Die Corrida als einer der elementarsten und traditionsreichsten Kämpfe gegen den Tod, verleiht, damals wie heute, denen im Werk und wirklichen Leben, die sie lieben und zelebrieren, einen Hauch des Gefühls, der Ewigkeit begegnet zu sein.

1 Lothar Fietz, „Hemingway - The Sun Also Rises", Der Amerikanische Roman: Von den Anfängen bis zur Gegenwart, ed. Hans-Joachim Lang (Düsseldorf: August Bagel Verlag, 1972) 296.

2 Hemingway, Death in the Afternoon (London, Australia, New Zealand: Random House, 1939).

3 Hemingway, Death in the Afternoon, 318.

4 Hemingway, Death in the afternoon, 284.

5 Hemingway, Death in the afternoon, 14.

6 Hemingway, Death in the afternoon, 205/206.

7 Hemingway, Death in the afternoon, 206.

Klaus-Peter REIF
Blattzeit

Aquarell

Epilog

Prof. Dr. Dr. h.c. Dieter Voth

Jagdkultur - Zierat oder Verpflichtung?

Liebe Leser,

wenn ich zum Ende dieses Buches einige persönlichere Worte an Sie richte, so stellt sich für mich durchaus die Frage nach der Legitimation. Was sollte es rechtfertigen, daß ich, der ich Ihnen ja weitgehend unbekannt sein dürfte, Sie so unmittelbar, so fordernd anspreche?

Meine Tätigkeit als Hochschullehrer kann kaum der Anlaß sein, denn dem Stadium des Lernens und Studierens sind die meisten von Ihnen längst entwachsen. Mein Beruf als Arzt kommt wohl ebenso wenig in Betracht - denn als der Behandlung Bedürftige, als Patienten, vermag ich Sie nicht zu sehen. Sollte ich als Schriftsteller zu Ihnen sprechen? Auch hier habe ich meine Bedenken - denn bewegt den deutschen Jäger überhaupt noch, was über Jagd und Jagen geschrieben wird? Sollte ich über ein weiteres, mehr privates Forschungsgebiet, die Jagdmusik des 18. und 19. Jahrhunderts, zu Ihnen sprechen? Das wäre wiederum sehr speziell und ob es Sie nicht in Kürze langweilen würde, dessen bin ich mir keineswegs gewiß.

Was also soll ich Ihnen sagen? Welche Problematik ist uns allen so nahe, daß ich mit ihr Ihre Aufmerksamkeit wenigstens für etliche Minuten fesseln kann? Lassen Sie mich unser gemeinsames Anliegen mit einem knappen, geschichtlich belegten Geschehen vorstellen.

Der französische Jagschriftsteller Paul Vialar berichtet: Zur Zeit der französischen Revolution wurde die Gesellschaftsschicht, die sich mit der Jagdausübung gleichsam selbst darstellte, der Adel, verfolgt, seine Angehörigen wurden eingekerkert, vor Gericht gestellt, verurteilt, hingerichtet oder ohne Umschweife getötet und erschlagen. In Tracy-le-Val wurde ein einflußreicher und vermögender Aristokrat, der Marquis de Laigle, ein passionierter und kultivierter Jäger, ebenfalls verhaftet und in das Gefängnis für die Volksfeinde, wie man derartige Personen früher und später und noch bis in unsere Zeit nannte, geworfen. Als Folge des gesellschaftlichen Umbruches kam es zu einer brutalen Ausrottung der

Wildbestände, das heißt zu einem Verhalten, das wir nicht Jagd nennen mögen, und das eben all´ die Regeln, Kenntnisse und Verhaltensweisen vermissen ließ, die wir der „Jagdkultur" zuschreiben. Was geschah? Das einfache Volk - Bauern, Händler und Kleinbürger - sahen diesem Hinschlachten der Wildbestände, über deren Höhe vor allem die Bauern vorab häufig, intensiv und zu Recht geklagt hatten, mit einem sich steigernden Entsetzen zu. Und in einer spontanen Aktion befreite das Volk den Marquis aus dem Gefängnis und veranlaßte, daß ihm die Jagd wieder unterstellt werde. Und die wahrhaft erstaunliche Begründung lautete, daß sein Leben die Garantie dafür sei, daß das hohe Kulturgut der Jagd erhalten und fortan allen, auch den einfachen Menschen, vermittelt werden könne.

Was war hier geschehen?

Es sind zweierlei Aspekte, die wir sehen müssen, nämlich erstens, daß die Volksmenge erkannte, daß mit der Zerstörung der Jagdkultur auch die Jagd, soweit sie Kulturgut war, zerstört wurde, und zweitens, daß derjenige, der sich als Träger der Jagdkultur erwies, nicht aus der Gesellschaft ausgeschlossen, ausgetrieben wurde sondern daß sich im Gegenteil die Teilhabe an der Jagdkultur als notwendig, wörtlich als „lebensnotwendig" erwies. Und dies zu einer Zeit, in der die Jagd und vor allem die Jäger wesentlich gefährlicheren Angriffen ausgesetzt waren, als wir sie heute erleben müssen.

Lassen Sie mich den ja oft recht strapazierten Begriff der Jagdkultur überprüfen. So mancher brave Jägersmann spürt bei diesem Wort ein Unbehagen, denkt vielleicht noch beklommen an Brauchtum und das Zutrinken mit der rechten oder der linken Hand, das Tragen von Sau- oder Gamsbart, das Aufstecken des Bruches an den Hut, ob nun rechts oder links. Bleibt der Hut beim „Halali" auf dem Kopf oder nimmt man ihn in die Hand? Nun - dies sind Fragen, die die Welt nicht bewegen. Brauchtum, wie wir es heute kennen, ist weder alt noch streng verbindlich. Es ist allenfalls mehrheitlich geübter Brauch und zuweilen nur eine Albernheit. Was nicht heißen soll, daß Brauchtum gewisse Stimmungswerte und Identifikationsmuster unter uns Jägern beschwört, auf die wir ja auch nicht zu verzichten brauchen.

Was aber bedeutet denn nun eigentlich Jagdkultur? Sehen wir in die

Vorzeit und die Geschichte zurück, so stehen dort schon in der Steinzeit vor über 30.000 Jahren die geheimnisvollen Höhlenmalereien, nicht nur in Frankreich und Spanien sondern weithin auch im nordafrikanischen Raum. Und die Neuentdeckung der „Grotte Chauvet" im Department Ardèche ist nur ein bewegendes Beispiel dieser frühen Kulturen. Und ziehen wir die Linie weiter über die Jagddarstellungen in den Gräbern früher ägyptischer Dynastien, die schriftlich überlieferten Zeugnisse der griechischen und römischen Antike, die römischen Jagdmosaiken, die Jagdbilder in den Grabbauten Etruriens, die Mythen um die Jäger Aktäon und Adonis hin zu den kostbaren Jagddokumenten, etwa dem Falkenbuch „De arte venandi cum avibus" des Stauferkaisers Friedrich II., hin zu den Glanzlichtern jagdlicher Kunst wie dem „Buch der Jagd" des Gaston Phoebus aus dem 14. Jahrhundert. Und dann beginnt wie eine Woge die große Zeit der höfischen Jagdmalerei, etwa in Frankreich mit Jean-Baptiste Oudry und vielen anderen gerühmten Namen. Im 18. Jahrhundert variieren alle Künste das Thema „Jagd und Jagen", die Malerei, das Schrifttum, die Musik etwa mit Jagdkantanten, genannt sei hier die von Johann Sebastian Bach (BWK 208) oder Jagdsymphonien aus dem böhmischen Raum. Alles, was zum Bereich der „schönen Künste" - wie man im 19. Jahrhundert sagen würden - gehört, nimmt die Jagd und das Jagen enthusiastisch auf, beschreibt, preist und variiert sie.

Und niemand, der dieses Lobpreises, dieser Darstellung müde wird? Und niemand, der mit erhobener Nase selbstgefällig sagt, daß es beim Jagen sich um eine widerliche, dem Menschen von heute nicht mehr anstehende Barbarei handelt? Und niemand, der laut schreiend den Jäger auffordert, zu unterlassen, was ihm, dem Jagdfeind, nicht gefällt? Keine Jagdgegner, keine Feinde des Jägers? Wie war das möglich?

Nun - die Antwort ist ebenso einfach wie einleuchtend: Jagen, Jagd und Jäger waren in all´ diesen Zeiten wie selbstverständlich einbezogen in den kulturellen Kanon, die Jagdkultur war Teil der Gesamtkultur dieser Epochen. Das Jagen war einbezogen in den kulturell legitimierten Raum menschlichen Handelns. Und wie sehr dies der Fall war, belegen die zahllosen Beispiele auf dem Gebiet der Künste, der Musik wie der Literatur, der Malerei und Architektur, der Philosophie und Geschichtsforschung.

Jagd und Jagen lebten unter dem Mantel der gesellschaftlichen Billigung, folgten im Raum des Legitimierten ihrer Bestimmung und Aufgabe, ganz selbstverständlich und unangefochten.

Was prägt denn nun die Kultur einer Epoche, was haben wir darunter zu verstehen? Neben den Dingen, die wir bei der Nennung des Wortes „Kultur" assoziieren, wie die Literatur und Dichtung, die Musik und die bildenden Künste sind einzubeziehen das gesamte soziale Leben, Sitten und Gebräuche, Recht, Glauben und Aberglauben - kurzum all´ das, was den Gesamtakkord einer Epoche bildet. Und das Jagen muß einer von vielen Tönen sein, die sich dem Akkord ohne Dissonanz einfügen.

Und heute? Hier stoßen wir auf den Bruch, den Riß in der kulturellen Legitimation der Jagd. Diese für „unseren Raum" erst - und einmalige Zerstörung des Zugehörigkeitsempfindens der Jagenden zur Gesamtkultur der Epoche wird deutlich spürbar um die Jahrhundertwende, ist mit dem Ende des Kaiserreiches und während der Weimarer Republik schon nicht mehr zu übersehen. Das Dritte Reich versuchte dann als Folge seiner restaurativen Tendenzen mit primitiver Gewaltsamkeit die Jagd wieder in den Kontext des Lebens in Staat und Gesellschaft zu zwingen, ließ aber die Kluft nur umso weiter und zerstörerischer werden, zumal Surrogate und Ersatzstücke eine Belebung vortäuschen sollten, die in Wirklichkeit nie gelang.

Und unter weiteren Symptomen setzte sich die Herauslösung der Jagd aus dem, was kulturell akzeptabel schien, nach dem letzten Kriege bis heute fort. Und dies hat zwei Folgen. Einmal ist für uns Jäger die Selbstverständlichkeit unseres Tuns brüchig und ungewiß geworden. Die Sicherheit unseres Tuns ist uns weithin abhanden gekommen. Ein Symptom hierfür ist die Schwierigkeit, unsere Stellung in der Gesellschaft ehrlich zu beschreiben. Wie häufig hören wir von Jägern und auch von Nichtjagenden Alibibegründungen wie die „notwendige Bestandsregu-lierung", das „Erlösen" kranken oder alten Wildes, besonders aktuell jetzt der „Biotopschutz" durch Reduzierung des „Schädlings" Schalenwild.

Und die zweite Folge ist sozusagen das Spiegelbild der ersten, nämlich die Tatsache, daß die Gesellschaft den Jäger aus dem kulturellen Raum entläßt, ihm sozusagen das Wohnrecht kündigt. Und daß diese Konsequenz droht, beweisen die Umfragen in der Bundesrepublik, deren letzte auch die Jäger in der Schweiz und Österreich alarmierte: Nicht wenige der Befragten erwiesen sich zu einem kleinen Teil entweder als Jagdgegner oder in der Mehrheit wenigstens als Zeitgenossen, die die Jagd und das Erscheinungsbild des deutschen Jägers ablehnen. Und diese Haltung einer ablehnenden Gleichgültigkeit ist für uns gefährlicher als die hysterischen Aktionen weniger militanter Jagdgegner.

Lassen Sie mich noch einmal zusammenfassen. Erstmals in der Geschichte unseres Lebensraumes beginnen Jagd und Jagen als Inhalt unseres Lebens das gemeinsame Haus der Kultur zu verlassen. Dieser Prozeß setzte um die Jahrhundertwende ein und ist heute erschreckend eindeutig. Und es scheint der Tag nicht allzu fern, an dem uns die Gesellschaft als unliebsame Freizeitaktivisten in die Bedeutunglosigkeit entläßt.

Läßt sich diese pessimistische Diagnose belegen? Ist vielleicht der Blick durch eine allzu kritische Einstellung getrübt? Leider, so muß ich antworten, ist die Diagnose zutreffend, die Krankheit beim richtigen Namen genannt. Und die Beweise? Das ist recht einfach. Lassen Sie mich nach der Jagdliteratur fragen. Existiert sie überhaupt noch? Die gern und häufig gekauften Sachbücher haben mit der Jagdkultur selbstverständlich nur marginal zu schaffen. Werfen Sie einen Blick auf die Buchregale der großen Jagdgeschäfte oder in deren Kataloge und schließlich in die Bücherschränke der Jäger - wo sehen Sie dort Werke der Literatur? Nun, ich weiß die vielleicht nicht wenigen Ausnahmen zu schätzen und will sie hier ausdrücklich lobend nennen. Aber wo ist etwa Friedrich von Gagern noch zu kaufen, wenn sein Hausverlag Paul Parey nur noch einen älteren Titel anbietet? Wo sind unsere Schriftsteller als geistige Wortführer der Jagdkultur?

Und wie steht es mit der Malerei? Wir haben unter uns etliche fähige und talentierte Jagd- und Tiermaler. Aber in wie vielen Jagdstuben hängen ihre Bilder? Zieren die Wände dort nicht viel eher Drucke, Photographien oder Belanglosigkeiten?

Wo sind die Namen der Alten - Kobell, von Perfall, Cramer-Klett und von Gagern, den ich bereits nannte? Wo sein begabter Sohn Falk von Gagern? Daß es Jagdlyrik, also Gedichte über die Jagd, gibt, wird der eine oder andere unter uns noch wissen, aber wer kennt die Verse des alten Dietzel, des Börries von Münchhausen? Wer weiß, daß auch heute noch Jagd- und Naturlyrik verfaßt wird, etwa in unserem Lande von Erich Henn, von dem sich in diesem Buch einige Gedichte finden, oder von Friedrich Wilhelm Paff, der selbst nicht einmal Jäger ist, dessen neue Sammlung unter dem Titel „Jagdfieber" ein tiefes Verstehen auch unserer Anliegen erkennen läßt. Und nur als Probe aus dieser Gedichtssammlung einige Zeilen:

> Vielleicht leben in uns die Tiere
> anders als je wir sie gesehen
> als Wesen ohne Farbe und Stimme
> als Kraft, Scheuheit und Zorn
> als Höhle, Welle, Wolke und Flug
> ohne die Tiere vielleicht
> wären wir nur ein ganz leeres Buch.

Wo sind die anspruchsvollen Bucheditionen, etwa im Parey-Verlag unter dem Seriennamen „Jagd in der Kunst" oder die Lindner´sche Editionsreihe zur Jagdgeschichte und ihren Quellen im de Gruyter-Verlag in Berlin? Bereits in den sechziger Jahren stellten die Verlage die Herausgabe derartiger, für unsere Jagdkultur unentbehrlichen Werke ein. Warum? Die Antwort ist erschreckend einfach: Die deutschen Jäger mochten sich mit Kultur nicht mehr befassen!

Und wo sind neue Bucheditionen, die anspruchsvolleren Kriterien standhalten? Sie werden nicht erscheinen, da sie unter den deutschen Jägern nicht mehr absetzbar sind!

Und weiter - da verfügt der DJV über einen Kulturausschuß. Das klingt gut, aber welche Kompetenzen hat der Ausschuß? Schlicht keine! Und wie fördert er die Kultur? Nun, als Mitglied dieses erlauchten Gremiums und als Teilnehmer der einzigen Sitzung vor zwei Jahren, werden Sie mir vielleicht Glauben schenken, wenn ich feststelle: Der Ausschuß hat zwar die Kultur als Namensbestandteil aufzuweisen, aber das ist schon die innigste Berührung mit ihr!

272

Klaus-Peter REIF
Muffelwidder
Aquarellmischtechnik

Nun wird so mancher von Ihnen fragen, ob dieses deprimierende Bild die ganze, unerfreuliche Realität sei, ob denn in unserer grünen Welt nichts mehr heil, fröhlich, zukunftsgewiß sei, ob wir Jäger denn wirklich ausgespielt haben, weil wir die letzten und tiefsten Gründe unseres Mitspielens in der Gesellschaft selbst verraten haben, ob - um es knapp zu sagen! - wir erst die Kündigung in der Hand haben oder schon vor der Tür des gemeinsamen kulturellen Hauses stehen?

Nein, weil ich die Jagd und alles, was sie im weitesten Sinne ausmacht, liebe, muß ich mit allen Waffen gegen den Fatalismus und die Gleichgültigkeit in den eigenen Reihen und gegen die Arroganz, die Dummheit und das Unverständnis in den Reihen unserer Gegner angehen. Noch ist für uns der Kampf nicht verloren. Aber unsere Feinde stehen nicht nur uns gegenüber sondern auch in unseren eigenen Reihen in Gestalt derer, die da sagen, daß es schon immer so gewesen sei und daß sich nichts ändern solle, daß die Welt eben schlecht und die anderen Menschen bösartig seien, daß Jagdkultur etwas für bebrillte Intellektuelle sei, nicht aber für den Normaltyp des deutschen Jägers, der sich eher als derbes, gestandenes Mannsbild sähe. Diese Behauptung provoziert mich stets zu der gleichen Frage, ob denn ein gestandenes Mannsbild nicht doch ein Gehirn habe, das es zuweilen benutzen könne?

Nein, der Feind in unseren eigenen Reihen ist die geistige Trägheit, das Desinteresse, die falsch verstandene Beharrlichkeit.

Was aber ist auf unserer Haben-Seite zu verbuchen? Erstens eine immer noch gut organisierte Jägerschaft, Universitätsinstitute für die Wild- und Biotopforschung bis hin zu der sicher in Europa einmaligen Forschungstelle für Jagdkultur in Bamberg. Noch haben wir im deutschsprachigen Raum unter Einbeziehung von Österreich und der Schweiz 10 Jagdverlage, die 15 Jagdzeitschriften herausgeben. Noch sehen wir beachtliche Aktivitäten bei der Verwendung des Jagdhornes bis hin zu konzertanten Einsätzen. Noch existieren bedeutende Jagdmuseen, und jagdliche Sammlungen. Und noch verfügen wir über eine gar nicht einmal schlechte Öffentlichkeitsarbeit über den Lernort Natur, über persönliche Initiativen einzelner Jäger, die Schulklassen und Jugendgruppen in die Reviere führen und sie dort lehren, was Jagd ist. Selbst die häufig gescholtenen Hubertus-Messen bewirken

274

jedenfalls, daß die jagdfremde Öffentlichkeit Stellung nimmt, zu einem kleineren Teil verbissen feindlich, zu einem größeren Teil freundlich bis interessiert.

Diese einzelnen Phänomene mögen vielleicht trösten, aber sie ändern an der Gesamtsituation nur wenig; dennoch weisen sie den richtigen Weg.

Wie aber wird unsere gemeinsame Zukunft aussehen? Haben wir noch die Möglichkeit, den Lauf der Dinge korrigierend zu beeinflussen?

Nun geben uns wohlmeinende Nichtjäger so manchen nüchternen Rat, was Jagd sein solle. Als Jäger wissen wir aber, daß die Vorschläge zu einer Entmythologisierung schnell bei der Hand sind. Die Jagd sei ausschließlich zum Erbeuten von Wildbret, Fellen und zur Reduzierung des Wildschadens erforderlich. Der Jäger, ein Mensch wie jeder andere, solle bescheiden und dennoch selbstbewußt seine Aufgabe darstellen. Aber die Entmythologisierung hat schon im Bereich der Theologie ihre partiell keineswegs erfreulichen Folgen gehabt und wird es für die Jagd ebenso wenig haben! Wir Menschen leben mit und in den Mythen und ein Verlust dieser Dimension ist eine seelische Verarmung, die wir uns zusätzlich zu allen Verlusten, die wir zu einem Teil auch selbstverschuldet schon zu beklagen haben, keineswegs mehr erlauben können.

Uns als Jäger aber kann diese Antwort ohnehin nicht befriedigen, da wir wissen, daß sie nur eine Seite der Wahrheit beschreibt. Vor allem aber ist gerade diese Begründung nicht unser Antrieb zu jagen. Unsere innere, die eigentliche Motivation stellen wir nicht gerne auf dem Marktplatz aus. Sie und ich, wir wissen, daß unser Jagdverlangen in einem Persönlichkeitsbereich begründet ist, der nichts mit diesen äußeren Zwecken zu tun hat. Und deshalb ist es auch nicht damit getan, die Nützlichkeit unseres Tuns plakativ vor uns herzutragen. Wir wissen, daß Jagen eine alte, archaische Handlung ist, ein wohl auch genetisch geprägter Handlungsentwurf.

Es geht aber hier nun weder um das äußere Bild, das Nichtjagende von dem Jagen haben noch andererseits um die innerste Motivation des Jagens - die hier und heute brennenden Probleme liegen in dem Zwischenreich, das nichtjagende Mehrheit und jagende Minderheit früher einmal verband und heute mehr und mehr trennt.

Unsere Gesellschaft zeigt trotz ihres scheinbar demokratischen Aufbaus zutiefst undemokratische Züge. Einer von diesen ist die Tatsache, daß die Legitimation zur Mitsprache nicht mehr an Kompetenz und Sachkunde gebunden ist, sondern an Willkür und Lautstärke. Der selbstverständliche Satz einer demokratischen Toleranz würde lauten: Wenn Du jagen willst, so werde ich als Nichtjagender alles tun oder geschehen lassen, was Dir diese Freiheit ermöglicht und alles unterlassen, was Dich in Deinem legitimen Verlangen behindern könnte.

Heute wird man das Verhalten uns gegenüber so formulieren müssen: Du willst jagen? Ich habe aber etwas dagegen, meine Gründe hast du zu akzeptieren. Du hast jedenfalls das Jagen zu lassen, wenn ich dies wünsche.

Sie werden den Unterschied spüren: das Prinzip der gelassenen Toleranz wird verlassen zugunsten einer inkompetenten, zutiefst intoleranten, gewalttätigen, von Stimmung, Gefühlen und Mode geprägten Drohung.

Entscheidend ist nun, daß die schweigende Mehrheit der Bevölkerung die unsagbar dummen und gewalttätigen Aktionen einer kleinen Minderheit uns gegenüber geschehen läßt. Und dies tut sie, weil sie uns nicht mehr als zugehörig empfindet, das Bild des Jägers nicht mehr mit gelassener Toleranz betrachtet und uns als Fahnenflüchtige des allgemeinen kulturellen Konsenses ausweist.

Was aber können wir dagegen tun? Ich will dies in wenigen abschließenden Sätzen sagen.

Erstens müssen wir unsere Handlungen und Aufgaben offen, nüchtern und ehrlich darlegen und sie erfüllen. Unser innere, eigentliche Motivation ist nicht für den Marktplatz, für die Öffentlichkeit bestimmt, denn dort steht niemand, der fähig und bereit wäre, uns zu verstehen.

Zweitens müssen wir ganz selbstverständlich und ohne Konzessionen die Toleranz einer Gesellschaft einfordern, deren Vielfalt wir sie ebenso gerne und bereitwillig entgegenbringen. Eine ungerechte Bevormundung einzelner gesellschaftlicher Gruppen durch dümmliche Politaktivisten ist zutiefst undemokratisch.

Und schließlich als letzter und wichtigster Grundsatz: Verabschieden wir uns nicht aus dem kulturellen Kanon unserer Zeit, sonst machen wir uns selbst als „Freizeitsportler" überflüssig. Bleiben wir vielmehr im „Milieu interne" selbst Bestandteil unserer Kulturepoche. Und dazu kann und muß jeder von Ihnen und jeder von uns seinen Teil beitragen.

Kommen wir dieser Verpflichtung zur Jagdkultur nach, so ist es mir um die Jagd auch im kommenden Jahrtausend nicht bange. Genügen wir dieser Pflicht nicht, so wird unsere Zukunft sehr bald beendet sein!

Die Entscheidung liegt bei einem Jeden von uns!

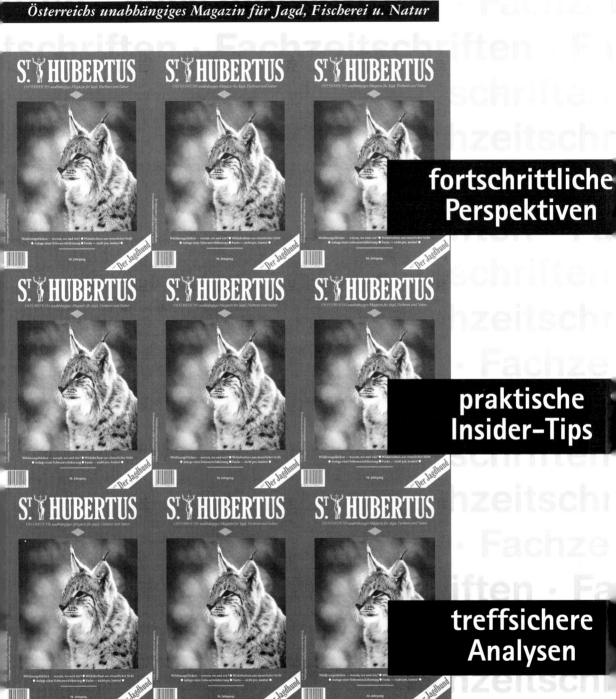

St. HUBERTUS
Österreichs unabhängiges Magazin für Jagd, Fischerei u. Natur

fortschrittliche Perspektiven

praktische Insider-Tips

treffsichere Analysen

Österreichischer Agrarverlag